研究生经济学系列教材 | 丛书主编 肖德

高级微观经济学讲义

张 伟 刘和旺 高志英 编著

WUHAN UNIVERSITY PRESS
武汉大学出版社

图书在版编目(CIP)数据

高级微观经济学讲义/张伟,刘和旺,高志英编著. —武汉:武汉大学出版社,2024.12
研究生经济学系列教材
ISBN 978-7-307-23526-7

Ⅰ.高…　Ⅱ.①张…　②刘…　③高…　Ⅲ.微观经济学—研究生—教材　Ⅳ.F016

中国国家版本馆 CIP 数据核字(2023)第 014374 号

责任编辑:唐　伟　　　责任校对:李孟潇　　　整体设计:韩闻锦

出版发行:**武汉大学出版社**　(430072　武昌　珞珈山)
(电子邮箱:cbs22@whu.edu.cn 网址:www.wdp.com.cn)
印刷:武汉图物印刷有限公司
开本:787×1092　1/16　印张:14.5　字数:341 千字　插页:1
版次:2024 年 12 月第 1 版　　2024 年 12 月第 1 次印刷
ISBN 978-7-307-23526-7　　定价:48.00 元

总　　序

　　湖北大学是湖北省人民政府与教育部共建的省属重点综合性大学，也是湖北省"国内一流大学建设高校"。湖北大学理论经济学博士点结合学校、学科特色优势和"双一流"建设要求，组织相关学科专业学者编著了这套"研究生经济学系列教材"。该套系列教材包括《高级宏观经济学讲义》《高级微观经济学讲义》《应用计量经济学讲义》，共 3 册。

　　该套系列教材针对目前国内地方综合性高校研究生生源起点不同、不同层次教材未能有效衔接、国外教材适用性不强的问题，在保持相对一致的风格和体例的基础上，力求吸收国内外同类教材的优点，在注重系统性和综合性的同时，也注重基础性和应用性，培养学生的综合素质，以满足地方综合性大学高等院校培养本科和研究生经管人才的需要。

　　该套系列教材撰写和出版先后得到"2018 年荆楚卓越人才协同育人计划""湖北省理论经济学课程建设项目""2020 年度湖北大学《新文科背景下经济类硕士研究生拔尖创新人才培养模研究》项目"、2021 年度湖北大学高水平研究生教材《应用计量经济学讲义》项目和《高级宏观经济学讲义》项目的资助。

肖　德

目　　录

第一部分　个体决策

引　言

1. 经　济　学

经济学 Economics 源自希腊文中 Oikonomia 一词，原意是指家庭管理的人或家庭管理规律。中文中"经济"源于"经世济民"，更多指增进社会财富的手段。经济学研究的问题是源于社会资源的稀缺性（scarcity），或称为有限性，这种稀缺性是相对于人类欲望（desire）或需要（need）的无限性而言，因此，从资源角度，经济学研究社会中的稀缺资源如何配置使用的问题，不同的配置结果会给社会成员带来不同的福利状态；从选择主体的角度来看，社会中的每个经济主体——个人或者家庭、厂商、组织机构和政府等都会面临在不同的目标之间的权衡取舍（trade off），也可以说经济学研究社会主体在资源稀缺条件下的理性选择（choice）。

"最大化"和"均衡"是经济学分析的两大核心理念。理性选择假定每个经济主体都是"经济人"，寻求个人利益最大化，最大化原则决定着经济学的解释和预测能力；同时，经济活动中的各种因素相互作用会达到某种状态，在这种状态下没有任何压力和动机促使经济主体做出进一步调整或改变，这时各种经济变量达到一种稳定状态，经济学称这种状态为均衡。

2. 微观经济学

微观经济学研究微观主体的理性选择：一方面，研究每个消费者（或家庭）如何使用他们的稀缺资源——货币收入，将其花于不同的商品形成需求，还研究每个消费者（或家庭）如何使用时间等稀缺资源，形成对劳动等生产要素的供给；另一方面，生产者为了追求利润，生产供给商品，生产就需要投入劳动、资本、土地和经营管理等生产要素，因此形成对要素市场的需求，在这种"看不见的手"机制作用下，达到商品市场和要素市场的均衡状态，完成资源配置。

微观经济学的主体部分是实证的，它的绝大多数理论和模型都是对微观活动的客观描述，或者是对现实经济观察所做的解释和预测。经济理论由假设、建立模型、逻辑分析和结论组成，其实质是对现实的经济现象进行抽离简化，然后再用数理模型和逻辑推导作出分析，得到均衡结果。不同经济理论实际上就是对经济现象所做的不同的抽离和解释。也就是说，微观经济学主要研究市场是如何达到均衡的，研究资源"是"怎样配置的问题，属于实证经济学。然后，经济学按照社会所有成员总福利的标准对均衡的结果进行评价，这就是福利经济学，属于规范经济学分支。

微观经济学的高级阶段可以认为是主要使用严密的数理方法和模型来分析经济问题。这种分析是要以严谨的数学逻辑思维方式、强大的逻辑推导能力，来演绎揭示各种经济现象和经济问题背后的内在联系本质及其作用机制，解释可能达到的各种均衡结果。从方法论上讲，高级微观经济学就是运用系统严谨的数理模型分析经济学问题，是数理经济学或者经济学的数理化，是数学逻辑模式的经济学，数学构成它的方法论基础。

这种数理思维方式从内容形式上可以称为公理体系，主要包括：定义—公理（axiom）—证明—定理（theorem）—命题—推论。就是从尽可能少的定义（原始概念）和一系列不证自明的基本公理体系出发，利用逻辑推理，演绎建立起一门学科的整个思维系统。定义就是用更原始、更简单的语言去界定基本概念，其本质是一门专业学科对研究对象高度抽象的一种思维方式。公理是一门学科的逻辑起点，是不证自明的基本陈述，它是这门学科看待研究对象的基本假设，也可以认为是对客观世界的一种抽象描述。例如我们熟悉的欧氏几何的直线公理，即经过相异两点能做并且只能做一条直线，这可以说是欧氏几何对现实的假设，也可以说是这门学科思维体系的最基本的规定，其实已经包含了几何的思维模式，一旦我们接受了这种思维方式，利用该思维来看待、解释客观世界，我们会觉得这就是对客观世界的描述概括。

任何一门学科都需要建立一个公理体系，其包含的每个公理设置需要满足相容性、独立性和完备性。相容性是指公理系统中的各个公理之间不能互相否定。独立性要求体系中的每个公理独立地规定一方面的假设，它要求公理的数目尽量少。完备性要求整个公理体系能够全面、系统地将学科所有涉及的问题全面规定清楚，可以推导出该学科涉及的所有问题，从而演绎出一切定理、命题和推论。

3. 经济学数理化

1983 年，诺贝尔经济学奖得主德布罗（Gerard Debreu）在他的获奖演讲中说："如果要对数理经济学的诞生选择一个象征性的日子，我们这一行会以罕见的一致意见选定 1838 年，……古诺是作为第一个阐明经济现象的数学模型的缔造者而著称于世的。"1838 年，作为数学家拉普拉斯（P. S. Laplace）和泊松（S. D. Poisson）的学生，古诺（A. A. Cournot）发表了《财富理论的数学原理研究》，标志着数理经济学的诞生，该书第一次用严密的数学思维方式和理论模型分析解释了经济现象。

数学方法进入经济学，大家普遍认为始于配第（W. Petty）的《政治算术》，而把数学真正作为经济分析方法论基础，则是 19 世纪中叶的事情，尤其是"边际革命"时期，例如杰文斯（W. S. Jevons）的《政治经济学的一般数学原理》（1862）和瓦尔拉斯（L. Walras）的《交换经济的一种数学理论的原理》（1870）都系统利用微积分理论阐明了经济学中的边际效用概念和边际分析方法，使得经济学进入边际分析阶段。尤其是瓦尔拉斯提出的一般均衡体系，一直是经济学中尤其是高级微观经济学中最重要的核心理论。

1838 年至 20 世纪五六十年代，是数学全面进入经济学的阶段，也是经济学（微观经济学）逐步数理思维化的重要阶段，在此时期形成和完善了用严密数学逻辑思维推导证明的当代经济理论体系，主要有最大化行为理论，其中包括消费行为的效用理论和生产成本理论，包括各种市场结构的局部均衡以及一般经济均衡理论。在阿罗(K. J. Arrow)和德布罗运用不动点理论重新科学地证明了瓦尔拉斯提出的一般均衡的存在性后，1959年，德布罗发表《价值理论》，成为数理经济学或者说经济学公理化体系形成的重要里程碑。至此，数学思辨模式的经济学(即数理经济学)成为经济分析的理论高地。

20世纪中后期，计量经济学异军突起，其理论体系逐步完善，更是在经济研究方面占据重要地位，大量运用计量方法的经验文献应运而生。虽然丁伯根(J. Tinbergen)认为"经济计量学是以数理统计学为方法论基础的数理经济学"，但其实经济计量学与数理经济学还是存在根本区别，数理经济学的方法论基础是所有当代数学的最新成果体系，将其作为逻辑思维工具推导演绎，建立的是当代经济学的理论体系；计量经济学的方法论基础是数学和统计学结合的数理统计，主要运用于经验研究，通过计量方法对数据进行分析，对经济变量之间的相互关系进行归纳分析，发现其中的影响关系和基本规律。同时，诺依曼和纳什(J. F. Nash)将数学分支之一的博弈论引入经济学分析，尤其到了20世纪80年代以后，博弈论成为经济学分析的重要理论工具。

4. 本教材介绍

目前数理经济学或者微观经济理论(高级微观经济学)，国内早已经将国外的经典教材引进出版，也有些国内学者编著了高级微观经济理论教材。在此背景下，编著本教材主要是因为在硕士阶段微观经济学的教学中，大多数高级微观经济学教材将数学知识列为单独一章作为附录放在最后，或者很多数学内容假定学生已经掌握，因此对于来源于不同学校的硕士生来说，很多人的数学学习不够系统完整，对所缺乏的知识无从下手；另外，对于有些只有初级经济学水平的学生来说，由于缺乏经济学概念下准确数理思维的训练，掌握起来有很大的困难。因此，本教材主要定位于为一些地方大学或者"211工程"高校中经济学不属于特色专业水平的硕士生提供一份重基础的教材。

本教材最主要的特色体现在对于基础理论的重视，主要体现在两个方面：其一，注重数学基础知识，尤其注重阐述数学基础知识在经济模型中的运用；其二，注重中级微观经济学基本观念阐述，这是高级微观基础分析的基础，也重视两者之间的内在联系。

本教材主要包括三部分：

第一部分　个体决策

本部分主要研究微观决策主体的最大化行为，由个体最大化推导出市场需求和供给：具体内容主要包括研究消费者效用最大化行为的第一章(偏好、效用与选择)和第二章(消费者需求理论)，研究不确定条件下选择的第三章(不确定性)和研究厂商利润最大化的第四章(厂商行为理论)。

第二部分　市场理论

本部分主要研究各种市场结构条件下的局部均衡和完全竞争市场结构条件下的一般均衡，并对该结果进行福利判断。主要包括第五章(竞争性市场局部均衡)、第六章(垄断市场)、第七章(寡头垄断市场)和第八章(一般均衡与福利)。

第三部分　策略性行为

本部分主要阐述博弈论的主要理论基础，包括第九章(完全信息的静态博弈)、第十章(完全信息的动态博弈)、第十一章(不完全信息的静态博弈)和第十二章(完全信息的动态博弈)。

第一部分　个体决策

　　微观经济学主要研究微观主体在资源稀缺条件下的理性选择，微观主体根据经济行为不同主要分为两类：消费者和生产者。作为消费者的每个人(或家户)，其货币收入是稀缺资源，他们使用收入，即将钱花于不同的商品，形成需求，同时，每个人(或家户)使用时间等稀缺资源，形成对劳动等生产要素的供给。生产者为了追求利润，生产供给商品，生产就需要投入，一般生产都需要劳动、资本、土地和企业家的经营管理等生产要素，因此形成对生产要素市场的需求。在"看不见的手"的机制作用下，达到商品市场和要素市场的均衡状态，形成均衡价格和均衡的供求数量，其中均衡价格是经济学关注的重点，因此，商品市场均衡理论也称为价格理论；要素市场均衡也称为分配理论，因为要素均衡价格的实质是创造的新价值如何在要素所有者之间分配的问题。

第1章　偏好、效用与均衡选择

本章和下一章主要研究单个消费者(或者家户)的最大化选择如何形成对商品市场的需求，即消费者的理性选择行为。在此我们研究的是经典假设的市场，即完全竞争的市场。在这个市场中，拥有大量的消费者，每个消费者的需求都是市场总需求的很小一部分，因此每个消费者的选择行为(需求消费量)不会对市场均衡价格产生影响，消费者相互之间的选择模式是"背靠背"，即相互之间的行为不直接对其他人的选择产生影响，因此，价格对消费者而言是外生变量，即经济参数，也就是说消费者是价格的接受者。同理，每个生产者的选择行为也不会对市场均衡价格产生影响，因此，价格对生产厂商而言也是外生变量，也就是说每个生产厂商也是价格的接受者，价格参数是每个微观主体选择时的外在经济环境。但是，如果所有的消费者(或者生产者)都采取相同的集体行动，就会使得市场需求(或者市场供给)发生变化，市场均衡价格就会发生变化，单个消费者(或者生产者)就会按照新的价格参数进行决策选择，仍然是价格的接受者。

为了方便分析，经济学关于微观经济决策主体会做一些抽象假设，假设所有经济主体都是"经济人"，即他们会做出对自己最有利的选择，这一原则也被称为"理性原则"，或者叫"最大化原则"，具体来说，经济学研究的消费主体是理性的，拥有独立分析决策能力，掌握交易对象的全部信息，会根据商品给自己带来的作用大小进行选择，决策目标是追求自己利益(效用)的最大化，因此，这一部分也称为消费者的最大化选择，或者简称为消费理论或效用论。

经济学中研究消费者的最大化理论主要有两种思路：

一是"基于偏好关系"的间接研究思路(preference-based approach)，这种方法是经济学传统思路，即从消费者的偏好(preferences)出发，给出关于偏好的基本假设，即消费公理，然后建立效用函数，运用函数值表达符合数学逻辑要求的偏好关系，利用数学最大化的方法，得到消费者的均衡消费状态，即消费者对商品的具体消费选择(choice)，由内生价格变量导出需求函数。这是经济学研究消费理论的最主要方式，也是最经典的方式，但是由于对消费者的主观偏好加入了先验性质的假设(公理)，主观偏好无法客观显示和观察，使得无法对偏好做实证性检验。

二是"基于选择行为"的直接研究思路(choice-based approach)，即直接从消费者的选择行为开始，研究其性质，假设其选择行为满足理性假设(显示偏好公理)。然后证明所要求的理性公理满足和前种思路假设的一致性，并且能够通过逻辑推导得到和经典理论一样的关于消费者需求函数的基本结论。由于选择行为客观上可以观察到，这种基于客观选择行为给出的消费公理(假设)，可以通过消费者行为来验证其存在性，这样使得经济学消费理论更具有逻辑自洽性，最初提出这种思想的是保罗·萨缪尔森(《经济分析基础》，1947)。

无论用哪种思路研究消费者的理性行为，经济学概念中的消费者都是一种高度抽象假设下的决策主体，其最大化行为具有以下假设特征：他能够花在所有商品（或服务）上的支出（受收入制约）是稀缺的，指相对于能够给他带来满足的商品而言是有限的，所以消费者的消费行为实质上就是将其稀缺的货币收入资源花在不同的商品或者服务上，在其消费能力约束范围下做最好的选择。

本章阐述第一种思路的消费理论，下一章以消费行为作为研究的逻辑起点，包括两种研究思路的消费理论。

本章的主要内容包括：

1.1 消费集合：本节是对消费对象的数学描述，主要描述在完全竞争市场环境下，消费者在受收入硬约束的条件下，其消费能力能够选择的消费品（消费状态）集合。

1.2 偏好关系：本节主要阐述消费者对商品的主观评价如何衡量（或者说商品对消费者的效用作用大小），并假定理性消费者的偏好应该具有的基本特征，为运用数理化逻辑表达演绎偏好打好基础。

1.3 效用：本节主要阐述运用映射函数来表达消费者的理性偏好，效用函数的大小仅表示消费者对不同消费束的优次排列顺序。不同偏好就决定了不同形式的效用函数。

1.4 最大化选择与马歇尔需求：本节研究在完全竞争条件和收入硬约束的限制等经典假设下，每个消费者如何实现均衡消费，即选择自己最满意的消费状态，在条件许可的范围内追求效用最大化。在完全竞争等经典假设条件下，商品的价格和收入都是外生变量，因此消费者的均衡可以表述为消费者在预算集中进行选择，选择能够让消费者实现最满意状态的消费束，这种均衡状态称为马歇尔需求。

1.5 支出最小化与希克斯需求：本节考虑消费者面临这样一种约束，即保持一定的满意度，也就是希望达到一定的生活水平，在这个不变的条件下，理性消费者必然会最小化自己的支出，即支出最小化问题，从这个视角得到的消费者均衡消费（需求）称为希克斯需求。既定效用的支出最小化问题与既定收入的效用最大化问题其实质是对偶性问题，在一定条件下可以互相转化。

1.1 消　费　集　合

市场中存在各种各样的商品，消费者选择的对象表现为每种商品的具体数量，即一系列的商品数量。假定市场上总共有 n 种可供选择的商品，每个消费者的选择（消费数量）就表现为一个 n 维向量，如果用集合来表示消费者所有可能面对的选择（消费状态），这个集合就称为消费集，即消费者面对的所有可选商品或者服务的集合，其可能是有形商品，也可能是无形服务等，泛指一切能够满足消费者个人的生理或者社会需要的东西，为了简单起见，不再赘述，以下仅以商品称之。

定义 1.1 消费集 X

消费集指消费者所有可能消费的商品集合，它表现为消费者选择商品空间 R^n 中的子集。

　　数学中一个集合是具有某种特定性质的具体或抽象的对象汇集成的总体，我们一般用一个大写英文字母表示一个集合，常见的如实数集合，一般用 R 表示；集合中的每一个具体对象称为一个元素，一般用小写字母表示一个元素。元素与集合的关系有属于或不属于。例如，x 如果是一个具体的实数，则 x 属于实数集合，记为：$x \in R$。

　　根据集合与集合之间数学逻辑关系的定义，集合的乘积表示有序对的集合，例如 $S \times T$，表示集合 S 乘以集合 T，乘积集合中的每个元素是一个有序对 (s, t)，有：$s \in S$；$t \in T$。

　　R^n 即为 n 维实数集，有：$R^n = R \times R \times R \times \cdots \times R$（$n$ 个集合 R 相乘）。

　　R^n 中的每一元素 $x = (x_1, x_2, \cdots, x_n)$，称为一个向量或点，是 n 个有序的实数，每一个实数称为一个分量。

　　当每一个分量非负时，即 $x_i \geq 0$，$i = 1, 2, \cdots, n$，也可用向量表示为：$x \geq 0$，此时的 n 维非负实数集合记为 R^n_+。

　　当每一个分量大于零为正时，即 $x_i > 0$，$i = 1, 2, \cdots, n$，也可记为向量 $x \gg 0$，此时的 n 维正实数集合记为 R^n_{++}。

　　作为消费者选择对象的消费集合 X，是 n 维实数集合的子集，记作：$X \subset R^n$。

　　消费集合中的每个元素即是一个 n 维实数向量，称为一个消费束，表示一种具体的消费状态，是多种商品不同数量的组合，其中每个分量的大小表示一种商品数量的多少，例如：x_i 表示第 i 种商品的数量，$i = 1, 2, \cdots, n$。

　　这里假设有 n 种有限种商品，其数量可以用任意实数表示，每种商品的度量单位无限可分，x_i 可以连续取值，由于实际中商品消费数量非负的属性常识，所以每个分量有：$x_i \geq 0$，$i = 1, 2, \cdots, n$，也可以用向量表示为 $x \geq 0$。这就意味着消费集合 X 是 n 维非负实数集的子集，称为 n 维商品空间，记为：$X \subset R^n_+$。

　　概括来说，经济学关于消费集的属性有以下假设：

定理1.1　消费集 X

　　(1) $X \subset R^n_+$。

　　(2) X 是闭集。

　　(3) X 是凸集。

　　(4) $0 \in X$。

　　(1) 消费集 X 是 n 维非负实数集的子集，前面已经解释，不再赘述。

　　(2) R^n 上的开集与闭集的定义为：

　　对于集合 $X \subset R^n$，有 $\forall x \in X$，$\exists \varepsilon > 0$，使得以 x 为中心，以 ε 为半径的开球 $B\varepsilon(x)$ 完全处于集合内，都包含在集合 X 内，即：

$$B\varepsilon(x) \subset X$$

则集合 X 是一个开集。

　　如果 S 的补集是个开集，那么，S 是一个闭集。

　　开球 $B\varepsilon(x)$ 是指到点 x 的距离小于正参数 ε 的所有点的集合，是欧氏二维空间中不带边界的圆，或者三维空间中不带边界的球的概念的多维抽象化，一个以 x 为中心的开球就是 x 一定范围的所有邻域集合。根据以上开集的定义可以知道，开集中的任何一个点，都存在某一邻域的点全部在集合内，这样的点也称为内点，因此，也可以说，若集合的每个点都是它的内点，则该集合为开集，开集的一个必要条件是，集合没有边界(点)，不包括任何边界点。集合内的边界点不同于内点，即以该点(边界点)为中心的任何一邻域的点都不可能全部在集合内，一定有部分在集合外。需要说明的是并不是所有的集合不是开集就一定是闭集，有的集合既不是开集也不是闭集，例如大家熟悉的 R 子集，一维实数子集(1，2]；也有的集合既是开集又是闭集，例如全集 Ω 和空集 Φ。

由于商品消费数量连续假设，因此消费量的边界是可以达到的，最大消费量属于消费集合，因此消费集是闭集。

(3) R^n 上的凸集的定义为：

$$\forall x_1,\ x_2 \in X$$

如果下式对所有 t 都成立，$0 \leqslant t \leqslant 1$：

$$tx_1 + (1 - t)x_2 \in X$$

则 X 是一个凸集。

凸集的特点即其内的任意两个元素的线性组合还是属于该集合，直观地看，以 R^2 的子集为例，在笛卡儿平面中，凸集所表示的几何图形中任何两点的连线还位于图形中，我们在平面几何中熟知的大多数几何图形都是凸集。各种商品的数量可以组合消费，因此，消费集为凸集。

(4) $x = 0$，即向量 $x = (0,\ 0,\ \cdots,\ 0)$ 属于消费集，每种商品消费数量都为零是可能的。

消费集描述了消费者进行选择时所面临的所有可能的对象，但是在现实中，对于一个具体的消费选择，并非商品空间中的任何商品向量都有可能。每个消费者所能够进行选择的商品组合是有很多限制的。

首先消费者会受到外在客观条件的制约，这种客观条件包括自然环境和社会环境，例如有的消费交易在 A 国是可行的，在 B 国可能就会受到限制。另一方面，消费者还会受到自身各种条件的制约，自身条件包括身体状况、经济状况等，其中最主要的是受经济状况(其中最主要的变量是货币收入)制约。现代金融业的发达，使得理性消费者可以通过借贷方式实现跨时期的消费决策，但是由于跨时期消费涉及利率、通胀等不确定因素，在经济学的经典假设中，一般还是假设消费者的每期消费支出都不能突破收入带来的约束。

建立在 n 维商品空间中的消费集合，对于某个具体的消费者在特定条件制约下所能够真正可能消费的子集，称为可行集 (B)，可行集内的每个元素(向量)称为可行消费向量或可行消费束(组合)。需要指出的是可行集是针对具体的消费者在特定条件下的消费可能组合。

定理1.2　可行集 B 的性质

(1) B 为 R^n_+ 非空集合。

(2) B 为闭集。

(3) B 有界。

(4) B 为紧集。

(1) 由于现代经济社会中市场交易的常识性限制，每种商品数量非负，有 $x_i \geq 0$，又由于零向量属于可行集，所以每个消费者的可行集都非空。

(2) 如前面消费集的解释。

(3) 如果 R^n 上的一个集合 S 可以完全包含在一个半径为 ε 的球内（开或者闭），有：$S \subseteq B\varepsilon(x)$，则称该集合 S 是有界的，因为价格向量 $p \gg 0$，即 $p_i > 0$，$i = 1, 2, \cdots, n$。

在收入既定的情况下，每种商品数量必然有最大购买量，假设消费者的最大支出（收入）为 y，则显然有：$x_i \leq \dfrac{y}{p_i}$，因此可行集有界。

(4) R^n 上的（海涅 - 鲍瑞尔）紧集的定义为：

如果 R^n 上的一个非空集合 S 是闭的，并且是有界的，则该集合 S 是紧的。

经济学中研究的最重要的可行集是预算集，预算集是可行集在经典假设竞争性市场（价格既定）和收入硬约束下的具体形式。

定义 1.2　预算集 B

预算集 B 是指商品价格 P 和消费者的货币收入 y 既定，消费者支出受收入硬约束的条件下，消费者所有能够消费的商品集合，也称为消费约束集 $B(p, y)$。

假设：$X \subset R_+^n$，价格向量为正实数：$P \gg 0$，即 $p_i > 0$，$i = 1, 2, \cdots, n$。也可以表示为：$p \in R_{++}^n$。

$$\text{预算集}\quad B(p, y) = \{x \in X: px \leq y\}$$

其中 px 为消费者的总支出，有：

$$px = p_1 x_1 + p_2 x_2 + \cdots + p_n x_n$$

假设价格体系 $p \gg 0$ 既定，因为在竞争性市场中，由于存在大量的消费者，每人对商品的需求量相对于市场总需求是很小的一部分，因此每个消费者改变对商品的需求不会影响到市场的均衡价格，也就是说市场价格对消费选择而言是外部环境，不会因为消费者的选择（需求）数量变化而变化，因此在消费者进行消费决策时，价格是外生变量，或者说消费者是价格的接受者。

假设收入也是既定的，人们的收入是由禀赋决定的，虽然不是一成不变的，但是只要选择的商品中不包含决定收入的禀赋，这个假设可以让问题变得更简单。例如选择的商品中有闲暇，对于大多数主要是薪金收入的劳动者来说就不适用了。

因此，预算集可以理解为，一般竞争性市场条件下，商品价格和消费者收入既定，消费者花在所有商品上的支出不超过收入的条件下，所能够购买到的所有商品可能的组合。

大家最熟悉的预算集是在 $B \subset R_+^2$ 情况下，此时假设消费者面临二维商品空间，即消费者只消费两种商品，一种商品的数量用 x_1 表示，另一种用 x_2 表示。虽然二维商品空间的假设与实际不太符合，但是由于可以直观具体地用平面几何图形表示出来的巨大优越性，其受到经济学家的青睐。为了说明其合理性，我们可以假设，在实际消费中，当我们选择某种商品的具体消费数量时，可以将这种决策商品作为一种商品 x_1，同时，将其他商品的综合购买能力作为另一种商品，也就是说，将其他商品组合作为一种商品。

在这种情况下，预算集表现为：

①$x_1 \geqslant 0$。

②$x_2 \geqslant 0$。

③$px \leqslant y$，即 $p_1x_1 + p_2x_2 \leqslant y$。

这三个约束条件所决定的所有商品组合的集合，可以用几何图形表示为第一象限的一个三角形，如图 1.1 预算集所示。

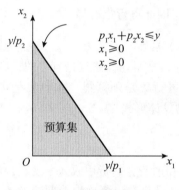

图 1.1　预算集

其边界即为预算线，表达式为：$p_1x_1 + p_2x_2 = y$。

预算线上各点的总支出与总收入相等，所以也称为等收入（支出）线，可以理解为将收入全部用于消费这两种商品时的最大消费组合。其斜率绝对值（大小）等于$\dfrac{p_1}{p_2}$，两种商品的市场价格之比，或称为相对价格，其数值大小表示用 x_2 的数量表示的 x_1 的市场价。具体如图 1.2 预算线所示。

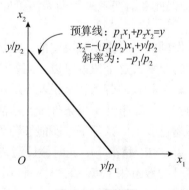

图 1.2　预算线

在一定的假设条件下，理性消费者达到最满意状态时会在预算线上进行选择。在哪些假设下，消费者具体会选择哪个状态进行选择，还取决于商品对消费者在确定条件下的作用(效用) 的大小，下面一节将具体介绍这个方面。

1.2 偏 好 关 系

经济学最主要的假设是认为理性消费者会追求效用最大化。效用是指消费者消费具体数量的商品过程中所感受到的主观满足。商品之所以能让消费者感到一定程度的满足，是因为商品具有一定的满足人们需要(欲望) 的能力。商品的效用，是消费者拥有和消费时主观感受到的商品对其的作用和价值，因人而异，因时而异，因地而异。典型的如"此之甘饴，彼之砒霜"，说明同样的商品对不同人的作用迥异。雨时的伞、雪时的碳、沙漠中的水，其效用与平时效用显著不同，显示同一商品使一个人在不同时空情况下所感受到的满足程度也是不一样的。

效用作为主观感受，其准确度量如何计算是个难题，早期的经济学家大多数主张效用可以用基数衡量，例如边沁和埃奇沃斯做过很大的努力。基数的效用值一般意味着它可以进行自我比较，即同一个消费者对不同数量或种类的商品、对不同时间或环境下消费商品的效用可以进行比较，其差、和、倍数是有意义的。例如对于某个消费者喝一杯咖啡的效用是 30，喝一杯茶是 60，一杯茶的效用是咖啡的两倍。不同消费数量的效用可以加总，还可以计算边际效用。甚至，有的经济学家还假设某些商品(例如货币) 的效用能够在不同消费者之间进行比较。这里的效用度量犹如生活中物质的质量或者长度，是可以用基数数值衡量的。

20 世纪 30 年代以来，基数效用衡量问题一直未能解决，如果说效用像质量一样可以基数衡量，那么衡量工具和标准到底是什么呢? 也就是说衡量效用的天平和砝码问题一直都没有很好地解决。另一方面，在实际消费选择中，面对各种可行消费选择时，也并不需要消费者能够准确判断出每一个备选状态的质量是几斤几两、多少千克，他只需要能够感知、判断哪一个更重一些，对消费者来说这样就可以找到最好的选择，这就是序数效用理论的核心思想。

在当代经济学家中，除了少数还坚持效用可以基数衡量外，绝大多数放弃了基数效用理论，也就是说序数效用理论在当代处于主流地位，本章主要论述的体系也是序数效用体系。在这种语境下，消费者对各种可选消费状态带来的效用大小无法给出具体的数值大小来衡量，但是可以排出先后次序，可以分辨不同消费束之间的顺序关系，如果这种排序符合数理逻辑关系，即理性假设，就可以用效用函数来表达这种偏好关系。

因此，现代经济学中的效用概念是和偏好联系在一起的，是对消费者理性偏好的数学表达，其数值大小没有绝对意义，只是表达不同选择之间的相对关系，不同效用值之间的和差倍数等不具有数学意义，仅仅表达它们之间的偏好排序关系，效用值仅仅在不同消费束的大小进行比较时才有意义，能够说明其排序关系。

对于一般 R^n 商品空间的具体消费束，消费者的偏好如果可以用数学工具表达，要求这种偏好要满足一些基本假设，称为消费公理。

定义 1.3 偏好关系"≥"

偏好关系"≥"也称为弱偏好关系,假设消费集合(X)中的两个向量(消费束)x 和 y,有:$x \geq y$,表示 x 弱偏好于 y,也可以简称为 x 偏好于 y,其含义是消费者认为 x 至少不比 y 差,消费者在进行消费选择时不会将 x 排在 y 的后面。

偏好关系是序数效用条件下消费者对不同消费状态最主要的判断关系,下文中所有消费公理都是关于这种偏好关系的假设。有时在特定条件下,为了更好地说明消费者对不同消费状态的排序和判断,还有两种可以说明消费顺序的关系及常用逻辑符号:

强偏好关系:$>$

无差异关系:$\sim$

如果 $x > y$,即 x 强偏好于 y,表示 x 严格排在 y 的前面。

如果 $x \sim y$,即 x 与 y 无差异,表示 x 与 y 的效用是一样的。

如前所述,弱偏好关系是消费理论中最基本的排序关系,后两种偏好关系都可以由这种基本偏好关系来定义推导给出:

$$(x \sim y) \Leftrightarrow (x \geq y) \wedge (y \geq x)$$

$$(x > y) \Leftrightarrow (x \geq y) \wedge \text{NOT}(y \geq x)$$

或者表示为:

$$(x > y) \Leftrightarrow ((x \geq y) \wedge (y \ngeq x))$$

如果 x 偏好于 y,y 偏好于 x,两者同时成立,则 x 与 y 无差异;如果 x 偏好于 y,y 偏好于 x 不成立,则 x 强偏好于 y。

偏好关系作为建立在消费集合 X 上的二元关系,如果符合数学逻辑的基本要求,必须要满足下面两个公理,消费公理作为消费理论分析的逻辑起点,可以看作对理性消费常识的基本描述,也可以说是经济学的基本假设,是该学科研究消费行为的逻辑起点,虽然公理无法证明,但是由公理建立起来的理论体系在对现实进行解释的过程中是可以被"证实"或者"证伪"的。

公理 1.1 完备性

完备性(completeness)是指:

$$\forall x, y \in X, \ \exists (x \geq y) \text{ or/and} (y \geq x)$$

即对于消费集 X 中的任意两个元素,都至少存在一个偏好关系。具体来说,理性消费者在任何两种可行消费方案之间都可做出两者之间排序的评价,即消费者对任何两个消费束都会给出以下三种情况之一的排序:① $x \geq y$;② $y \geq x$;③ $x \geq y \wedge y \geq x$。

$\forall x \in X$,对于消费集 X 中的任意元素 x,也就是一个具体的消费束或者消费状态,由于完备性,它同特定消费束 x^0 必然会产生一定的偏好关系,根据它同 x^0 的关系,可以形成各种不同的集合,经济学中用得比较多的集合主要有:

x^0 的弱偏好集合:即满足弱偏好关系于 x^0 的所有消费束,可以表示为:$\{x/x \geq x^0\}$,在偏好连续的情况下,该集合为闭集。

x^0 的强偏好集合:弱偏好于 x^0,但是不满足 x^0 弱偏好于它的消费束,可以表示为:

$\{x/x > x^0\}$，在偏好连续的情况下，该集合为开集。

x^0 的无差异集合：弱偏好于 x^0，但同时满足 x^0 弱偏好于它的消费束，可以表示为：$\{x/x \sim x^0\}$。

公理 1.2　传递性

传递性(transitivity)是指：

$\forall x, y, z \in X$，如果满足：

$$(x \geq y) \wedge (y \geq z)$$

则有：

$$x \geq z$$

传递性意味着对于任何 $\forall x, y, z \in X$，如果对于 x 与 y 之间的直接比较，消费者认为 x "不比 y 差"，不会排在 y 的后面，而对于 y 与 z 之间的直接比较，消费者认为 y "不比 z 差"，不会排在 z 的后面，那么，就可以间接推导出 x 与 z 之间的关系，x "不比 z 差"，不会排在 z 的后面。也许在现实中我们会看到有人在 a、b 中选择了 b，在 b、c 中选择了 c，在 a、c 中有可能有时选择了 a，这主要是因为消费的环境和消费的数量发生了变化，造成消费者对商品的排序发生了改变，如果剔除这些因素，在短时间内，假设消费者偏好不变，理性消费者的偏好一般会服从传递性公理，这符合数理逻辑最基本的要求。

有时偏好公理也被认为还需要满足第三个公理——自反性(reflexivity)，即：

$$\forall x \in X, \exists x \geq x$$

偏好关系服从自反性要求任何消费方案同自身都是无差异的。如果某个消费者认为一种消费方案 x 同它自己比较时都存在差异，那么很难认为该消费者具有理性。但其实完备性公理认为消费者在任何两种可行消费方案之间都可做出"谁好谁坏"的评价，如果这两种方案是一样的，即当 $x = y$ 时，就是自反性假设。也就是说完备性公理包含自反性，因此，自反性公理可以作为完备性的特例。

公理作为一门学科的基本规定，其设置应该符合三个条件：一是要有协调性和相容性，即在公理系统内不容许几个公理能够同时证明或否定作为原则或规律的命题；二是要有独立性，即公理的数目要减少到最低限度，不容许出现多余的不必要的公理；三是要有完备性，即要确保从公理系统中能够导出论述中涉及的所有命题。鉴于此，自反性就没有必要作为第三个公理了。

完备性和传递性是关于理性偏好的最基本规定，当且仅当消费者对商品的偏好满足了这两个公理时我们才能用数学工具(效用函数)来表达对商品的理性排序，然后利用数学逻辑演绎推导消费者会怎样进行选择。一般来说，在货币资源(收入)稀缺的条件下，为了更好地模拟说明消费者如何做出最好的选择，经济学一般对偏好关系还会做出更细致的假设。简而言之，消费公理保证消费函数的存在性，而对于消费函数的具体形式和性质，还有一些假设和规定。

除了以上两个公理外，我们一般说到的理性偏好，经济学中也称为标准形态的偏好，或者说定义良好的理性偏好基本还包括以下假设：

定义 1.4　偏好的连续性

在商品可以任意分割连续消费的条件下，对于偏好的连续性可以定义为：$\forall x, y \in X$，如果有 $x \geqslant y$，且 $x \to x^*$，$y \to y^*$，则有下式成立；

$$x^* \geqslant y^*$$

偏好的连续性也可以定义为：如果弱偏好集是个闭集，或者强偏好集合是个开集，则偏好具有连续性。

偏好的连续性是指偏好关系在极限条件下仍然成立，因此偏好的传递链是没有中断的，无差异曲线不会出现间断点。也就是说消费者在对消费状态进行排序时具有连续性，因此，弱偏好集合包含边界(极限值)。

定义 1.5　偏好的单调性

对于消费集合 X 里的任何两个元素 x 与 y，有 $x, y \in X$，消费者对其偏好关系 $\geqslant$ 的单调性有以下几个不同程度的定义：

(1) 弱单调性：

当 $x \geqslant y$，即 $x_i \geqslant y_i$，$i = 1, 2, \cdots, n$，则有 $x \geqslant y$。

(2) 单调性：

当 $x > y$，即 $x_i \geqslant y_i$，其中至少存在一个 i，$x_i > y_i$，则有 $x > y$。

(3) 强单调性：

当 $x \gg y$，即 $x_i > y_i$，$i = 1, 2, \cdots, n$，则有 $x > y$。

如果消费集 X 是 R 的子集，即一维实数时，单调性与强单调性是等价的，其他情况下，当商品空间的维数大于 1 时，不同单调性要求的条件严格程度并不相同。但是，虽然不同定义的含义和条件不完全相同，大致都是假设所有商品都是正常商品，y 为相同商品的较少的消费束，x 为相同商品的较多的消费束，那么单调性假设是说消费者一定偏好 x，即 x 排在 y 的前面。这也就意味着对消费者来说较多的商品总比较少的商品更受偏好，即多多益善，更多的商品受到更好的偏好，也称为非饱和假设，说明商品对消费者而言没有达到饱和状态，数量增加会增加消费者的满足感。

连续性条件下，单调性假设包含了关于偏好常见的另一个假设，就是局部非饱和，偏好的局部非饱和性是指，给定消费集中的任意商品束 x 和任意足够小的正实数 $\varepsilon > 0$，在以 x 为中心、ε 为半径的邻域里，一定存在一个消费束 y，强偏好于 x，用数学语言定义为：

$\forall x, y \in X$，$\forall \varepsilon > 0$，$\exists y$，满足下式时：

$$\| y - x \| \leqslant \varepsilon$$

使得 $y > x$ 成立。

其中 $\| y - x \|$ 也可以表示为：$d(x, y)$，即为向量 x，y 的度量空间(metric space)，在数学中是指一个集合，并且该集合中的任意元素之间的距离(或者度量)是可定义的。度量空间中最符合我们对于现实直观理解的是欧几里得空间，事实上，"度量"的概念就是对欧几里得距离的推广。欧几里得度量定义了在两个点之间的距离为连接它们的直线的长

度，因此 $d(x, y)$ 也称为欧氏度量，或者欧式范数，即有：

$$d(x, y) = \| y - x \| = \sqrt{\sum_{i=1}^{n} (x_i - y_i)^2}$$

当 $X \subset R^{2+}$ 时，$\| y - x \| \leqslant \varepsilon$ 可以具体理解为以 x 为圆心、ε 为半径的圆内，在该领域内存在消费束 y，当实数 ε 足够小时，说明两个消费束的数量比较接近，而消费者可以识别两者的不同，做出强偏好的判断排序，说明局部的数量不同会带来消费满意度的改变，称为局部非饱和，连续性条件下，单调性和强单调性假设意味着消费数量的增加会带来满足感的提升，因此包含了局部非饱和的假设。

定义 1.6 凸性偏好

在消费集 X 为凸集的条件下，凸性偏好是指：$\forall x, y \in X$，如果 $x \succcurlyeq y$，则有：$tx + (1 - t)y \succcurlyeq y$ 对于所有 $0 \leqslant t \leqslant 1$ 成立。

凸偏好也可以定义为：任意消费束的弱偏好集合为凸集。

不难证明两个定义是等价的，凸性假设是说消费者认为平均消费束至少不会比端点消费束差。对 (x, y) 两个消费束，其加权平均数构成一个新的消费束 $tx + (1 - t)y$，这一消费束一定不会排在原来的任一个消费束 x 或 y 的后面。

经济学中经典的偏好是比一般凸偏好定义更严格的。

定义 1.7 严格凸偏好

$\forall x, y \in X$，如果 $x \succcurlyeq y$，则有：$tx + (1 - t) > y$ 对于所有 $0 < t < 1$ 成立。

严格凸性假设意味着消费者认为平均消费束一定会比端点消费束受到更好的偏好，除非端点 x 或 y 本身，平均消费束一定优于端点消费束，严格凸偏好假设比凸偏好更为严格，我们一般情况下统称为凸偏好。

凸性偏好是基于消费者更喜欢多样化的消费，因此，两种商品的组合消费优于（或者不差于）单一地消费一种商品，一般来说这种假设具有合理性，例如，消费同样数量的水果，水果组合优于单一品种。但特殊情况下，组合多样化的消费可能还不如只消费一种商品，例如传说中相克的螃蟹和橘子；还有些食物在一起消费对大多数人而言可能都是很糟糕的，例如冰激淋和胡椒粉，这种组合消费差于单独消费一种商品的偏好称为凹性偏好。

一般满足连续、单调和严格凸的偏好，也称为标准形态的偏好，在经济学中可以直观形象地用标准的无差异去表现，如图 1.3 所示。具体来看，偏好的连续性意味着无差异曲线是连续无间断点的；偏好的单调性表现为无差异曲线是单调递减的，由于一种商品数量的增加会带来满足感的提高，所以另一种商品数量必然是在减少才会维持无差异关系；严格凸偏好使得无差异曲线斜率的绝对值（即两种商品的边际替代率，MRS_{ij}）在递减，无差异曲线凸向坐标原点，同一条无差异曲线上任意两点 (x, y) 的连线，即两消费束的线性组合 $tx + (1 - t)y$，在该无差异曲线的右上方，在线上各点的弱偏好集合里。

在实际中由于两种商品之间各种特殊的关系，会有各种各样不符合以上严格假设的偏好关系，例如，如果不满足单调性，商品出现了饱和点，意味着在饱和点以前，商品越多越好，过了饱和点，商品数量越多，效果越差，其无差异曲线不同于标准形态。再例如，如果一种商品为 bad，数量越多效用越少，则无差异曲线斜率为正，如图 1.4 所示。

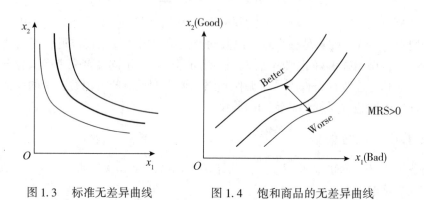

图 1.3　标准无差异曲线　　　　图 1.4　饱和商品的无差异曲线

另外还有大家熟悉的完全互补和完全替代关系的无差异曲线也不是标准形态的，这个大家可以思考它们分别不符合哪个或者哪几个假设(见图 1.5、图 1.6)。

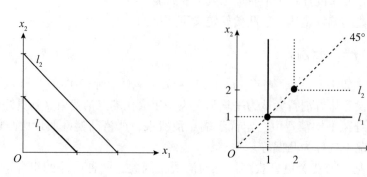

图 1.5　完全替代商品的无差异曲线　　图 1.6　完全互补商品的无差异曲线

1.3　效　　用

理性的消费者如果对于各种消费对象能够给出完备、可传递的偏好判断，就可以对任意消费束进行先后次序的排列，对于每一个消费序，可以运用数学逻辑映射到一系列实数，实数的大小可以表示其顺序关系。这就是现代经济学中效用函数的核心思想，显然这种效用概念是序数效用论，效用函数的大小表示消费束之间的偏好排列顺序，也仅仅表示排列顺序，即用实数之间的大小关系来代表消费对象之间的顺序。需要强调的是，序数效用函数的数值本身没有绝对的意义，只有在和另外一个效用函数数值进行比较的时候才有相对的意义，两者之间的和差倍数都没有意义。

这里还有一个前提问题，就是这种排序是否能够映射到一系列实数，也就是说效用函数是不是存在。关于这个问题，直到 1954 年才由德布罗给出了证明，阿罗于 1964 年做了更科学严谨的补充证明，证明了效用函数的存在，至此，经济学最大化的理论大厦完善了数理基础。

定义 1.8 效用函数

$\forall x, y \in X \subset R_+^n$，效用函数 $U: R_+^n \to R$，即 $X \to R$ 表示：

$$x \geqslant y \Leftrightarrow u(x) \geqslant u(y)$$

由消费集 $X \subset R_+^n$ 到实数 R 的映射关系 $U(x)$ 为表达偏好关系"$\geqslant$"的一个效用函数。

效用函数，即当且仅当 x 偏好于 y 时，有 $u(x) \geqslant u(y)$；反之，任意两个消费束函数数值之间的关系也仅仅表示两者之间的排序，其数值之间的和差倍数都没有意义。需要强调的是，效用函数的定义域是 n 维商品空间的消费集，而不局限于可行集，因为在对商品进行排序评价的时候，并不受实际消费能力的约束；其值域为一维实数集，显然效用函数是一个实值函数。

完备性和可传递性是效用函数存在的必要条件，但并不是满足该定理的所有偏好序都可以用效用函数表示，例如字典序。德布罗首先证明了连续偏好存在连续映射函数。

定理 1.3 效用函数存在性定理(德布罗(Debreu)定理)

商品空间 R_+^n 的任何子集上的连续偏好关系 $\geqslant$ 存在连续的效用函数 $U: R_+^n \to R$。

该定理表明理性消费者的完备、可传递、连续的偏好关系必然有连续的效用函数表示，该定理的证明参见经典参考文献德布罗(1954)。由于该定理证明的烦琐性，绝大多数教材将该定理表述为：

商品空间 R_+^n 上的连续严格单调的偏好关系 $\geqslant$ 存在连续的效用函数 $U: R_+^n \to R$。

该定理的证明思路就是找到一个能够反映连续单调的理性偏好的映射实数值，然后证明它就是函数值。

由于现代经济学中效用的序数特点，效用函数可以简单理解为对偏好序的数学表达方式，对应于消费者偏好的凸性和单调性，效用函数也具有相应的一系列性质。定理 1.4 表达了效用函数的性质与偏好关系的性质之间的对应关系。

定理 1.4 理性偏好与效用函数的性质

(1) 当且仅当 $\geqslant$ 是单调的时，u 是单调的函数。

(2) 当且仅当 $\geqslant$ 是严格单调的时，u 是严格单调的函数。

(3) 当且仅当 $\geqslant$ 是连续的时，u 是一个连续的函数。

(4) 当且仅当 $\geqslant$ 是凸的时，u 是拟凹函数。

(5) 当且仅当 $\geqslant$ 是严格凸的时，u 是严格拟凹函数。

对于 $f: D \to R$，D 为 R^n 的子集的实值函数的单调性定义如下：

(1) 增函数：当 $x_1 \geqslant x_2$ 时，有 $f(x_1) \geqslant f(x_2)$。

(2) 严格增函数：当 $x_1 \geqslant x_2$ 且 $x_1 \neq x_2$ 时，有 $f(x_1) > f(x_2)$。

(3) 减函数：当 $x_1 \geqslant x_2$ 时，有 $f(x_1) \leqslant f(x_2)$。

（4）严格增函数：当 $x_1 \geqslant x_2$ 且 $x_1 \neq x_2$ 时，有 $f(x_1) < f(x_2)$。

因此，根据效用函数的定义不难看出性质（1）和性质（2）。

对于 $f: D \rightarrow R$，D 为 R_+^n 的凸子集的实值函数，实值函数的凹凸性定义如下：

对于所有 x_1，x_2 属于 D，则 $f: D \rightarrow R$ 是一个：

（1）凹函数：

$f(x_t) \geqslant tf(x_1) + (1-t)f(x_2)$，其中 $0 \leqslant t \leqslant 1$，$x_t = tx_1 + (1-t)x_2$。

（2）严格凹函数：

$f(x_t) > tf(x_1) + (1-t)f(x_2)$，其中 $0 < t < 1$，$x_t = tx_1 + (1-t)x_2$。

（3）拟凹函数：

$f(x_t) \geqslant \min(f(x_1), f(x_2))$，其中 $0 \leqslant t \leqslant 1$，$x_t = tx_1 + (1-t)x_2$。

（4）严格拟凹函数：

$f(x_t) > \min(f(x_1), f(x_2)) \; 0 < t < 1$，其中 $x_t = tx_1 + (1-t)x_2$。

假设 D 是实值区间，f 二次连续可微函数，则以下三个命题是等价的：

（1）f 是凹函数：$f(x_t) \geqslant tf(x_1) + (1-t)f(x_2)$。

（2）二阶导数小于等于零：$f''(x) \leqslant 0$。

（3）曲线任一点 $(x_0, f(x_0))$ 的切线位于曲线上方：$f(x) \leqslant f(x_0) + f'(x_0)(x - x_0)$。

如果 $f''(x) < 0$，则 f 是严格凹函数。

定理 1.5　效用函数不变性定理

假设偏好 $\geqslant$ 是定义在 R_+^n 的偏好关系，$U(x)$ 为表示该偏好关系的一个效用函数，对于任意向量 x，当且仅当 $v(x) = f(u(x))$，并且在 $u(x)$ 的值域上是严格递增时，则 $v(x)$ 也代表该偏好关系。

即：$\forall x, y \in X$，效用函数表示：$x \geqslant y \Leftrightarrow u(x) \geqslant u(y)$，令 $v(x) = f(u(x))$，当 $u(x) \geqslant u(y)$ 时，有：

$$f(u(x)) \geqslant f(u(y))$$

即 $v(x) \geqslant v(y)$，则效用函数 $v(x)$ 也是表现该偏好序的一个效用函数，该定理也称为效用函数正单调变换的不变性定理。

我们知道，效用函数就是按照一定的偏好顺序给消费束赋值，使之保持一定的次序。在次序不变的情况下，可以有多种赋值方法。单调变换就是在保持偏好次序不变的条件下将一组数字变换成另一组数字的方法。由于效用函数强调的是效用的次序，不同的效用函数值之间的大小关系代表不同的排序，因此，运用单调变换产生一个新的效用函数，并没有改变原来的排序，所以代表的偏好系列与原来相同。

效用函数为我们提供了一种描述偏好的代数方法，根据效用函数的定义我们可以将之前用来反映不同消费束之间各种偏好关系的集合用效用函数的代数形式来表示，显然有：

x^0 的弱偏好集合，$\{x/x \geqslant x^0\}$，用效用函数表示即为：

$$\{x/u(x) \geqslant u(x^0)\}$$

x^0 的强偏好集合，$\{x/x > x^0\}$，用效用函数表示即为：

$$\{x/u(x) > u(x^0)\}$$

x^0 的无差异集合 $\{x/x \sim x^0\}$，这个是我们之前最为熟悉的集合，在初级教材中已经形象地用几何图形来表达了，就是大家最为熟悉的无差异曲线，它是原理阶段用来分析消费者理论中最基本的工具，可以说，所有学过经济学的同学基本已掌握并会运用该图形。如果用效用函数可以表达为：

$$u(x) = u(x^0) = u_0$$

$u(x^0) = u_0$ 为常数，即由效用函数等于 x^0 的效用函数值所决定的两种商品数量组合既是无差异曲线，一个常数对应一条无差异曲线，对于正常商品，常数越大对应的无差异曲线离原点越远，越靠近右上方。无差异曲线的斜率也可以用效用函数的导数来表现，我们知道，无差异曲线的切线斜率(简称无差异曲线的斜率)就是两种商品之间的边际替代率(Marginal Rate of Substitution，MRS)，准确地说，经济学中谈到的边际替代率一般是指无差异曲线斜率的大小(数值，绝对值)，因为一般的无差异曲线递减，所以边际替代率是指无差异曲线斜率的负值。在几何图形只能表示二维商品的情况下，指一种商品 x 替代另一种商品 y 的情况：

$$MRS_{xy} = -\frac{dy}{dx} = \frac{\dfrac{\partial u}{\partial x}}{\dfrac{\partial u}{\partial y}} = \frac{MUx}{MUy}$$

证明：

因为无差异曲线为：

$$u(x, \ y) = u_0$$

两边取全微分可得：

$$\frac{\partial u}{\partial x}dx + \frac{\partial u}{\partial y}dy = 0$$

移项可以得到：

$$-\frac{dy}{dx} = \frac{\dfrac{du}{dx}}{\dfrac{du}{dy}}$$

其中 $\dfrac{du}{dx}$ 效用函数对 x 的偏导数是我们熟悉的边际效用，在基数效用的语境体系下，指最后增加一个单位的商品消费所带来的效用增量，在序数效用语境下没有意义，我们姑且还是称为边际效用，表示为 MU_x，因此，两种商品之间的边际替代率可以表示为两种商品的边际效用之比，即有：

$$MRS_{xy} = -\frac{dy}{dx} = \frac{\dfrac{du}{dx}}{\dfrac{du}{dy}} = \frac{MUx}{MUy}$$

其数值表示增加一个单位的 x 可以减少(代替)的 y 的数量，其实质是用 y 的数量度量

一单位 x 的效用大小，所以数值越大，说明 x 对消费者的作用越大。由于几何图形的限制，无差异曲线无法表示一种商品替代多种商品的情况，或者多种商品替代一种商品的情况，而代数就可以不受维数的限制，可以把商品之间的相互替代问题考虑得更加系统全面。前面讲了效用函数不变性定理，效用函数正单调变换不改变偏好序，那么问题来了，变换以后的边际替代率会不会变化呢？答案是不会改变，这个问题的证明留给读者作为作业自己去证明。

以下举例介绍经济学中比较常见的效用函数具体形式，主要有：

例 1.1　科布 - 道格拉斯效用函数

$$U(x) = \prod_{i=1}^{n} x_i^{a_i}$$

其中 a_i 为参数，有：$0 < a_i < 1$。

科布 - 道格拉斯效用函数是性态良好的无差异曲线的标准范例，也是产生形态良好偏好的最简单的代数表达式。其具有许多"优美"的特征：可以通过单调变换使其具有一次齐次函数的特点，即"规模效用"不变性，此时有：

$$\sum_{i=1}^{n} a_i = 1$$

它具有内在解，参数 a_i 具有弹性特征，具体指每种商品的支出在总支出（总收入）中所占的比率，关于后面这几点以后会具体阐述。

例 1.2　里昂惕夫效用函数

$$U(x_1, x_2) = \min\{a_1 x_1, a_2 x_2\}$$

如果两种商品之间是完全互补的偏好关系，效用函数也称为列昂惕夫效用函数，由于两者之间是完全互补关系，所以必须按照一定的互补关系使用才能产生效用，例如左袜和右袜。因此效用取决于数量小于两者之间互补比率的商品数量。

例 1.3　线性效用函数

$$U(x_1, x_2) = ax_1 + bx_2$$

如果两种商品之间是完全替代的偏好关系，其效用函数为线性效用函数，效用函数的大小取决于两者按照一定替代比率的和，无差异曲线为线性，两种商品之间的替代比率始终为常数，不受商品数量的影响。例如，在绝大多数情况下，不同面值的纸币之间的替代比率是一个固定的常数，一张 100 元面值的纸币可以兑换（替代）两张 50 元的纸币。

例 1.4　拟线性效用函数

$$U(x_1, x_2) = v(x_1) + x_2$$

从数学形式上看，拟线性效用函数对 x_2 来说是线性的，但对 x_1 来说是非线性的，可以满足经典的理性消费偏好假设，例如 $u(x_1, x_2) = \sqrt{x_1} + x_2$；如果运用基数效用的概念可能更容易理解这种线性商品对消费者作用的不同，x_2 的边际效用为常数，同消费的商品数量无关。

从几何图形上看，拟线性效用函数无差异曲线的斜率为：

$$\mathrm{MRS}_{12} = -v'(x_1)$$

其只取决于 x_1 的数量大小，同 x_2 的数量无关，所以意味着一系列形状相同的无差异曲线沿着线性商品轴的平行移动，其移动距离反映着效用水平的变化程度，取决于所消费的 x_1 和 x_2 的数量，如图 1.7 所示。

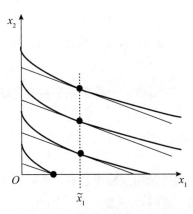

图 1.7　拟线性偏好的无差异曲线

以后的分析大家还可以进一步了解到，从经济学含义上看，它反映这样一种经济现象，即消费者的均衡条件中，非线性商品 x_1 的均衡数量同收入无关，因此，在达到均衡消费的边际条件后，消费者会将全部收入中固定的部分用于 x_1 的消费，而将收入增加的部分都用于 x_2 的消费。具体地说，在收入不满足边际均衡条件时，将全部收入用于购买 x_1，直到满足边际条件；当收入继续增加时，消费者并不增加 x_1 的消费，而将增加的收入全部用于 x_2 的消费，这样就使效用水平与收入同比例地增加。

例 1.5　常替代弹性效用函数

常替代弹性效用函数简称 CES 效用函数（Constant-Elasticity-of-Substitution Utility Function），两种商品的形式为：

$$U(x_1,\ x_2) = (ax_1^\rho + bx_2^\rho)^{\frac{1}{\rho}}$$

替代弹性 σ_{ij} 是指：

$$\sigma_{ij}(x) = \frac{\mathrm{dln}\left(\dfrac{x_j}{x_i}\right)}{\mathrm{dln}(\mathrm{MRS}_{ij})} = \frac{\mathrm{dln}\left(\dfrac{x_j}{x_i}\right)}{\mathrm{dln}\left(\dfrac{\mathrm{MU}_i}{\mathrm{MU}_j}\right)} = \frac{\mathrm{d}\left(\dfrac{x_j}{x_i}\right)\Big/\dfrac{x_j}{x_i}}{\mathrm{d}\left(\dfrac{\mathrm{MU}_i}{\mathrm{MU}_j}\right)\Big/\dfrac{\mathrm{MU}_i}{\mathrm{MU}_j}}$$

我们知道，经济学中弹性是用来反映被解释变量 y（因变量）对解释变量 x（自变量）的反应敏感程度，或者说是解释变量 x（自变量）对被解释变量 y（因变量）的影响程度，可以表示为：

$$\varepsilon = \frac{\mathrm{dln}y}{\mathrm{dln}x} = \frac{\mathrm{d}y/y}{\mathrm{d}x/x}$$

其大小等于两个变量的相对变化量（变化百分数）之比，数值越大，表明 y 对 x 的反应越敏感，准确地说，弹性大小表示当 x 变化一个百分点时 y 的变化百分点。

那么，这里替代弹性的解释变量为两种商品之间的边际替代率，被解释变量为两种商品的数量之比，可以证明常替代弹性效用函数的替代弹性为：

$$\frac{1}{1-\rho}$$

当 $\rho \to 1$，$U(x_1, x_2) = ax_1 + bx_2$，为线性偏好，两种商品为完全替代关系，替代弹性无穷大。

当 $\rho \to 0$，$U(x_1, x_2) = x_1^{\frac{a}{a+b}} + bx_2^{\frac{b}{a+b}}$，为科布 - 道格拉斯偏好，两种商品的替代弹性为 1，也称为单位替代弹性。

当 $\rho \to -\infty$，$U(x_1, x_2) = \min\{x_1, x_2\}$，为里昂惕夫偏好，两种商品为完全互补关系，替代弹性为 0。

从以上可以看出，常替代弹性效用函数更具有一般性，当参数 ρ 数值不同时，它可以是完全互补，完全替代和科布 - 道格拉斯等形式，因此在经济研究中有着比较广泛的运用，尤其在生产函数中更有意义，关于这点，在生产者理论中会详细阐述。

定义 1.9　位似偏好（Homothetic Preferences）

$\forall x, y \in X$，如果 $x \succcurlyeq y$，有 $tx \succcurlyeq ty$ 对于所有 $t > 0$ 成立，则该偏好为位似偏好。

位似偏好意味着消费者对于两种商品之间的排序比较稳定，不会因为数量的改变而改变两者之间的顺序。不难证明，完全互补，完全替代和科布 - 道格拉斯偏好都是位似偏好，而拟线性偏好则明显不是。对于拟线性效用关系，在收入较低，消费数量很少的时候，消费者更偏好非线性商品，当非线性商品达到一定的程度后，消费者更偏好于线性商品，关于这点，以后章节会更具体地阐述。

1.4　最大化选择与马歇尔需求

前面我们描述了对于一个理性消费者，他面临选择的对象，在各种外部环境条件制约下，包括自然环境、社会法律制度等条件，尤其还有各种经济条件的制约所能够进行选择的可行集。他在这些条件的限制下选择自己最满意的消费方案，在条件许可的范围内追求效用最大化。本节研究理性消费者在完全竞争和受收入硬约束的条件下的效用最大化行为。当一个消费者在不同的消费状态之间进行选择时，他会对不同的消费对象进行比较，从而选择出最优的结果。

需要强调的是，这里所谓的最优，是各种约束条件下所能够达到的最优结果，用数学的最大值理论来看，这里显然不是所有偏导数为零时的最优，因为收入是稀缺资源，消费支出受收入制约，因此消费者的最大化是约束条件下的最大化，在完全竞争的条件下，商品的价格和收入都是外生变量，因此消费者的均衡可以表述为消费者在预算集中进行选择，选择能够让消费者实现最满意状态的消费束。

因此，消费者最大化的选择问题可以表述为消费者在价格向量为 p，预算收入为 y 的约束条件下实现效用最大化，数学问题表示，对于 $x \in X \subset R^n_+$：

$$\text{Max}(u(x))$$

$$\text{s. t.} \quad px \leqslant y$$

这个数学问题的解 x^* 称为消费者均衡消费，即实现了约束条件下效用最大化的商品选择数量，也就是理性消费者的消费需求数量，如果用 x^* 表示该选择，也可以等价地表述为：

$$\forall x \in B(p, y) = \{x \in X : px \leqslant y\}，满足：$$

$$x^* \geqslant x$$

根据前面的分析我们知道，消费者的理性偏好 $\geqslant$ 关系在消费集 $X \subset R^n_+$ 满足完备性、可传递性、连续性、严格单调性和严格凸的情况下，那么该偏好关系就可以由一个连续的实值函数 u 表示，该函数连续，严格递增且严格拟凹。又由于预算集 B 为凸紧集，根据威尔斯拉斯定理，在 B 上 $u(x)$ 存在最大值。如果效用函数为严格拟凹的，$u(x)$ 在 B 上的最大值唯一。

威尔斯拉斯定理可以描述为：

设 $f: S \to R$ 是一个连续实值映射，S 为紧集，则存在向量 $\bar{x}$，$\underline{x}$ 属于 S，对于所有 x 属于 S，满足：

$$f(\underline{x}) \leqslant f(x) \leqslant f(\bar{x})$$

由于预算集为紧集，当效用函数为连续函数时一定存在最大值。

效用最大时的均衡选择称为马歇尔需求。

定义 1.10　马歇尔需求集合

在价格 $p \in R^n_{++}$ 和收入 $y \in R_+$ 条件下，消费者的马歇尔需求集合是指预算集 $B(p, y)$ 中弱偏好于任意其他消费状态的组合，记为：$D(p, y)$，有：

$$D(p, y) = \{x \in B(p, y) : (\forall z \in B(p, y))(x \geqslant z)\}$$

马歇尔需求集合也经常简称为需求集合，或者简称（马歇尔）需求。显然集合中的元素为 R^n_+ 商品空间中的一个向量，称为消费者在价格体系 p 和收入 y 条件下的马歇尔需求向量，或者简称为需求向量。显然，在严格凸偏好的假设条件下，马歇尔需求集合 $D(p, y)$ 中的任何两种消费状态都是无差异的，这也就是马歇尔需求的唯一性，在解释唯一性之前还要回答一个前提问题，就是在什么情况下，能够保证消费者有最优的选择，即马歇尔需求的存在性。

定理 1.6　马歇尔需求存在性定理

如果预算集为紧集，消费者偏好 $\geqslant$ 是连续的，则对任何价格体系 $p \gg 0$ 及收入 $y \geqslant 0$，有：$D(p, y)$（马歇尔需求集合）非空，即理性消费者的马歇尔需求存在。

如前所述，该定理可由威尔斯拉斯定理证明，具体过程不再赘述。

定理 1.7 马歇尔需求唯一性定理

如果预算集为紧集，当偏好 $\succcurlyeq$ 连续、严格凸时，则对任何价格体系 $p \gg 0$ 及收入 $y \geqslant 0$，有：$D(p, y)$（马歇尔需求集合）是单点集，即理性消费者的马歇尔需求是唯一的。

证明：

用反证法，假定 $D(p, y)$ 不是单点集，则 $D(p, y)$ 中至少有两个不同的消费束 x 和 y，令 $z = tx + (1-t)y$，$0 < t < 1$，由于预算集为凸集，所以有 $z \in B(p, y)$，如果偏好是严格凸的，则有 $z \succ x$（或 y）。这与 x 和 y 是预算集合中的最优选择相矛盾。

定理 1.8 马歇尔需求的瓦尔拉斯法则

当偏好 $\succcurlyeq$ 严格单调时，有：

$$pD(p, y)) = y$$

由于偏好严格单调，也就是说消费者认为商品数量非饱和，商品数量越多，满意度越高，因此消费者只有把他的收入全部用于消费，才能获得最大限度的满足。所以马歇尔需求的支出等于收入，满足收支平衡。

根据马歇尔需求集合的存在性和唯一性定理，对于一个消费者来说，在价格 $p \in R_{++}^n$ 和收入 $y \in R_+$ 条件下，即任意 n 维正的价格向量和一维的收入向量，通俗地说，在一个价格和收入既定的环境中，消费者都会有唯一确定的消费选择，如果将价格和收入向量组成一个新的 $(n+1)$ 维向量，都会有一个确定的 n 维商品向量（最优选择）与之对应，这样，我们就可以从 $\Delta(p, y)$ 映射到 $D(p, y)$。这就定义了一个从价格收入集合到消费集合 X 的映射，这个映射就是我们非常熟悉的马歇尔需求映射（函数），简称为需求映射（函数）。

定义 1.11 马歇尔需求函数

如果预算集 B 为凸集，当偏好 $\succcurlyeq$ 严格凸时，则对任何价格体系 $p \gg 0$ 及收入 $y \geqslant 0$，定义集合 $\Delta(p, y) = \{p_1, p_2, \cdots, p_n, y\} \subset R_{++}^n \times R_+$，$\Delta$ 为价格 - 收入的 $n+1$ 维实数空间的子集，则存在以下映射关系：

$\varphi: \Delta(p, y) \to D(p, y)$

也可以表达为：

$\varphi: \Delta(p, y) \to x^*(p, y)$

x^* 表示消费者的最优选择，由于 x 为 n 维向量，这里有 n 个实值函数，这些函数就是马歇尔需求映射（函数），简称为需求映射（函数），记为 $\varphi(p, y)$、$D(p, y)$、$x^*(p, y)$ 或者 $x(p, y)$ 等形式。

需要说明的是，此处的 D 与之前马歇尔需求集合的 D 含义是不同的，前面马歇尔需求代表一个包含所有最优消费选择的集合（也许有的情况下是唯一的），这里需求函数的 D 表示映射关系。

定理 1.9 需求函数零阶齐次性定理

$\forall (p, y) \in \Delta(p, y) \subset R_{++}^n \times R_+$，实数 $t > 0$，有下式成立：

$$D(tp, ty) = D(p, y)$$

即需求函数 $D(p, y)$ 具有零阶齐次性。

数学中关于齐次函数的定义是指，对于所有 $t > 0$，如果下式成立：

$$f(tx) \equiv t^k f(x)$$

则称 $f(x)$ 是 k 阶齐次函数，也称为 k 次齐次函数。

因此，满足 $f(tx) \equiv t^0 f(x) = f(x)$ 为零次齐次函数。

需求函数的零阶齐次性说明，如果所有商品价格都与消费者的收入以同样比例上升，那么消费者需求不变，从而消费者的满足程度不变。也就是说，价格和收入的同比例上涨并不影响消费者的均衡选择和效用水平。若其收入来自生产要素的报酬，所有商品(包括生产要素)价格同比例上涨，意味着消费者收入同比例上升。

生产者方面的情况又怎样呢？以后要讲述的生产者理论给出的回答是：所有商品价格同比例上升并不影响生产选择，产品供应和要素需求不会变化，而生产者的名义利润会比例提高，但是实际利润不变。由此可见，如果消费者和生产者足够理性，能够看透名义(货币)利润背后实际价值的话，所有商品价格同比例上升，既不会改变消费选择，也不改变生产选择，货币数量就不会对实际经济产生影响，这就是货币的"中性论"，或者称为"面纱论"。但是，如果存在"货币幻觉"的情况下，名义利润上升会刺激和促进生产，这就是零阶齐次性蕴含的货币数量以及通货膨胀的经济效应，当然各种假设会得到不同的政策主张，这更多的应该是宏观经济学关注的问题。

定理 1.10 消费者均衡的必要条件

假设效用函数 $u(x)$ 二阶连续可微，对于任何价格向量 $p \gg 0$、收入 y、消费向量 x^*，若 $x^* \in D(p, y)$(即 x^* 是消费者的均衡消费)，则存在正实数 $\lambda > 0$ 满足边际方程。

假设 x^* 是消费者在价格体系 p 与收入 y 条件下的均衡消费向量，根据需求的瓦尔拉斯法则有 $px^* = y$，即效用最大的点一定在预算线上。按说效用最大化问题本来是预算集中选择效用最大的消费束，现在缩小为在预算集合的边界，预算线上选择一点满足效用最大化。因此消费者效用最大化问题变为，对于 $x \in X \subset R_+^n$：

$$\text{Max } u(x)$$
$$\text{s. t.} \quad px = y$$

从数学角度看，本来是受不等式约束的最优化问题变为等式约束的最优化(极值)问题，根据拉格朗日(Lagrange)定理：

若函数 $f: R^n \to R$，为二次连续可微，$g_i(x) = 0$，$i = 1, 2, \cdots, k$，也是定义域在 R^n 上的连续可微的实值函数，如果所有紧约束的梯度向量是线性无关的，x^* 为内点，如果 f 在 x^* 取得最优解，那么，必存在唯一的参数 $\lambda_j^* (j = 1, 2, \cdots, k)$ 和向量 A^* 满足：

$$\frac{\partial L(x^*,\ A^*)}{\partial x_i} \equiv \frac{\partial f(x^*)}{\partial x_i} + \sum_{j=1}^{k} \lambda_j \frac{\partial g(x^*)}{\partial x_i} = 0$$

X^* 若是最大值，A^* 非负；

X^* 若是最小值，A^* 非正。

根据该定理求解等式约束条件下极值的方法称为拉格朗日乘数法，也就是说，在满足条件的情况下，存在参数 λ，使得拉格朗日函数 $L(x,\ \lambda)$ 的各个一阶偏导数全为零，此时即取得极值，参数 λ 称为拉格朗日乘数。

在此问题中，有拉格朗日函数：

$$L(x,\ \lambda) = u(x) - \lambda(px - y)$$

根据拉格朗日乘数法有：

$$\frac{\partial L(x,\ \lambda)}{\partial x_1} = \frac{\partial u(x)}{\partial x_1} - \lambda p_1 = 0$$

$$\frac{\partial L(x,\ \lambda)}{\partial x_2} = \frac{\partial u(x)}{\partial x_2} - \lambda p_2 = 0$$

$$\cdots$$

$$\frac{\partial L(x,\ \lambda)}{\partial x_i} = \frac{\partial u(x)}{\partial x_i} - \lambda p_i = 0$$

$$\cdots$$

$$\frac{\partial L(x,\ \lambda)}{\partial x_n} = \frac{\partial u(x)}{\partial x_n} - \lambda p_n = 0$$

$$\frac{\partial L(x,\ \lambda)}{\partial \lambda} = px - y = 0$$

这一系列的方程组称为拉格朗日边际方程（边际等式），简称边际方程。需要强调的是，根据边际方程可以求出均衡消费 $x^*(p,\ y)$，也即马歇尔需求函数，也就是说由边际方程所决定的由 $\triangle(p,\ y)$ 到均衡消费 x^* 或者马歇尔需求 $\varphi(p,\ y)$ 或者 $D(p,\ y)$ 的映射关系。简单一句话，对于一般形式的效用函数 $U(x)$，边际方程所决定的隐函数就是需求映射。

边际方程中代表性的等式：

$$\frac{\partial L(x,\ \lambda)}{\partial x_i} = \frac{\partial u(x)}{\partial x_i} - \lambda p_i = 0$$

$$\Rightarrow \mathrm{mu}_i = \lambda p_i$$

$$\Rightarrow \frac{\mathrm{mu}_i}{p_i} = \lambda$$

这个等式就是大家在初级教材中非常熟悉的均衡条件，如果在基数效用语境里面，称为边际均衡条件，也称为单位货币边际效用均等法则。边际效用 mu_i 可以近视理解为增加一个单位的第 i 种商品带来的效用增加量。（一定要注意，这是在基数效用的语境下）边际效用除以该商品的价格——$\dfrac{\mathrm{mu}_i}{p_i}$ 表示增加一单位货币（例如一元钱）购买第 i 种商品所带来的效用增加量，即最后多增加一元钱购买 x_i 带来的效用增加量。达到均衡时，任意商品的单位货币的边际效用都等于一个常数，即有：

$$\frac{mu_1}{p_1} = \frac{mu_2}{p_2} = \cdots = \frac{mu_i}{p_i} \cdots = \frac{mu_n}{p_n} = \lambda$$

也就是说，此时如果再增加一单位货币收入，例如一元钱，这一元钱不论用于购买哪一种商品(以增加消费量)，所增加的效用都是一样的，满足货币的边际效用均等法则。

如果说当前消费状态下该等式不能成立，例如当：

$$\frac{mu_1}{p_1} > \frac{mu_2}{p_2}$$

这个时候说明最后多增加一元钱购买 x_1 带来的效用增加量大于一元钱购买 x_2 带来的效用增加量，那么减少一元钱购买第 2 种商品用来购买第 1 种商品必然会带来总效用的增加。一般来说，减少那些增加单位支出后效用增加较少的商品的消费量，把减少下来的支出用来增加那些增加单位支出后效用增加较多的商品的消费量，必然会使总效用增加，而且花费在商品消费上的支出并没有增加。可见经过这样的调整，不但没有增加支出，而且使消费者更加满意。总之，只要上面的方程式不成立，那么消费者就要在效用最大化动机的驱动下进行这种消费数量的调整，改变商品的消费数量，直到该方程式成立为止，此时即实现均衡，再不可能通过改变消费数量在支出不增加的情况下增加效用，也就是实现了收入约束条件下的效用最大化。

其中常数 λ 既是拉格朗日乘数，也可以理解为一个单位货币的边际效用。对于现代消费者而言，货币除了作为交换工具可以购买商品带来效用以外，还可以带来流动性等直接效用，所以均衡时应该满足一元钱购买商品(所有商品是一样的) 带来的效用等于一元钱本身的边际效用。因此 λ 就是均衡时货币收入的边际效用，也称为货币的价格(影子价格)。

这里隐含了个假设，即货币的边际效用为常数，我们知道经济学假设一般商品的边际效用是递减的，其作用会随着消费商品数量的增加而减少，因此会存在饱和点，过了饱和点，消费该商品数量越多效用反倒越小。那么，如果边际效用为常数，则意味着无论其数量多还是少，作用都是一样，不会饱和，在拟线性偏好中，线性商品就具有这种属性。那么生活中是否存在不会饱和的商品呢？如果有的话，我们一般称为上瘾商品，对上瘾商品很容易过度追逐消费，例如游戏、烟酒等，这显然属于非理性行为。那么，现代人对货币收入的非饱和追逐，却很少有人认为是非理性的，这好像是个悖论。

均衡条件还可以推导出大家熟悉的另一种序数效用条件下的形式，称为边际替代法则：

$$\frac{mu_1}{p_1} = \frac{mu_2}{p_2}$$

$$\Rightarrow \frac{mu_1}{mu_2} = \frac{p_1}{p_2}$$

$$\therefore \quad MRS_{12} = \frac{mu_1}{mu_2}$$

$$\therefore \quad \mathrm{MRS}_{12} = \frac{p_1}{p_2}$$

如前所述，边际替代率 $\mathrm{MRS}_{12}(x)$ 是指第 1 种商品对商品 2 的边际替代率，即消费者感受到的一单位商品 1 所能替代的商品 2 的数量；$\frac{p_1}{p_2}$ 指两种商品的价格之比，相对价格，其实质是指由市场决定的商品 1 对商品 2 的替代率，即单位商品 1 从市场上能够换得的商品 2 的数量，称为商品 1 对商品 2 的市场替代率。

如果等式不成立，例如当 $\mathrm{MRS}_{12} > \frac{p_1}{p_2}$ 时，商品 1 对商品 2 的边际替代率大于市场替代率时，不妨假设 $\mathrm{MRS}_{12} = 20$，而 $\frac{p_1}{p_2} = 10$，当增加一单位商品 1 的效用，效用增加了 20 个单位的商品 2 的效用，而在市场上只会减少 10 个单位商品 2 的购买量，则消费者的支出相同而总效用却增加了，因而理性消费者会减少商品 2 的消费量，增加商品 1 的消费量，从而实现效用的增加；反之则反是，当商品 1 对商品 2 的边际替代率小于市场替代率时，消费者会减少商品 1 的消费量，增加商品 2 的消费量，以实现同样支出情况下效用的增加。因此，当 $\mathrm{MRS}_{12} = \frac{p_1}{p_2}$ 时，消费者实现在收入 y 和价格 p 情况下的效用最大化。

这个均衡条件还可以直观的用几何图形来表示，两种商品的边际替代率 MRS_{12} 等于无差异曲线的斜率，预算线的斜率等于两种商品的价格之比，当偏好满足连续、单调和严格凸时，无差异曲线是标准形态的，因此，当无差异曲线与预算线相切时实现了最大效用，此时两条曲线的斜率相等，两种商品的边际替代率等于其价格之比，详见图 1.8 中的 E_0 点。

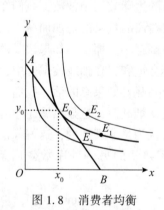

图 1.8　消费者均衡

定理 1.11　消费者均衡的充分条件定理

设消费集合 X 是 R_+^n 的凸子集，效用函数 $u(x)$ 连续、拟凹且在 X 内部连续可微，则对任何价格向量 $p \gg 0$、收入 $y \geqslant 0$ 及消费向量 $x^* \in B(p, y)$，若 x^* 满足最大化一阶必要条件(拉格朗日方程)，则 $x^* \in D(p, y)$，即 x^* 是消费者的均衡消费。

　　充分条件定理意味着均衡的边际条件，即商品之间的边际替代法则或者货币的边际效用均等法则不仅仅是均衡的必要条件，在效用函数 $u(x)$ 连续、拟凹且连续可微条件下，通过这条法则足以能够判断消费者是否实现了均衡，因此该定理也称为必要条件充分性定理。

　　例 1.6　求科布-道格拉斯效用函数 $U(x)=\prod_{i=1}^{n}x_i^{a_i}$ 在价格为 p、收入为 y 条件下的马歇尔需求。

　　解：

　　因为科布-道格拉斯效用函数连续、拟凹、二阶连续可微，因此可以用拉格朗日乘数法，构建拉格朗日函数为：

$$L(x, \lambda) = u(x) - \lambda(px - y) = \prod_{i=1}^{n}x_i^{a_i} - \lambda(px - y)$$

根据效用函数不变性定理，令 $V(x)=\ln U(x)=\ln\prod_{i=1}^{n}x_i^{a_i}=\sum_{i=1}^{n}a_i\ln x_i$，则拉格朗日函数为：

$$L(x, \lambda) = V(x) - \lambda(px - y) = \sum_{i=1}^{n}a_i\ln x_i - \lambda(px - y)$$

边际方程为：

$$\frac{\partial L(x, \lambda)}{\partial x_1} = \frac{\partial u(x)}{\partial x_1} - \lambda p_1 = \frac{a_1}{x_1} - \lambda p_1 = 0$$

$$\frac{\partial L(x, \lambda)}{\partial x_2} = \frac{\partial u(x)}{\partial x_2} - \lambda p_2 = \frac{a_2}{x_2} - \lambda p_2 = 0$$

$$\cdots$$

$$\frac{\partial L(x, \lambda)}{\partial x_i} = \frac{\partial u(x)}{\partial x_i} - \lambda p_i = \frac{a_i}{x_i} - \lambda p_i = 0$$

$$\cdots$$

$$\frac{\partial L(x, \lambda)}{\partial x_n} = \frac{\partial u(x)}{\partial x_n} - \lambda p_n = \frac{a_n}{x_n} - \lambda p_n = 0$$

$$\frac{\partial L(x, \lambda)}{\partial \lambda} = px - y = 0$$

变形后可以得到：

$$\Rightarrow x_1 = \frac{a_1}{\lambda p_1}$$

$$X_2 = \frac{a_2}{\lambda p_2}$$

$$\cdots$$

$$x_i = \frac{a_i}{\lambda p_i}$$

$$\cdots$$

$$x_n = \frac{a_n}{\lambda p_n}$$

$$p_1 x_1 + p_2 x_2 + \cdots + p_n x_n = y$$

将上面所有 x 代入约束条件可得：

$$\frac{1}{\lambda} = \frac{y}{\sum_{i=1}^{n} a_i}$$

可以得到马歇尔需求的代表项为：

$$x_i = \frac{a_i y}{p_i \sum_{i=1}^{n} a_i}$$

不妨设（由于效用函数的不变性定理）$\sum_{i=1}^{n} a_i = 1$，马歇尔需求简化为：

$$x_i = \frac{a_i y}{p_i}$$

参数 a_i 表现为支付于第 i 种商品的支出在总收入（支出）中所占的比率，因为有：

$$a_i = \frac{p_i x_i}{y}$$

定义 1.12　间接效用函数

如果消费偏好 $\geqslant$ 连续、严格凸时，对任何价格体系 $p \gg 0$ 及收入 y，定义集合 $\Delta(p, y) \subset R_{++}^n \times R_+$，$\Delta$ 为价格——收入的 $n+1$ 维实数空间的子集，此时存在唯一的最优消费束，该消费束映射到确定的效用值，这就是（直接）效用函数，那么可以由价格和收入体系同最大效用值之间建立映射关系，称为间接效用函数，即：$v：(p, y) \to u$，记为：$v(p, y)$，称为间接效用函数。

由于马歇尔需求 $D(p, y)$ 是消费者在价格体系 p 和收入水平 y 下选择的最优消费束，通过（直接）效用函数映射到效用函数值，因此，间接效用函数也可以通过（直接）效用函数 $U(x)$ 和需求映射来定义：

$$v(p, y) = u(x^*(p, y))$$

其中 $x^*(p, y)$ 是指马歇尔需求函数。

间接效用函数就是反映消费者效用水平同价格和收入之间的映射关系，马歇尔需求决定了由价格体系 p 和收入 y 确定的效用水平（即消费者福利水平）。这样，当价格与收入发生变化时，消费者生活水平就跟着发生变化，而马歇尔需求决定消费者的实际生活水平。名义收入的高低不能真正反映消费者实际生活水平的高低，因为与高名义收入相伴随的高价格，可能并不改变消费者的选择，这就是马歇尔需求的零阶齐次性。因此，经济学中不是用名义收入而是用需求向量来代表消费者的实际收入水平（即实际生活水平）。

如果消费者偏好是通过效用函数来表达的，那么需求向量的效用值（即效用水平）便代表着消费者的实际生活水平。需求向量是由价格和收入决定的，因此价格与收入决定着消费者的实际生活水平，因此，由价格，收入到效用的映射为间接效用函数。

通过研究间接效用函数，我们可掌握消费者生活水平随价格和收入的变化规律。在以后消费者福利度量和价格效应时，将会看到间接效用函数的作用。

例 1.7　求科布 - 道格拉斯效用函数 $u(x) = \prod_{i=1}^{n} x_i^{a_i}$ 在价格为 p、收入为 y 条件下的间接效用函数。

解：

$$v(p, y) = u(x^*(p, y))$$

因为马歇尔需求为：$x_i = \dfrac{a_i y}{p_i}$，代入直接效用函数可得：

$$V(p, y) = U(x^*(p, y)) = \prod_{i=1}^{n} \left(\frac{a_i y}{p_i} \right)^{a_i}$$

$$= \prod_{i=1}^{n} \left(\frac{a_i}{p_i} \right)^{a_i} y^{\sum_{i=1}^{n} a_i}$$

当 $\sum_{i=1}^{n} a_i = 1$，可得间接效用函数为：

$$v(p, y) = \prod_{i=1}^{n} \left(\frac{a_i}{p_i} \right)^{a_i} y$$

命题 1.1　间接效用函数的性质

若 $u(x)$ 在 R_+^n 上是连续且严格递增的，则间接效用函数 $v(p, y)$：

1. 在 $R_{++}^n \times R_+$ 上连续。
2. 关于 (p, y) 具有零阶齐次性：$v(tp, ty) = v(p, y)$。
3. 关于 y 是严格递增的。
4. 关于 p 是递减的。
5. 关于 (p, y) 是拟凸的。
6. 洛伊等式：如果 $v(p, y)$ 可微，则有：

$$x(p, y) = -\frac{\dfrac{\partial v(p, y)}{\partial p}}{\dfrac{\partial v(p, y)}{\partial y}}$$

关于性质 6，即马歇尔需求等于间接效用函数对价格偏导数与对收入偏导数之比，可以利用数学中的包络定理证明。

1.5　支出最小化与希克斯需求

之前我们一直假设消费者是在受收入约束的条件下实现效用最大化，即在自己能力范围内尽量选择最好的消费状态。现在我们考虑消费者面临这样一种约束，即保持一定的满意度，也就是希望达到一定的生活水平，在这个不变的条件下，理性消费者必然会最小化自己的支出，这也是经济学的一个先验命题，称为支出最小化问题，是指消费者在保证一定效用水平的前提下追求消费支出达到最少。显然这个最小化，也是约束条件下的优化问题。

如果制约条件是一定的效用水平，这就是说，消费者首先确定一个效用水平目标，然后在不低于这个效用水平的前提下使消费支出达到最小。这种做法的道理在于货币也是一种具有效用的"商品"，支付货币相当于支付效用。以货币换商品，相当于以效用换效用。因此，以较少的效用换得较多的效用，是理性人活动的一种自然现象，因此，支出最小化也是一种理性的消费行为，是消费最优化的体现。希克斯（Hichs，1939）最早从支出最小化角度出发，分析了消费者的选择，因此，从这个视角得到的消费者均衡消费（需求）称为希克斯需求，也称为补偿需求函数，关于这一点我们在后面效用的货币度量时再详细讨论。

假定消费集中的元素 $x \in X$，商品的价格体系为 p，则支出总额为 px，假设消费者要达到的效用水平为 u，则消费者的均衡可以描述为以下优化问题，对于 $x \in X \subset R_+^n$：

$$\min px$$
$$\text{s. t.} \quad u(x) = u$$

也就是说当消费者实现均衡消费时，意味着在达到 u 效用水平的所有商品中，所选择的消费束支出最小，如果存在不一样的消费 y，比选择的 x 消费束的支出少，同时消费者得到不比 x 低的满足程度（即 $y \succeq x$），那么消费者就会把他的选择从 x 调整为 y。如果对于 y，还能作类似的调整，那么消费者就会继续调整消费计划。而且这样的调整，会一直进行到不能调整为止。假设满足支出最小化的均衡选择为 x^*，该问题也可以表示为：$\forall x \in \{x \in X/u(x) \geq u\}$，满足：$px^* \leq px$。

即在所有满足效用水平 u 的消费束中，理性消费者会选择支出最小的消费状态。如果用大家熟悉的几何图形来说明二维商品空间的情况，我们知道 $u(x) = u$ 确定了一条无差异曲线，它和其右上方的部分构成的集合就是所有能够达到效用水平 u 的集合，在这个集合中的所有点均满足效用大于等于 u。需要说明的是，等式右边的变量 u 为效用水平的具体值，其大小决定了无差异曲线的位置，等式左边 $u(x)$ 的 u 代表了具体的效用函数形式，因为效用函数习惯于用 u 来指代数学中大家更习惯的 f。

消费者最终会选择支出最小的消费束，即在离原点最近的无差异曲线上。如图 1.9 所示，在偏好集合为严格凸的情况下，均衡点位于预算线与无差异曲线相切的点，因此可以得到均衡条件：无差异曲线的斜率（边际替代率）等于预算线的斜率（两种商品的价格之比），有：

$$MRS_{12} = \frac{mu_1}{mu_2} = \frac{p_1}{p_2}$$

我们会发现，这个均衡条件同之前最大化时的均衡条件是一样，所以其经济学的含义不再赘述。这不是偶然，是对偶性的必然，本节后面会用数学逻辑推导和证明这个结论。

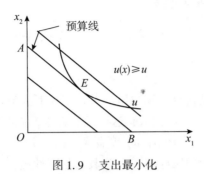

图 1.9　支出最小化

定义 1.13　希克斯需求

给定价格体系 p 和效用水平 u 的条件下，消费者实现最小支出时的均衡消费束称为希克斯需求（向量），所有希克斯需求的集合称为希克斯需求集合，记为：

$$H(p, u)，或者 x^h(p, u)$$

表示消费者在价格体系 p 和效用水平 u 上的最优消费集合，对于满足效用水平 u 的所有消费束，希克斯需求具有最小支出，因此有：$\forall x \in E(p, u) = \{x \in X/u(x) \geq u\}$，满足 $pH(p, u) \leq px$。

定理 1.12　希克斯需求的存在性

当 $E(p, u)$ 是下有界非空闭集，偏好 $\geq$ 连续，则对任何价格向量 $p \gg 0$ 及效用函数值 U，希克斯需求集合 $H(p, u)$ 非空，即理性消费者的希克斯需求是存在的。

这是因为对于 $p \gg 0$ 及 u，集合 $E(p, u)$ 是非空有界闭集，从而是紧集。支出 px 连续，从而在 $E(p, u)$ 中的最小值必然存在，这个最小值显然也是整个能够满足效用水平 u 的集合中所有消费束支出的最小值，支出最小时的消费数量 $x(p, u)$ 就是价格体系 P 和效用水平 U 上的希克斯需求，因此非空。

定理 1.13　希克斯需求的唯一性

当偏好关系 $\geq$ 满足连续、严格凸，则对任何价格向量 $p \gg 0$ 及效用函数 u，满足效用 u 的集合凸，希克斯需求集合 $H(p, u)$ 是唯一的。

希克斯需求的存在性和唯一性说明，理性消费者在一定的商品价格 p 和效用水平 u 情况下，会有唯一确定的均衡消费选择，即支出最小时的消费束，这样就确定了一个从集合 $\Delta^h(p, u) = \{p_1, p_2, \cdots, p_n, u\} \subset R_{++}^n \times R+$，即价格 — 效用的 $n + 1$ 维实数空间的子集，到 R_+^n 商品空间的映射关系，记为 H：

$$H: \Delta^h(p, u) \rightarrow x^h(p, u)$$

即从价格 — 效用到均衡消费数量集合的映射，称为希克斯需求映射（函数）。该映射的每一个分量即是某一种商品的消费数量，记为：$X_i^h(p, u)$，或者 $H_i(p, u)$。

定义 1.14 希克斯需求映射

集合 $\Delta^h(p, u) = \{p_1, p_2, \cdots, p_n, u\} \subset R_{++}^n \times R+$，偏好关系 $\succcurlyeq$ 满足单调、连续、严格凸，则以下映射：

$$H: \Delta^h(p, u) \to x^h(p, u)$$

$X_i^h(p, u)$ 表示为在商品价格 p 和效用水平 u 情况下消费者的最优选择（消费量），由于 x 为 n 维向量，这里有 n 个实值函数，这些函数就是希克斯需求映射（函数），记为：

$$H(p, u) \text{ 或者 } X_i^h(p, u)$$

一般来说，希克斯需求映射 $H: \Delta^h \to X^h$ 具有如下性质：

命题 1.2 希克斯需求函数的性质

1. 关于价格的零阶齐次性

对于定义域 H 中的任何元素，$\forall (p, u) \in \Delta^h(p, u)$，和实数 $t > 0$，都有：

$$H(tp, u) = H(p, u)$$

对于价格体系 p 和 tp，在效用不变的情况下，均衡时具有相同的商品消费数量，所以，所有商品价格按同一比例变化时，不会影响希克斯需求。

2. 关于 u 是递增的

保持价格不变时，由于偏好的单调性，效用水平 u 增加，x^h 增加。

3. 关于 p 是递减的

在保持效用水平不变的情况下，希克斯需求的变化方向同价格变化方向相反。当只有一种商品的价格发生变化时，该种商品的希克斯需求量就随价格的升高而减少，反之，就随价格的降低而增加。

总结一下，给定价格体系 p 和效用水平 u 后，达到支出最小化时消费者的均衡消费量为希克斯需求集合，在价格为内生变量时到均衡消费量的映射为希克斯需求（映射），偏好关系 $\succcurlyeq$ 满足连续、严格凸时，希克斯需求存在，并且唯一，在此均衡点，这个最小支出数额就是确定的，等于 $pH(p, u)$，这样，从价格—效用体系到最小支出额之间就存在一个映射（函数）关系，这就是支出函数。

定义 1.15 支出函数

$$e: \Delta^h(p, u) \to \min(px)$$

也可以表达为：

$$e: \Delta^h(p, u) \to px^h(p, u)$$

对于任意的价格 p 效用 u，消费者实现最小支出的数额确定且唯一，这种由价格—效用映射到最小支出的函数关系称为支出函数，记为：$e(p, u)$。

命题 1.3 支出函数的性质

若 $u(x)$ 是连续且严格递增的，则 $e(p, u)$ 具有以下属性：

（1）当 u 取最低值时支出值为 0。

（2）在定义域 $R_{++}^n \times R_+$ 上连续。

（3）对于所有 $p \gg 0$，关于 u 严格递增，且关于 u 无上界。

（4）关于 p 是递增的。

（5）关于 p 是一次齐次性的。

（6）关于 p 是凹的。

（7）Shephard 引论：若 $u(x)$ 是严格拟凹的，则有希克斯需求等于支出函数关于价格的偏导数，即：

$$x_i^h(p, u) = \frac{\partial e(p, u)}{\partial p_i}$$

例 1.8 求科布 - 道格拉斯效用函数 $U(x) = \prod_{i=1}^n x_i^{a_i}$ 在价格为 p、效用为 u 条件下的希克斯需求函数 $x_i^h(p, u)$ 以及支出函数 $e(p, u)$。

解：

该问题可以描述为对于 $x \in X \subset R_+^n$：

$$\min px$$

$$\text{s. t.} \quad U(x) = \prod_{i=1}^n x_i^{a_i} = u$$

因为科布 - 道格拉斯效用函数连续、拟凹、二阶连续可微，因此可以用拉格朗日乘数法，构建拉格朗日函数为：

$$L(x, \lambda) = px - \lambda(u(x) - u)$$
$$= px - \lambda\left(\prod_{i=1}^n x_i^{a_i} - u\right)$$

根据效用函数不变性定理：

$$令 V(x) = \ln U(x) = \ln \prod_{i=1}^n x_i^{a_i} = \sum_{i=1}^n a_i \ln x_i$$

则拉格朗日函数为：

$$L(x, \lambda) = px - \lambda\left(\sum_{i=1}^n a_i \ln x_i - v\right)$$

边际方程为：

$$\frac{\partial L(x, \lambda)}{\partial x_1} = p_1 - \lambda \frac{a_1}{x_1} = 0$$

$$\frac{\partial L(x, \lambda)}{\partial x_2} = p_2 - \lambda \frac{a_2}{x_2} = 0$$

$$\cdots$$

$$\frac{\partial L(x, \lambda)}{\partial x_i} = p_i - \lambda \frac{a_i}{x_i} = 0$$

$$\cdots$$

$$\frac{\partial L(x, \lambda)}{\partial x_n} = p_n - \lambda \frac{a_n}{x_n} = 0$$

$$\frac{\partial L(x, \ \lambda)}{\partial \lambda} = \prod_{i=1}^{n} x_i^{a_i} - u = 0$$

变形后可以得到：

$$\Rightarrow x_1 = \frac{\lambda a_1}{p_1}$$

$$x_2 = \frac{\lambda a_2}{p_2}$$

$$\cdots$$

$$x_i = \frac{\lambda a_i}{p_i}$$

$$\cdots$$

$$x_n = \frac{\lambda a_n}{p_n}$$

$$\sum_{i=1}^{n} a_i \ln x_i = v$$

其中 $V = \ln u$，因此该约束等式也可以表示为：

$$\prod_{i=1}^{n} x_i^{a_i} = u$$

将上面所有 x 带入约束条件可得：

$$U = \prod_{i=1}^{n} x_i^{a_i} = \prod_{i=1}^{n} \left(\frac{\lambda a_i}{p_i} \right)^{a_i} = \prod_{i=1}^{n} \left(\frac{a_i}{p_i} \right)^{a_i} \lambda^{\sum_{1}^{n} a_i}$$

不妨设 $\sum_{i=1}^{n} a_i = 1$，上式变为：

$$U = \prod_{i=1}^{n} \left(\frac{a_i}{p_i} \right)^{a_i} \lambda$$

$$\Rightarrow \lambda = \frac{u}{\prod_{i=1}^{n} \left(\dfrac{a_i}{p_i} \right)^{a_i}}$$

这样就可以得到希克斯需求的通项为：

$$x_i^h(p, \ u) = \frac{\lambda a_i}{p_i} = \frac{a_i u}{p_i \prod_{t=1}^{n} \left(\dfrac{a_t}{p_t} \right)^{a_t}}$$

将希克斯需求函数带入目标函数 px 可以得到支出函数 $e(p, \ \boldsymbol{u})$：

$$e(p, \ \boldsymbol{u}) = p_i x_i^h(p, \ u) = p_1 x_1^h(p, \ u) + p_2 x_2^h(p, \ u) + \cdots + p_n x_n^h(p, \ u)$$

$$= \frac{(a_1 + a_2 + \cdots + a_n) u}{\prod_{t=1}^{n} \left(\dfrac{a_t}{p_t} \right)^{a_t}}$$

在 $\sum_{i=1}^{n} a_i = 1$ 的情况下，可得：

$$e(p, u) = \frac{u}{\prod_{i=1}^{n} \left(\dfrac{a_i}{p_i}\right)^{a_i}}$$

从表面上看，效用最大化时的马歇尔需求没有考虑支出最小化问题，支出最小化的希克斯需求也没有考虑效用最大化问题。其实并非如此，效用最大化与支出最小化是相互对偶的问题。通过以上科布 - 道格拉斯效用函数的间接效用函数和支出函数我们可以看到：

支出函数为：

$$e(p, u) = \frac{u}{\prod_{i=1}^{n} \left(\dfrac{a_i}{p_i}\right)^{a_i}}$$

间接效用函数为：

$$v(p, u) = \prod_{i=1}^{n} \left(\frac{a_i}{p_i}\right)^{a_i} y$$

根据瓦尔拉斯定理，支出 $e = px = y$，我们会发现它们之间存在互为逆映射的关系，为了全面说明收入约束条件下的效用最大化和效用约束条件下的支出最小问题之间的对偶性，可以用以下几个对偶定理来阐述。

对偶定理 1：间接效用函数与支出函数之间的对偶性

若 $u(x)$ 连续且严格递增，对于所有 $p \gg 0$，$y \geq 0$，有：

$$e(p, v(p, y)) = y$$
$$v(p, e(p, u)) = u$$

根据间接效用函数（映射）$v(p, y)$ 和支出函数（映射）$e(p, u)$ 的定义，$v(p, y)$ 表示在价格 p 和收入为 y 的情况下，消费者实现效用最大化时均衡选择所能够达到的最大效用值，$e(p, u)$ 表示价格 p 和效用为 u 的情况下，消费者实现支出最小化时均衡选择所必须要支付的最小金额。因此，$e(p, v(p, y)) = y$ 意味着在 p 和 y 情况下最大效用值为 u 的话，则如果要达到 u 的效用水平，其最小支出必然是 y；$v(p, e(p, u)) = u$ 意味着在 p 和 u 情况下最小支出为 e 的话，则在收入 $y = e$ 情况下，消费者能够达到的最大效用水平必然为 u。更简单来看，因为有：

$$\Delta(p, y) \xrightarrow{v} \Delta^h(p, u) \xrightarrow{e} \Delta(p, y)$$

因此，在价格水平为 p 的情况下，y 经过 v 和 e 两次映射到自己本身，我们称这两个映射（函数）关系互为逆映射，也称反函数，即间接效用函数与支出函数之间互逆。

该定理也可以直观的用几何图形来表示，如图 1.10 所示，如果在效用为 u 的情况下，

E_0 实现了最小支出, 支出额等于 y 的话, 则在支出等于 y 的预算线 AB 上能够达到的最大效用也必然是 u。

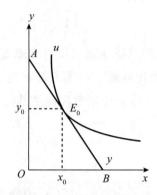

图 1.10 消费者均衡的对偶性

对偶定理 2: 马歇尔需求与希克斯需求函数的对偶性

对于所有 $p \gg 0$, $y \geq 0$, 对任何 $D(p, y)$ 和 $H(p, u)$, 都有:

$$x_i(p, y) = x_i^h(p, v(p, y))$$
$$x_i^h(p, u) = x_i(p, e(p, u))$$
$$i = 1, 2, \cdots, n$$

第一个等式的含义是指在价格 p、收入 y 的情况下, 消费者实现效用最大化(设最大效用为 u) 的均衡消费数量(即马歇尔需求) 等于一个希克斯需求数量, 该希克斯需求是在价格 p、效用 u(此处的 u 即价格 p、收入 y 的情况下能够实现的最大效用值) 时实现最小支出时的均衡消费量; 同理, 第二个等式是指在价格 p、效用 u 情况下的希克斯需求等于一个马歇尔需求的数量, 该马歇尔需求是在价格 p、收入 y(等于价格 p、效用 u 时的最小支出额) 时实现效用最大化时的均衡消费量

简单地说, 该对偶定理说明, 马歇尔需求与希克斯需求在一定的条件下是一致的, 既然如此, 消费最优化问题就既可以从效用最大化出发, 也可以从支出最小化出发来解决。鉴于这个原因, 今后我们直接从效用最大化出发来研究消费者需求。一般来说经济学中大家提到的需求函数, 如无特殊说明, 都是指马歇尔需求函数, 其他需求函数都会特殊指明, 例如希克斯需求函数, 还有中级教材中重点介绍过的斯勒茨基需求函数。

除此之外, 消费行为的对偶性还可以通过支出函数与直接效用函数、直接效用函数与间接效用函数以及效用函数与反需求方程组之间的关系表现出来。图 1.11 说明了消费者各种约束条件最优化之间的逻辑关系。

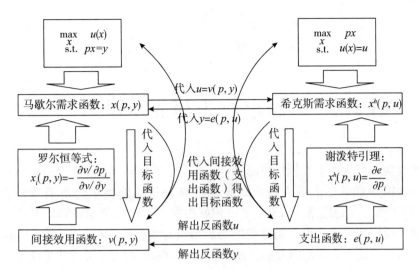

图 1.11 消费者最大化与最小化之间的关系总结

第2章 需求行为与需求函数理论

本章研究需求行为，主要包括两部分：

其一，在前一章基础上沿着消费理论的经典分析思路继续分析消费行为（需求函数）。我们回顾前一章的思路，从消费者的偏好出发，给出关于偏好的基本假设，然后建立效用函数，运用数学方法得到消费者的均衡消费行为（需求函数）。本章从消费者个人需求出发，首先讨论个人需求函数的性质，在确认需求函数连续可微的条件下，进一步分析需求函数对价格和收入的导数，即分析价格和收入的微量变化对需求量的影响，重点阐述价格变化的收入效应和替代效应；最后，在个人消费函数的基础上，"加总"得到市场总需求，阐述市场需求函数的性质。

其二，本章还会论及消费理论的另一种思路，即"基于选择行为"的直接研究路径，保罗·萨缪尔森（1947）为我们提出了一种直接从消费者的选择行为开始研究消费的理论体系，即显示偏好理论。因为之前关于偏好的先验性假设具有主观性，无法客观观察显示，从而就无法证实或者证伪，而消费者的消费选择（需求信息）是可以观察到的客观行为。因此，消费公理也可以直接假设理性消费者的需求行为具有的基本特征，并论及这些公理与前种思路假设的一致性。进一步，如果消费行为可以显示（恢复）其主观的偏好（无差异曲线），则消费理论在逻辑上就更自洽、完善。

本章主要包括的具体内容有：

2.1　需求函数的性质：本节首先讨论个人需求函数的性质，阐述需求函数的连续、一阶与二阶可微的性质，只有在需求函数连续可微（可导）的条件下，才能进一步分析价格和收入变化对需求量的定量影响关系。

2.2　价格变动效应：本节分析需求函数对价格和收入的导数，即分析价格和收入变化对需求的影响，重点阐述价格变化的收入效应和替代效应。

2.3　消费者福利度量：本节进一步分析价格或者收入变化对消费者效用水平（福利）的影响，寻找能够测度消费者福利变化的指标。

2.4　显示偏好：本节主要论述显示偏好的含义以及其与无差异曲线的关系，显示偏好弱公理、显示偏好强公理以及它们与经典假设公理之间的关系、对斯勒茨基需求函数性质的规定性。

2.5　市场需求：最后得到市场总需求函数，阐述市场总需求的性质。

2.1　需求函数的性质

首先需要说明的是，根据消费对偶性定理，我们知道，消费者实现效用最大化与支出最小化看起来是不同的问题，但是两者的均衡条件和结果是一样的，就是参数之间存在一定的转换关系，因此，本章及以后所研究的需求函数一般是以马歇尔需求函数为例，如果不特别说明是什么情况下的需求函数的话，所提到都将是指马歇尔需求函数，将马歇尔需求函数简称需求函数，本节我们继续分析需求函数的性质和影响因素。

需求函数的性质是需求分析的基础，而上一章讲述的效用最大化理论不但明确了需求函数的含义，而且给出了需求函数的具体形式和属性。我们知道约束条件下最优的一阶必要条件(拉格朗日边际方程)确定了需求映射 $x(p, y)$，即需求函数是由边际方程确定的隐函数。所以在进一步分析之前，要先解决第一个问题，即该隐函数是否存在的问题。根据前一章分析我们知道，对于 n 维商品空间的消费束 x，即 $x \in X \subset R_+^n$，边际方程(隐函数)为：

$$\text{mu}_i(x) - \lambda p_i = 0$$

$$px - y = 0$$

根据前一章有关马歇尔需求函数的定义，我们知道，该隐函数所决定的需求为：

$$D: \Delta(p, y) \to x(p, y)$$

隐函数存在定理可以简述为，假设一维实数变量 (x, y) 满足 $F(x, y) = 0$，当 $F(x, y)$ 关于下 x, y 的偏导数存在，且满足：

$$F'(y) \neq 0$$

能够唯一确定一个 (x, y) 之间的函数关系 $y = f(x)$，并且该函数连续可导，其导数为：

$$f'(y) = \frac{dy}{dx} = -\frac{\partial F/\partial x}{\partial F/\partial y} = -\frac{F'_x}{F'_y}$$

当 $x \in R^n$，隐函数约束为方程组时，(x, y) 之间是否存在连续可微的函数关系 $y = f(x)$，取决于边际方程的雅克比矩阵 $J(x, \lambda)$ 是否可逆，当雅克比 $J(x, \lambda)$ 行列式不为零时，雅克比矩阵 $J(x, \lambda)$ 为非奇异可逆矩阵，并且可以运用克莱姆法则求出具体的函数形式。

根据消费者最优化确定的商品需求 $x(p, y)$，是由价格(p)因素与收入(y)因素共同决定的。当这两个因素发生变化时，需求数量自然会发生变化。只有当需求函数连续可微时，才意味着需求变动的一个基本规律，就是当价格和收入变化不大(微量)时，需求也不会发生很大的变化，也是微量变化，即需求是随价格和收入连续变动的，只有这样，我们讨论价格或者收入变化对需求量的影响才有意义。

预算的连续性是需求连续性的前提必要条件，没有预算的连续性，就很难保证当价格和收入的变化很小时，需求的变化也很小。因此，为了考察需求的变动规律，需要先来考察消费预算的变化规律。如前一章所述，在商品可以连续消费的假设下，对于 $p \gg 0$，$y \geq 0$，可行集合 B(预算集)是商品空间 R^n 的非空紧集，预算集连续，也就是说消费者的预算不会随价格与收入的微量变化而发生比较大的数额变化。

在此我们有必要复习一下数学中关于连续映射(函数)的严格定义，连续映射(函数)的柯西定义：设定义域 D 是 R^n 的一个子集，即 $D \subset R^n$，映射 $f: D \to R^m$，对于 $x^0 \in D$，如果满足：$\forall \varepsilon > 0$，$\exists \sigma > 0$，当下式成立，$f(x)$ 在 x^0 处连续：

$$f(B_\sigma(x^0)) \in B_\varepsilon f(x^0)$$

$f(x)$ 如果在定义域内的每一点连续，则称 $f(x)$ 为连续函数。

形象地说，连续映射意味着一定存在 x 某邻域的映射值全部在以 $f(x)$ 为圆心，以 ε 为半径的范围内，其中 ε 是任意小的正实数，如果 $f(x)$ 在定义域内都连续，则 $f(x)$ 的几何图形没有间断点，我们称为连续函数。因此，在偏好关系连续、严格凸的假设下，即理性消费者如果具有良好定义（well defined）的偏好，如果偏好关系是连续的，则需求映射是连续映射，简称需求函数连续。

需求函数的连续性可以理解为需求曲线连续，没有间断点，即 p，y 微量变化时 $x(p,y)$ 也会发生微量变化，不会有很大改变，这样我们就可以继续研究需求函数的可导性、可微性，即需求函数的自变量与函数值的变化量之比。不要忘了，需求函数是由约束条件下最优的一阶必要条件，即拉格朗日边际方程确定的映射关系，因此讨论需求函数的一阶导数问题，其实质就是论及拉格朗日目标函数，或者说效用函数的二阶导数问题，函数二阶导数的正负性和其凸凹性有关。上一章我们解释了在偏好连续、单调和严格凸的假设下，效用函数 $u: X \to R$ 拟凹，由此我们可以进一步推导出需求函数的性质。

在继续讨论之前，有必要将导数（可导）的含义以及相关的数学基本概念复习一下，对于实值函数的导数定义为：

如果函数 $f: R \to R$，当 $\Delta x \to 0$ 时，有 $\Delta f(x) \to 0$，并且二者之比的极限值 $\lim\limits_{\Delta x \to 0} \dfrac{\Delta f(x)}{\Delta x} = \dfrac{\mathrm{d}f(x)}{\mathrm{d}x}$ 存在，并且为一常数，我们称该常数为 $f(x)$ 在 x 处的导数，如果 x 发生改变，该常数也会发生变化，同 x 有关，因此导数即是 x 的一个新的映射（函数），记为 $\dfrac{\mathrm{d}f(x)}{\mathrm{d}x}$，或者 $f'(x)$。

显然对于 $f: R \to R$，连续是导数存在（可导）的必要条件。在经济学中，函数连续就意味着如果解释变量（自变量）有微量变化时，被解释变量（因变量）也不会有很大的变化量；可导可以形象但不准确地理解为曲线比较平滑，导数在经济学中一般会被称为边际，近似地用文字表述为解释变量变化一个单位时，被解释变量的变化量，例如第一章所讲的边际效用，在基数效用论条件下，指改变一个单位的商品消费带来的效用的改变量。

同理，对于 $f'(x)$ 也存在连续和可导问题，在 $\Delta x \to 0$ 的条件下，如果 $\Delta f'(x) \to 0$ 则 $f'(x)$ 在此处连续，如果 $\lim\limits_{\Delta x \to 0} \dfrac{\Delta f'(x)}{\Delta x} = \dfrac{\mathrm{d}f'(x)}{\mathrm{d}x}$ 存在且为常数，则 $f'(x)$ 在该处可导，我们也称函数 $f(x)$ 在该处二阶（二次）可导，二阶导数记为 $\dfrac{\mathrm{d}^2 f(x)}{\mathrm{d}x^2}$，或者记为 $f''(x)$。

同理如果 $f''(x)$ 可导，我们将其导数称为 $f(x)$ 的三阶导数，其他高阶导数类似，不再赘述。

如果函数为 $f: R^n \to R$ 的实值函数，则定义域 D 为 R^n 的子集，即 $D \subset R^n$，任一元素 $x \in D$，x 为 n 维向量，函数 $f(x)$ 也称为多元函数，也可以具体表示为 $f(x_1, x_2, \cdots, x_n)$。

如果以下极限值存在：

$$\lim_{t \to 0} \frac{f(x_1, x_2, \cdots, (x_i + t), \cdots, x_n) - f(x_1, x_2, \cdots, x_i, \cdots, x_n)}{t}$$

则称为函数 $f(x)$ 关于 x_i 的偏导数，计为 $\frac{\partial f(x)}{\partial x_i}$，或者 $f'_i(x)$。

这种情况下，偏导数意味着当其他变量都不变时，只有 x_i 发生变化，其变化会引起函数值 $f(x)$ 的变化，二者变化量之比。也可以近似直观形象地表示为，x_i 的变化量为一个单位时，所引起的 $f(x)$ 的变化量。

如果函数为 $f: R^n \to R^m$，则在 x 处的偏导数有 $n \times m$ 个，可以用雅可比矩阵（Jacobi matrix）来表示这些有序数（或者函数），雅可比矩阵 $J(x)$ 为：

$$J(x) = \begin{bmatrix} \dfrac{\partial f_1(x)}{\partial x_1} & \dfrac{\partial f_1(x)}{\partial x_2} & \cdots & \dfrac{\partial f_1(x)}{\partial x_n} \\ \dfrac{\partial f_2(x)}{\partial x_1} & \dfrac{\partial f_2(x)}{\partial x_2} & \cdots & \dfrac{\partial f_2(x)}{\partial x_n} \\ \vdots & \cdots & \cdots & \vdots \\ \dfrac{\partial f_m(x)}{\partial x_1} & \dfrac{\partial f_m(x)}{\partial x_2} & \cdots & \dfrac{\partial f_m(x)}{\partial x_n} \end{bmatrix}$$

同理，如果 $f'_i(x)$ 关于 x_j 可导，我们称为二阶偏导数，记为 $\frac{\partial^2 f(x)}{\partial x_i \partial x_j}$，或者 $f''_{ij}(x)$，其中 $i, j = 1, 2, \cdots, n$。

如果函数为 $f: R^n \to R$，则其二阶偏导数有 $n \times n$ 个，可以用海赛矩阵（Hessian matrix）来表示所有的二阶偏导数，海赛矩阵 $H(x)$ 为：

$$H(x) = \begin{pmatrix} f''_{11}(x) & f''_{12}(x) & \cdots & f''_{1n}(x) \\ f''_{21}(x) & f''_{22}(x) & \cdots & f''_{2n}(x) \\ \vdots & \cdots & \cdots & \vdots \\ f''_{n1}(x) & f''_{n2}(x) & \cdots & f''_{nn}(x) \end{pmatrix}$$

$H(x)$ 包含所有可能的二阶偏导数，根据杨格定理，对于二次可微的函数 $f(x)$，下式对于所有 i, j 成立：

$$\frac{\partial^2 f(x)}{\partial x_i \partial x_j} = \frac{\partial^2 f(x)}{\partial x_j \partial x_i}, \quad i, j = 1, 2, \cdots, n$$

即有：$f''_{ij}(x) = f''_{ji}(x)$，因此海赛矩阵 $H(x)$ 对称。

还记得前一章关于 $f: R \to R$ 函数凹性的三个等价命题：

① f 是凹函数：$f(x_t) \geq t f(x_1) + (1 - t) f(x_2)$。

② 二阶导数小于等于零：$f''(x) \leq 0$。

③ 曲线任一点 $(x_0, f(x_0))$ 的切线位于曲线上方 $f(x) \leq f(x_0) + f'(x_0)(x - x_0)$。

类似的如果 f 为二次连续可微函数 $f: R^n \to R$，$\forall x \in D \subset R^n$，也有以下三个命题是等价的：

①f 是凹函数。

②$H(x)$ 是半负定的。

③$f(x) \leq f(x_0) + f'(x)(x - x_0)$。

如果 $H(x)$ 是负定的，则 f 是严格凹函数。

关于矩阵半正定与半负定的定义为，如果 A 为 $n \times n$ 方阵，$\forall x \in R^n$，x^t 为 x 的转置向量，则：

如果都有 $x^t A x \geq 0$，则 A 为半正定矩阵。

如果都有 $x^t A x \leq 0$，则 A 为半负定矩阵。

如果对于所有 $x \neq 0$，都有 $x^t A x > 0$，则 A 为正定矩阵；都有 $x^t A x < 0$，则 A 为负定矩阵。

根据马歇尔需求的定义，需求函数是由拉格朗日边际方程确定的隐函数，因此讨论该隐函数一阶导数问题实质就是讨论拉格朗日目标函数（效用函数）的二阶导数；又根据前一章的分析我们知道，在偏好连续、单调和严格凸的假设下，效用函数为连续拟凹函数，这就等价于海赛矩阵应该具有的性质。下面我们进一步讨论效用函数的拟凹性和消费者需求函数对价格和收入的导数之间的关系。

定理 2.1　需求函数连续性定理

假设预算集 $B(p, y)$ 是非空的紧凸集，$p \gg 0$，$y \geq 0$，即 $p \in R_{++}^n$，$y \in R_+^n$，偏好关系在 R_+^n 的商品空间中满足连续、单调和凸假设，则需求映射 $D(p, y)$ 在 $R_{++}^n \times R_+$ 上半连续；如果偏好关系是严格凸的，则需求映射 $D(p, y)$ 在 $R_{++}^n \times R_+$ 上连续。

该定理（证明略）阐述了在什么样的条件下，需求函数是连续函数，更进一步，我们需要需求函数可微（可导），下面的定理很好地说明了这种特征所需要的具体条件。

定理 2.2　需求函数可微性定理

若 $x^*(p, y)$ 是马歇尔条件下效用最大化的解，当且仅当：①效用函数 U 在 R_+^n 上单调递增；②效用函数 U 在 R_+^n 上二阶连续可微；③效用函数 U 的加边海赛矩阵在 x^* 处的行列式不为零，则需求映射 $D(p, y)$ 在 (p, y) 处可微。

这里，所谓效用函数 U 的加边海森矩阵 $H(x)$，是指：

$$H(x) = H_u(x) = \begin{pmatrix} u''(x) & p^T \\ p & 0 \end{pmatrix} = \begin{pmatrix} u''_{11}(x) & \cdots & u''_{1n}(x) & p_1 \\ \vdots & \cdots & \cdots & \vdots \\ u''_{n1}(x) & \cdots & u''_{nn}(x) & pn \\ p_1 & \cdots & p_n & 0 \end{pmatrix}$$

当效用函数的加边海赛矩阵在 x^* 处为非奇异矩阵时，马歇尔需求可微，并且可以通过克莱姆法则求出具体的导数形式。因为当效用函数 U 单调递增，且二阶连续可微时，马歇尔需求 $D(p, y)$ 即表现为边际方程（组）的隐函数形式：

$$\begin{cases} u'_i(x) = \lambda p_i & (i = 1, 2, \cdots, n) \\ \sum_{i=1}^{n} p_i x_i = y \end{cases}$$

假设价格 p 和收入 y 发生变化，即由外生变量(参数)变成了内生变量，其变化会对马歇尔需求产生影响从而发生变化。设商品 i 的价格变化为 $\mathrm{d}p_i$，消费者收入的变化为 $\mathrm{d}y$，消费者对商品 i 的需求的变化为 $\mathrm{d}x_i(i = 1,\ 2,\ \cdots,\ n)$。我们可以求得价格(或者收入)变化对需求量的影响，即需求量的变化与价格(收入)变化量之比，边际方程两边求全微分可得：

$$\begin{cases} \sum_{k=1}^{n} u_{ik}''(x)\,\mathrm{d}x_k = \lambda\,\mathrm{d}p_i + p_i\mathrm{d}\lambda & (i = 1,\ 2,\ \cdots,\ n) \\ \sum_{i=1}^{n} (p_i\mathrm{d}x_i + x_i\mathrm{d}p_i) = \mathrm{d}y \end{cases}$$

设：

$$\mathrm{d}x = \begin{pmatrix} \mathrm{d}x_1 \\ \mathrm{d}x_2 \\ \vdots \\ \mathrm{d}x_n \end{pmatrix}$$

$$\mathrm{d}p = \begin{pmatrix} \mathrm{d}p_1 \\ \mathrm{d}p_2 \\ \vdots \\ \mathrm{d}p_n \end{pmatrix}$$

则上式变为：

$$\begin{cases} u''(x)\,\mathrm{d}x - pd\lambda = \lambda\,\mathrm{d}p \\ p^T\mathrm{d}x = \mathrm{d}y - x\mathrm{d}p \end{cases}$$

用 E 表示 n 阶单位方阵，可以得到：

$$\begin{pmatrix} u''(x) & p \\ p^T & 0 \end{pmatrix} \begin{pmatrix} \mathrm{d}x \\ -\mathrm{d}\lambda \end{pmatrix} = \begin{pmatrix} \lambda E & 0 \\ -x & 1 \end{pmatrix} \begin{pmatrix} \mathrm{d}p \\ \mathrm{d}y \end{pmatrix}$$

即需求函数的基本矩阵方程。

若 $\begin{pmatrix} u''(x) & p \\ p^T & 0 \end{pmatrix}$ 的行列式不为零，该矩阵非奇异，则需求函数 $D(p,\ y)$ 在点 $(p,\ y)$ 处可微。

简而言之，我们一再强调的需求函数 $D(p,\ y)$ 是由拉格朗日边际方程确定的隐函数，根据之前介绍的隐函数存在性定理，如果边际方程的雅可比矩阵 $J(p,\ y)$ 非奇异，该函数存在且是连续可微的，边际方程的雅可比矩阵就是拉格朗日函数或效用函数 U 的加边海森矩阵，即需求函数的基本矩阵方程，基本矩阵方程给出了需求函数存在可导的判定标准，也给出了具体的函数形式，因此，我们可以得到该定理的逆定理，即可积性定理。

定理 2.3 需求函数可积性定理

一个连续可微的函数 $x(p,\ y)$：$R_{++}^n \times R_+ \to R_+^n$，当且仅当：效用函数是连续的、严格递增且严格拟凹的，并且满足预算平衡性、对称性与半负定性时，则以上函数是由递增且拟凹的效用函数生成的需求函数。

　　该定理在经济学中的运用是非常重要的，如前面我们说明的马歇尔需求是由效用函数的一阶边际条件（微分条件）得到的，反过来，在已知需求信息（函数）的情况下，由需求信息来计算消费者效用（福利）就可以由积分得到。该定理告诉我们在什么条件下，我们可以通过消费者的需求行为（信息）来计算衡量消费者在消费过程中所获得的效用（福利）。我们知道主观效用不可观察和验证，而消费行为（数量）是可以观察到的，这就给了我们一种通过可观察到的消费者需求行为来度量消费者福利的方法，例如大家非常熟悉的消费者剩余概念就是由需求曲线积分得到的。

　　基于理性偏好的需求映射具有预算平衡性，二阶连续可微，并且具有半负定的对称替代矩阵，当需求映射满足这些条件时，该需求映射就可以看成是基于理性偏好的需求映射。这样我们就可以通过观察得到的消费者需求信息来计算消费者福利及其变动，从而对消费者福利进行量化测度。

2.2　价格变动效应

　　在需求映射 $D(p, y)$ 连续可微的条件下，也就是说，当影响需求变动的因素（变量）发生微小变化时，需求量的变动也是微小的，在现实中，消费者对某种商品的需求量进行调整改变的原因可能是多方面的，很多因素的变动都会影响到消费者对商品的需求，例如商品的价格、消费者的收入、偏好、相关商品价格、消费者对未来的预期等，本节主要分析价格和收入的变化对需求变动的影响，将价格参数 p 和收入参数 y 内生化，其他经济影响因素仍保持不变。

　　价格变化对消费者均衡消费（需求）的影响可以通过大家熟悉的价格提供曲线（Price Offer Curve，POC），也称为价格消费曲线（Price Consumption Curve，PCC）和需求曲线直观地表达出来，如图 2.1 所示，价格提供曲线描述的是当价格变动时消费者均衡消费变动情况，其坐标空间是二维商品空间，价格变化会导致消费者预算集（线）的变动，从而引起消费者均衡消费的变化；如果将坐标改为商品的价格 - 消费量（例如 $p_1 - x_1$）二维空间，则会推导得到我们更加熟悉的需求曲线。

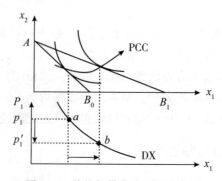

图 2.1　价格提供曲线和需求曲线

同理，收入变化对消费者均衡消费（需求）的影响可以通过收入提供曲线（Income Offer Curve，IOC）和恩格尔曲线（Engel Curve）两种方式直观地表达出来，如图 2.2 所示，收入提供曲线描述的是当收入变动时消费者均衡消费变动情况，其坐标空间是二维商品空间，收入变化也会导致消费者预算集的变动，从而引起消费者均衡消费的变化；收入提供曲线上的任一点表示在不同的收入水平上消费者所消费的商品束（两种商品的数量），也称为收入消费曲线和收入扩展线。如果将坐标改为消费者的收入 - 消费量（例如 y-x_1）二维空间，则会推导得到恩格尔曲线，恩格尔曲线表示的是在所有价格不变时，一种商品的需求如何随着收入水平的变动而变动。

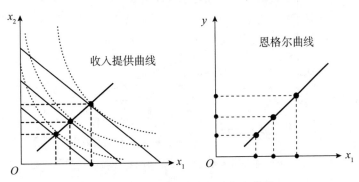

图 2.2 收入提供曲线和恩格尔曲线

不同商品的恩格尔曲线（函数）不同，我们知道对于低档商品（inferior good），收入增加，消费量减少，斜率为负，有：

$$\frac{\partial x(p, \ y)}{\partial y} < 0$$

所以恩格尔曲线递减如图 2.3(c) 所示。在二维商品坐标中，如果 x_1 为低档商品，则收入消费曲线会弯向 x_2 轴，随着收入的增加，会减少 x_1 的消费，支出等于收入的情况下，必然会更多增加 x_2 的消费。

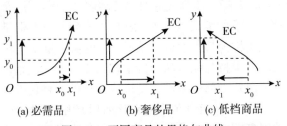

图 2.3 不同商品的恩格尔曲线

正常商品（normal good）随着收入增加消费量会增加，但是必需品的增加程度会小于收入的增加程度，恩格尔曲线较陡，如图 2.3(a) 所示；奢侈品增加程度会大于收入的增加程度，恩格尔曲线会接近于商品轴，更平坦些，如图 2.3(b) 所示。

从几何图形(见图 2.4)我们可以直观地看到当某种商品的价格变化时，会对消费量产生影响，这种影响有两种作用机制：一是在消费者名义收入(货币收入，y)不变的情况下，价格变化会使消费者的实际收入水平发生变化，影响到消费者对该种商品的消费量；二是商品价格变化影响到其他商品的相对价格，使得消费者的均衡条件不再满足，这样消费者也会调整消费量和消费结构，会增加相对便宜的商品量，减少相对贵的商品消费。这两种作用机制对消费数量的影响我们分别称为收入效应和替代效应，它们的总和就是价格变动对需求量影响的总效应。图中为 x 的价格下降的影响。

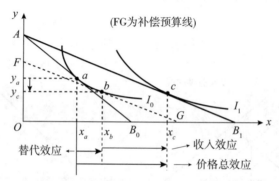

图 2.4　价格变化的总效应：希克斯的替代效应与收入效应

简言之，商品自身的价格变化所引起的商品需求量变动的总效应，可以分解为替代效应(substitution effect)和收入效应(income effect)两部分：价格总效应 = 替代效应 + 收入效应。其中，由商品的价格变动引起商品相对价格发生变动，进而由商品相对价格变动所引起的商品需求量变动，就是替代效应；由商品的价格变动引起消费者实际收入水平变动，进而由实际收入水平变动所引起的商品需求量变动，就是收入效应。

具体的替代效应和收入效应的分解方式有希克斯和斯勒茨基两种方式，希克斯的替代效应是保持原有效用水平不变时的，由于相对价格的变化对需求量的影响，因此，替代效应的消费束位于同一条无差异曲线上。由于希克斯替代效应取决于一定的效用水平，因此其包括效用这个不可度量的经济因素，具体如图 2.4 所示。以价格下降为例，原来的均衡消费为 a 点，商品 x 价格 p_x 下降，预算线逆时针旋转斜率变小，新的消费点为 c，如果和 a 维持同样效用，在新的价格下的消费点为 b，因此从 a 到 c 的需求量变化，称为价格总效应，从 a 到 b 的需求量变化称为替代效应，从 b 到 c 的需求量变化称为收入效应。

斯勒茨基的替代效应是维持与原有的消费束相同支付能力的情况下，相对价格的变化对需求量的影响，因此，消费者的效用水平是可以变化的，替代效应的消费束同原来消费点位于同一条预算线上，其支付能力在价格变化前后是相同的，经济参数都是可以度量的。无论是希克斯的效用参数还是斯勒茨基用实物数量度量的购买力，都希望控制一个不受价格影响的变量，独立于价格变动，在此前提下考量价格对需求量的影响，因为马歇尔需求中的收入为名义收入，虽然很容易度量，但其实际的购买力会受价格水平的影响。因为效用的主观性，希克斯的效用水平存在不可度量问题。

关于两者大小的关系，有两点说明：

首先，当价格发生微小变化时，二者是相等的。

其次，在保持原有消费束支付得起的条件下，原有效用水平一定能够实现。

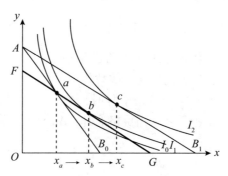

图 2.5　斯勒茨基替代效应与收入效应

下面我们用代数的形式，更严谨地推导价格总效应与替代效应和收入效应之间的关系，将二者联系起来的是斯勒茨基方程。该方程的作用不仅在于此，更一般地说，斯勒茨基方程是在斯勒茨基替代项（或者希克斯替代项）与马歇尔替代项之间建立联系，让我们看到当价格变动时对马歇尔需求的影响与对斯勒茨基需求（或者希克斯需求）影响之间的关系。我们可以根据斯勒斯基需求或者希克斯需求的定义，直接利用微分方法得出斯勒茨基方程，无论是希克斯需求函数还是斯勒茨基需求函数，因为其道理是类似的，在此以上一章介绍得比较详细的大家更熟知一些的希克斯需求函数为例。

希克斯需求函数是指在不同价格条件下，维持原有效用水平不变时的需求数量。由于效用最大化和支出最小化之间的对偶性定理，它一定等于在该价格下维持原效用水平不变的最小支出时的马歇尔需求，也就是说如果收入等于此时的最小支出额，在这种情况下消费者实现最大效用时的均衡选择一定与希克斯需求恒等，为了简单起见，我们以二维商品为例，因此有恒等式：

$$x_1^h(p_1,\ p_2,\ u) \equiv x_1(p_1,\ p_2,\ m(p_1))$$

在此，为了和大家原来学习的几何图形保持一致，我们假设商品 x_1 的价格 p_1 发生变化，即为内生变量。其中 m 是维持原效用水平的最小支出，它可以通过求支出最小化来得到，即 $m = e(p_1,\ p_2,\ u)$。求上式的关于 p_1 的一阶导数得：

$$\frac{\partial x_1^h(p_1,\ p_2,\ u)}{\partial p_1} = \frac{\partial x_1(p_1,\ p_2,\ m)}{\partial p_1} + \frac{\partial x_1(p_1,\ p_2,\ m)}{\partial m} \cdot \frac{\partial m}{\partial p_1}$$

$$= \frac{\partial x_1(p_1,\ p_2,\ m)}{\partial p_1} + \frac{\partial x_1(p_1,\ p_2,\ m)}{\partial m} \cdot x_1$$

移项后可以得到二维商品空间下的斯勒茨基方程：

$$\underset{\text{马歇尔替代项}}{\frac{\partial x_1(p_1,\ p_2,\ m)}{\partial p_1}} = \underset{\text{希克斯替代项}}{\frac{\partial x_1^h(p_1,\ p_2,\ u)}{\partial p_1}} - \underset{\text{收入效应}}{\frac{\partial x_1(p_1,\ p_2,\ m)}{\partial m} \cdot x_1}$$

等式左边为马歇尔替代项，即马歇尔需求关于价格的导数，反映价格变化时对马歇尔需求的影响，称为价格总效应；希克斯替代项反映价格变化时对希克斯需求的影响，称为价格的希克斯替代效应，等式表面看起来是总效应＝替代效应－收入效应，同我们之前几何图形得到的一般商品的结果相反，其实是一致的，有两点要给大家解释：

其一，在此我们称为替代项，同之前的替代效应是有差别的，替代项为$\dfrac{\partial x_1}{\partial p_1}$，指需求量与价格的变化量之比，而替代效应准确地说表现为价格变化时需求量的变化量 Δx；对于正常商品而言，需求与价格反方向变化，故替代项为负，而替代效应的正负取决于价格的变化方向，例如前面图形所示，当价格下降时，$\Delta p < 0$，替代效应会使需求量增加，$\Delta x > 0$，因此，替代效应为正；反之，当价格上升，$\Delta p > 0$，替代效应为负，即 $\Delta x < 0$。

其二，正常商品的收入项$\dfrac{\partial x_1(p_1,\ p_2,\ m)}{\partial m} \cdot x_1$ 为正，因此，对于正常商品，这三项的关系表面变现为减，因减去的项为正，所以马歇尔替代项的数值(绝对值)等于后两项之和。

$$\text{马歇尔替代项} = \text{希克斯替代项} - \text{收入效应}$$
$$(-) \qquad\qquad - \qquad\qquad -(+)$$

对于低档商品，收入效应为负(即收入增加而需求量减少)，因此该式表现为：

$$\text{马歇尔替代项} = \text{希克斯替代项} - \text{收入效应}$$
$$(-) \qquad\qquad - \qquad\qquad -(-)$$

马歇尔替代项等于两者的代数和，因此正负符号取决于两者的绝对数值大小的关系，如果收入效应小于替代效应，则马歇尔替代项为负，该商品符合需求定理，价格对需求量产生反向影响；如果收入效应大于替代效应，马歇尔替代项为正，不符合需求定理，价格对需求量产生正向影响，这就是吉芬商品(Giffen good)。

为了能够更一般地说明各种效应、各种需求函数之间的关系，我们还可以直接利用效用最大化的导数条件来求解斯勒斯基方程。这种方法虽然烦琐，但是更具有一般性，能够更系统地解释更多不同约束变化、不同变量之间的相互关系。根据效用最大化问题：

$$\begin{cases} \max\limits_{x_1,\ x_2}\quad u(x_1,\ x_2) \\ \text{s.t.}\quad p_1x_1 + p_2x_2 = m \end{cases}$$

设拉格朗日函数：$L = u(x_1,\ x_2) - \lambda(m - p_1x_1 - p_2x_2)$，并求其一阶边际条件方程，得：

$$\frac{\partial L}{\partial X_1} = \frac{\partial u(x_1,\ x_2)}{\partial x_1} - \lambda P_1 = 0$$

$$\frac{\partial L}{\partial X_2} = \frac{\partial u(x_1,\ x_2)}{\partial x_2} - \lambda P_2 = 0$$

$$\frac{\partial L}{\partial \lambda} = m - P_1X_1 - P_2X_2 = 0$$

其次，对一阶导数求全微分，即考察在满足一阶导数的前提下，所有变量的变化可能对均衡消费的影响：

$$\frac{\partial^2 u(x_1,\ x_2)}{\partial^2 x_1}\mathrm{d}x_1 + \frac{\partial^2 u(x_1,\ x_2)}{\partial x_1 \partial x_2}\mathrm{d}x_2 - P_1\mathrm{d}\lambda - \lambda\,\mathrm{d}P_1 = 0$$

$$\frac{\partial^2 u(x_1,\ x_2)}{\partial x_2 \partial x_1}\mathrm{d}x_1 + \frac{\partial^2 u(x_1,\ x_2)}{\partial^2 x_2}\mathrm{d}x_2 - P_2\mathrm{d}\lambda - \lambda\,\mathrm{d}P_2 = 0$$

$$\mathrm{d}m - \mathrm{d}p_1 x_1 - p_1\mathrm{d}x_1 - \mathrm{d}p_2 x_2 - p_2\mathrm{d}x_2 = 0$$

令：$u_{11} = \dfrac{\partial^2 u(x_1,\ x_2)}{\partial^2 x_1}$，$u_{22} = \dfrac{\partial^2 u(x_1,\ x_2)}{\partial^2 x_2}$，$u_{12} = \dfrac{\partial^2 u(x_1,\ x_2)}{\partial x_1 \partial x_2}$，$u_{21} = \dfrac{\partial^2 u(x_1,\ x_2)}{\partial x_2 \partial x_1}$，整理后可以得到：

$$u_{11}\mathrm{d}x_1 + u_{12}\mathrm{d}x_2 - P_1\mathrm{d}\lambda = \lambda\,\mathrm{d}P_1$$
$$u_{21}\mathrm{d}x_1 + u_{22}\mathrm{d}x_2 - P_2\mathrm{d}\lambda = \lambda\,\mathrm{d}P_2$$
$$- P_1\mathrm{d}x_1 - P_2\mathrm{d}x_2 = -\mathrm{d}m + \mathrm{d}P_1 x_1 + \mathrm{d}P_2 x_2$$

方程组中有三个未知数：$\mathrm{d}x_1$，$\mathrm{d}x_2$，$\mathrm{d}\lambda$，将等式右边看作常数，这样可以考察价格变化时，x_1，x_2 的变化。

再次，利用克莱姆法则求解 $\mathrm{d}x_1$ 和 $\mathrm{d}x_2$，设：

$$D = \begin{vmatrix} u_{11} & u_{12} & -p_1 \\ u_{21} & u_{22} & -p_2 \\ -p_1 & -p_2 & 0 \end{vmatrix}$$

即加边海赛矩阵(或系数矩阵和替代矩阵)。分别将前面等式右边的常数项替代各列系数矩阵中的向量，并用该列展开，得：

$$D_1 = \begin{vmatrix} \lambda\,\mathrm{d}p_1 & u_{12} & -p_1 \\ \lambda\,\mathrm{d}p_2 & u_{21} & -p_2 \\ -\mathrm{d}m + \mathrm{d}p_1 x_1 + \mathrm{d}p_2 x_2 & -p_2 & 0 \end{vmatrix}$$

$$= \lambda D_{11}\mathrm{d}p_1 + \lambda D_{21}\mathrm{d}p_2 + D_{31}(-\mathrm{d}m + \mathrm{d}p_1 x_1 + \mathrm{d}p_2 x_2)$$

其中，$D_{11} = \begin{vmatrix} u_{21} & -p_2 \\ -p_2 & 0 \end{vmatrix}$，$D_{21} = \begin{vmatrix} u_{12} & -p_1 \\ -p_2 & 0 \end{vmatrix}$，$D_{31} = \begin{vmatrix} u_{12} & -p_1 \\ u_{21} & -p_2 \end{vmatrix}$，分别为第 i 行第一列代数余子式。

$$D_2 = \begin{vmatrix} u_{11} & \lambda\,\mathrm{d}p_1 & -p_1 \\ u_{21} & \lambda\,\mathrm{d}p_2 & -p_2 \\ -p_1 & -\mathrm{d}m + \mathrm{d}p_1 x_1 + \mathrm{d}p_2 x_2 & 0 \end{vmatrix}$$

$$= \lambda D_{12}\mathrm{d}p_1 + \lambda D_{22}\mathrm{d}p_2 + D_{32}(-\mathrm{d}m + \mathrm{d}p_1 x_1 + \mathrm{d}p_2 x_2)$$

其中，$D_{12} = \begin{vmatrix} u_{21} & -p_2 \\ -p_1 & 0 \end{vmatrix}$，$D_{22} = \begin{vmatrix} u_{11} & -p_1 \\ -p_1 & 0 \end{vmatrix}$，$D_{32} = \begin{vmatrix} u_{11} & -p_1 \\ u_{21} & -p_2 \end{vmatrix}$ 分别为 i 行第二列代数余子式。

根据克莱姆法则：

$$\mathrm{d}x_1 = \frac{D_1}{D} = \frac{1}{D}(\lambda D_{11}\mathrm{d}P_1 + \lambda D_{21}\mathrm{d}P_2 + D_{31}(-\mathrm{d}m + \mathrm{d}P_1 x_1 + \mathrm{d}P_2 x_2))$$

$$dx_2 = \frac{D_2}{D} = \frac{1}{D}(\lambda D_{21}dP_1 + \lambda D_{22}dP_2 + D_{32}(-dm + dP_1 x_1 + dP_2 x_2))$$

（1）考虑马歇尔需求 m 是既定的，故 $dm = 0$。假定 P_1 变化而 P_2 不变，有 $dP_2 = 0$。对 $dx_1 = \frac{D_1}{D}$ 两边除以 dp_1，得：

$$\frac{\partial x_1}{\partial p_1} = \frac{\lambda D_{11}}{D} + \frac{D_{31}}{D}x_1$$

（2）假定价格 p_1，p_2 不变化，而 m 变化，对 $dx_1 = \frac{D_1}{D}$ 两边除以 dm 得：

$$\frac{\partial x_1}{\partial m} = -\frac{D_{31}}{D}$$

其表示的是 x_1 相对于收入 m 的变化率，或者说每增加或减少一元钱所带来的需求 x_1 的变化。带入上式得：

$$\frac{\partial x_1}{\partial p_1} = \frac{\lambda D_{11}}{D} - \frac{\partial x_1}{\partial m}x_1$$

（3）在希克斯需求假设条件下，效用水平 u 不变，故 $du = u_1 dx_1 + u_2 dx_2 = 0$，即 $\frac{u_1}{u_2} = -\frac{dx_2}{dx_1}$。根据消费者均衡条件 $\frac{u_1}{u_2} = \frac{p_1}{p_2}$，所以有：$\frac{P_1}{P_2} = -\frac{dx_2}{dx_1}$，即 $P_1 dx_1 + P_2 dx_2 = 0$。又根据二阶导数的最后一个方程，当 $P_1 dx_1 + P_2 dx_2 = 0$ 时，$-dm + dP_1 x_1 + dP_2 x_2 = 0$。因此，假定 p_2 不变，u 为常数时：

$$\frac{\partial x_1}{\partial p_1} = \frac{\lambda D_{11}dp_1 + \lambda D_{21}dp_2 + D_{31}(-dm + dp_1 x_1 + dp_2 x_2)}{D}$$

由于 $\lambda D_{21}dP_2 = 0$，$-dm + dP_1 X_1 + dP_2 X_2 = 0$，故 $\frac{\partial X_1}{\partial P_1} = \frac{\lambda D_{11}}{D}$。所以，$\frac{\lambda D_{11}}{D}$ 就是维持原效用水平不变的替代效应。由此可得斯勒茨基方程：

$$\underset{\text{马歇尔需求}}{\frac{\partial x_1}{\partial p_1}} = \underset{\substack{\text{希克斯需求}\\(du=0)}}{\left(\frac{\partial x_1}{\partial p_1}\right)_{u=\text{常数}}} - \underset{\text{收入项}}{\left(\frac{\partial x_1}{\partial m}\right)_{p=\text{常数}}x_1}$$

因此得到斯勒斯基方程。与之前相同，不再赘述。

在分析了二维商品条件下价格和收入变化对需求的影响以及二者的关系后，我们将商品空间扩展到 n 维，下面给出更一般的 n 维商品相关的一些概念和定理，由于 n 维商品几何图形的限制，无法像前者那样给出直观的几何图示。

此时更一般化的替代项定义为：

$$s_{ij} = \frac{\partial x_i}{\partial p_j}, \quad i, j = 1, 2, \cdots, n$$

当 $i = j$ 时，即为自替代项，希克斯自替代项不变的参数为效用 u，马歇尔自替代项的

参数为收入 y，斯勒茨基自替代项的参数是由商品数量决定的购买力不变，即 $y(\bar{x})$；

当 $s_{ij} > 0$ 时，商品 i 与商品 j 互为替代品；

当 $s_{ij} < 0$ 时，商品 i 与商品 j 互为补充品；

当 $s_{ij} = 0$ 时，商品 i 与商品 j 互为无关商品。

需要指出的是，有些商品之间具有明显的甚至是完全的替代功能，例如不同面值的现金之间具有完全的替代功能，100 元的纸币无论在什么情况下对绝大多数的人都替代两张 50 元的纸币；外表颜色不同的铅笔对于大多数对色彩不敏感的学生而言也是完全替代的。除此之外，替代性对于商品而言具有一般性和普遍性，主要是由于在消费者效用（偏好）方面的替代，虽然这种替代比率会由于商品数量的变化而变化。同理，有些商品之间具有明显的甚至是完全的互补功能，例如球拍和球，眼镜框架和镜片，左鞋和右鞋等，两者互相配合才能给消费者带来效用，单独基本没有作用；除此之外，互补性对于商品而言具有一般性和普遍性，主要是由于消费者效用的凸性假设，组合商品的消费会比端点受到消费者更多的偏好，也就是说消费者喜欢多样性的消费结构，因此商品的作用具有普遍的互补性。

由于杨格定理，商品之间的替代性和互补性是相互的，具有对称性，以下定理说明了这一点。

定理 2.4　对称性替代项定理

设 $x^h(p, u)$ 是希克斯需求方程组，并设支付函数 $e(p, u)$ 是二次连续可微的，则有：

$$s_{ij} = \frac{\partial x_i^h(p, u)}{\partial p_j} = \frac{\partial x_j^h(p, u)}{\partial p_i} \quad (i, j = 1, 2, \cdots, n)$$

该定理的证明可以简述如下，根据 Shephard 引论：

$$x_i^h(p, u) = \frac{\partial e(p, u)}{\partial p_i}$$

因此替代项可以表示为即为支出函数的二阶导数：

$$s_{ij} = \frac{\partial x_i^h(p, u)}{\partial p_j} = \frac{\partial^2 e(p, u)}{\partial p_i \partial p_j}$$

根据杨格定理（Young theorem）可证。从现实经济生活看，替代效应的对称性也是必然的，它来自于现实中商品替代的相互性：另一种商品能够替代这一种，那么这一种商品也就能够替代另一种商品；同时，另一种商品是以怎样的程度来对这一种商品产生替代作用的，那么这一种商品也就以怎样的程度来对另一种商品产生替代作用。因此，商品替代的相互性蕴含着替代效应的对称性意义。

定义 2.1　希克斯替代矩阵

设 $x^h(p, u)$ 是希克斯需求方程组，则以下矩阵称为希克斯替代矩阵：

$$\sigma_{ij}(p,\ u) = \begin{vmatrix} \dfrac{\partial x_1^h(p,\ u)}{\partial p_1} & \dfrac{\partial x_1^h(p,\ u)}{\partial p_2} & \cdots & \dfrac{\partial x_1^h(p,\ u)}{\partial p_n} \\[2mm] \dfrac{\partial x_2^h(p,\ u)}{\partial p_1} & \dfrac{\partial x_2^h(p,\ u)}{\partial p_2} & \cdots & \dfrac{\partial x_2^h(p,\ u)}{\partial p_n} \\[1mm] & & \cdots\cdots & \\[1mm] \dfrac{\partial x_n^h(p,\ u)}{\partial p_1} & \dfrac{\partial x_n^h(p,\ u)}{\partial p_2} & \cdots & \dfrac{\partial x_n^h(p,\ u)}{\partial p_n} \end{vmatrix}$$

如前所述，根据 Shephard 引论，希克斯替代项其实即为支出函数关于价格向量的二阶偏导数，因此希克斯替代矩阵即是支出函数 $e(p,\ u)$ 的海赛矩阵，又因为支出函数 $e(p,\ u)$ 关于价格 p 为凹函数，因此希克斯替代矩阵半负定。

定义 2.2 斯勒茨基替代矩阵

以下矩阵称为斯勒茨基矩阵替代矩阵：

$$S(p,\ y) = \begin{vmatrix} \dfrac{\partial x_1(p,\ y)}{\partial p_1} + x_1\dfrac{\partial x_1(p,\ y)}{\partial y} & \cdots & \dfrac{\partial x_1(p,\ y)}{\partial p_n} + x_n\dfrac{\partial x_1(p,\ y)}{\partial y} \\[1mm] & \cdots\cdots & \\[1mm] \dfrac{\partial x_n(p,\ y)}{\partial p_1} + x_1\dfrac{\partial x_n(p,\ y)}{\partial y} & \cdots & \dfrac{\partial x_n(p,\ y)}{\partial p_n} + x_n\dfrac{\partial x_n(p,\ y)}{\partial y} \end{vmatrix}$$

定理 2.5 斯勒茨基替代矩阵半负定定理

斯勒茨基方程更一般的形式有：

$$\frac{\partial x_i^h(p,\ u)}{\partial p_j} = \frac{\partial x_i(p,\ m)}{\partial p_j} + \frac{\partial x_i(p,\ m)}{\partial m} \cdot x_j(p,\ y)$$

我们不难发现斯勒茨基矩阵替代矩阵 $S(p,\ y)$ 与希克斯替代矩阵是相等的同一个矩阵，因此对称且半负定。该定理说明，无论什么商品，其希克斯自身替代项和斯勒茨基矩阵自身替代项均始终为负，也就是说，价格变化会对希克斯需求或者斯勒茨基需求产生反向影响，希克斯需求或者斯勒茨基需求都符合需求定理；而马歇尔需求则不一定，例如吉芬商品就不符合需求定理。究其原因，是因为马歇尔需求中的名义收入在商品价格变化时其购买力(实际价值)会相应发生变化，以爱尔兰土豆饥荒中的经济现象为例，当土豆减产造成其价格上升时，农民等低收入者的购买力下降，由于土豆为代表的食物支出在低收入者支出总额中所占比重很大，因此，价格上升使得实际购买力下降，低收入者变得更穷，更依赖于土豆这种低端食物，对土豆的需求不降反升。

2.3 消费者福利度量

到目前为止我们都是假设在一定的价格和收入的情况下，消费者在偏好用效用涵数 $u(x)$ 表示的情况下进行消费，但是由于偏好的先验性假设、效用的不可度量性，消费者

在实际消费量为 $x(p, y)$ 的情况下到底获得了多少效用是无法得到的，就算在一定效用函数的假设下得到具体的效用值，其本身也是毫无意义的，只有在和其他商品束的效用值进行比较时才有意义，那么，我们并不知道消费者在消费时到底获得了多少效用（福利）。根据功利主义者边沁的立法和道德标准，经济学家认为对社会配置结果进行评价的判断标准是社会所有成员的总福利，即所谓的最大多数人的最大福利原则。也就是说，判断一个社会结果是不是经济合意的，就看它是不是可以实现社会成员总福利的最大化，因此对每个社会成员的福利进行度量是我们对经济结果、政策、行为等进行评价的必要工具。

对消费者福利进行度量主要有两种方法：

一种方法是根据需求行为估计效用以及其变化。需求行为（函数）是由边际方程决定的隐函数，根据需求函数的可积性定理，我们可以由需求函数积分得到效用函数的信息；由效用函数和约束条件，可以得到需求函数，通过逆向的积分由需求函数得到效用函数。由于在一定价格收入环境下，消费者的需求行为是显化的，可以观察到，数据可以得到，因此，可以通过消费者的需求行为来逆向求得消费者福利信息，这种方法就是大家熟悉的消费者剩余概念，是通过衡量"效用函数"来考察消费者的福利变化，主要用来考察价格变化对消费者福利影响。

另一种方法是用货币支出数量的变化来度量福利变化。同前面所使用的消费者剩余的概念实质是一样的，都是用货币来衡量消费者在消费商品时福利的变化，因为生产者福利大多用利润指标，是用货币衡量的，经济环境或者经济政策等导致的市场价格变化往往会同时引起消费者和生产者福利此消彼长的变化，只有都能够用统一的工具衡量，比较其大小才有意义。我们知道在一定的价格和收入 (p, y) 条件下，消费者的最优消费 x 必然对应存在一个最大的效用水平 $u = u(x^*)$，那么实现该效用水平需要多少货币支出数量，即实现效用水平 $u(x^*)$ 的最小支出额也是确定的。我们无法度量消费者效用的大小和改变量，但是我们可以求出达到不同效用值所需要的最小的货币支出额以及货币支出的改变量，用来衡量价格变化对消费者福利及其变化量的影响。

定义 2.3 保留价格

所谓保留价格就是消费者为获取一件商品所愿意支付的最高价格，也就是使消费者消费或不消费刚好效用无差异的那个价格。

为了更直观简洁地说明保留价格与效用（福利），以及市场价格大小之间的关系，我们假设：

（1）在二维商品空间条件下。

（2）消费者的效用函数为拟线性效用函数，根据前面对拟线性效用函数的了解，假设效用函数的具体形式为：$u(x_1, x_2) = v(x_1) + x_2$。

（3）期中非线性商品 x_1 为离散型，初始禀赋为 0；线性商品 x_2 不妨假设为货币收入，初始禀赋为 m。

设消费者对于第一个单位的 x_1 保留价格为 r_1，则根据定义按该价格买或者不买的效用是一样的，有：$u(0, m) = u(1, m - r_1)$

即为：$v(0) + m = v(1) + (m - r_1)$

得到：$r_1 = v(1) - v(0)$

简单起见设 $v(0) = 0$，可得：

$$r_1 = v(1)$$

设第二个单位的 x_1 保留价格为 r_2，同理有：

$$u(1,\ m - r_1) = u(2,\ m - r_1 - r_2)$$
$$\Rightarrow v(1) + (m - r_1) = v(2) + (m - r_1 - r_2),$$
$$\Rightarrow r_2 = v(2) - v(1)$$
$$\cdots\cdots$$

同理有：

$$r_n = v(n) - v(n - 1)$$

这就很明白地表明了保留价格与效用(福利)大小之间的关系，即消费者对于最后一单位商品的保留价格等于消费者从消费该商品中所获得的效用增量，也就是最后一单位商品的边际效用。同时，我们对于以上所得到的等式结论进行简单变形，换个角度来看，可以得到保留价格与效用(福利)大小之间的另外一方面的逆关系，即效用(福利)与保留价格之间的关系。因为：

$$r_1 = v(1)$$

可以得到：

$$v(1) = r_1$$

因为：

$$r_2 = v(2) - v(1)$$

可以得到：

$$v(2) = v(1) + r_2 = r_1 + r_2$$

同理：

$$r_3 = v(3) - v(2)$$

可以得到：

$$v(3) = v(2) + r_3 = r_1 + r_2 + r_3$$

以此类推，我们可以得到消费者消费 n 件商品时的效用总量即等于每一件商品的保留价格之和：

$$v(n) = \sum_{i=1}^{n} r_i$$

简而言之，离散条件下，保留价格与效用之间的相互关系可以总结为，保留价格等于消费最后一单位商品的边际效用；而消费者消费商品所获得的效用总额，也称为总剩余，等于每一单位商品保留价格的总和。

下面我们来看保留价格和商品的市场价格 p 之间的大小关系，假定市场价格为 p 时，消费者消费一单位的商品，因为消费者在价格为 p 的情况下购买(消费)了一单位商品，说明对于他来说此时的效用一定不小于不购买的效用，也一定不小于购买两单位的效用，即有：

$$v(1) + m - p \geqslant v(0) + m$$
$$v(1) + m - p \geqslant v(2) + m - 2p$$

可以得到：

$$p \leqslant v(1) - v(0) = r_1$$
$$p \geqslant v(2) - v(1) = r_2$$

因此，对于理性消费者来说，如果他只购买了一个单位的商品，一定满足条件：

$$r_1 \geqslant p \geqslant r_2$$

同理，如果消费者在价格为 p 的情况下购买（消费）了 2 单位商品，在这种情况下的效用一定大于等于消费 1 或者 3 单位的效用：

$$v(2) + m - 2p \geqslant v(1) + m - p$$
$$v(2) + m - 2p \geqslant v(3) + m - 3p$$

可以得到：

$$p \leqslant v(2) - v(1) = r_2$$
$$p \geqslant v(3) - v(2) = r_3$$

即：

$$r_2 \geqslant p \geqslant r_3$$

同理类推，我们可以得到以下结论，如果消费者购买的数量为 n，则：

$$r_n \geqslant p \geqslant r_{n+1}$$

所以，已知效用就可以确定保留价格，在给定商品价格 p 时，就可以确定商品的消费数量。由于边际效用是递减的，所以诱使消费者多消费一件商品所需的效用增量或保留价格也是趋于下降的，如图 2.6 所示。

如果需求是连续的而不是离散的，消费者总剩余就可以近似地表述为需求曲线以下的面积。消费者总剩余减去实际支付额称为消费者净剩余，就可以表示为需求曲线以下、价格曲线以上的面积部分。当价格变化时，净消费者剩余将发生变化，如图 2.7 所示。比如价格由 p' 上升为 p''，消费者剩余变化量为阴影部分。其中 R 表示由于价格上升所多花费的货币数量；T 衡量的是由于消费减少而损失掉的那部分商品的价值，它是一个近似值。

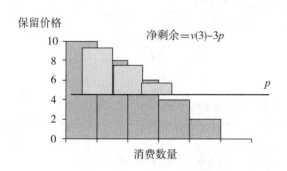

图 2.6　离散商品的消费者剩余

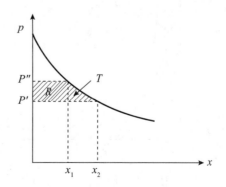

图 2.7　连续需求映射条件下的消费者剩余

根据上述保留价格与效用和商品价格之间的关系，如果已知需求（它以反需求函数或者商品价格的形式出现），就可以反推出在该消费数量上的效用。

定义 2.4　消费者剩余

消费者剩余（consumer's surplus）有总剩余和净剩余两种形式，总剩余只考虑效用量，不考虑支出和收入，等于每一单位商品消费上保留价格的总和。

净剩余等于总剩余减去实际的消费支出，因此它不仅要考虑效用量，而且还要考虑支出。消费 n 件商品时的总支出为 pn，净消费者剩余为 $v(n) - pn$。

我们大家更熟悉的剩余概念应该是净剩余，它也可以定义为保留价格与实际支付价格之间的差额。

$$CS = r_1 - p + r_2 - p + \cdots + r_n - p = r_1 + r_2 + \cdots + r_n - np = v(n) - np$$

下面我们来看福利货币衡量另一种方法，就是利用货币支出数量的变化来度量福利变化，商品价格变化时，消费者会改变其消费结构和消费数量，这时消费者的福利（效用）也会相应变化，同时达到新的效用水平所需要的最小货币支出也会发生变化，由于效用不可测度，我们可以用货币支出数量的变化来测度效用的变化。这种测度在实际中有两种具体的方法，补偿变化（Compensation Variation，CV）和等价变化（Equivalent Variation，EV）。

补偿变化衡量的是在价格变化以后，要使消费者维持以前的效用水平而需要做出的货币补偿数量。例如图 2.8 表现价格上升的补偿变化，价格 p_1 上升为 p_1'，价格 p_2 保持不变，消费者原来的消费为 A，价格上升后均衡消费为 C，B 点表示价格变化得到货币补偿后的最佳消费点，即在价格涨价以后的环境中，如果达到和以前一样的福利水平，在图中表现为与 A 同一条无差异曲线，这样在 p_1' 下，C 点的支出（收入）与 B 点的支出差额即为两种效用水平之间所需要的最小支出的差额，以此来表示两者之间效用的变化量，即为价格上升的补偿变化（CV），在几何图形中表现为平行的预算线（都是变化以后的相对价格）的移动距离，$CV = m' - m$。同理，价格下降的补偿变化如图 2.9 所示，具体不再赘述。

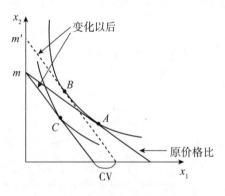

图 2.8　价格上升的补偿变化

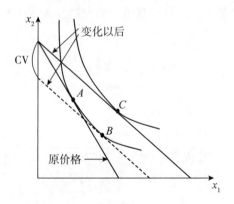

图 2.9　价格下降的补偿变化

等价变化衡量的是要使消费者维持价格变化以后的效用水平而必须从消费者那里取走

的货币数量。这种收入变化与价格变化是等价的，因为这种收入的变化恰好就是价格提高后使消费者失去的那部分货币。可用图 2.10 描述价格上升时的情况：原消费点为 A，当价格 P_1 上升时，新的消费点为 C，如果保持新的效用水平不变，在原价格水平上的均衡点为 B。A 点的支出(收入)与 B 点的差额即为两种效用水平之间所需要的最小支出的差额，以此来表示两者之间效用的变化量，图中的 EV 即等价变化。

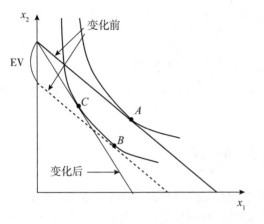

图 2.10　价格上升的等价变化　　　　图 2.11　价格下降的等价变化

需要说明的是，一般来说，补偿变化与等价变化是不相等的，但是在价格变化不大时，二者的差别很小，在拟线性效用条件下，它们是相同的，都等于消费者剩余。为了说明这点，可以看图 2.12，由于无差异曲线是沿着 x_2 轴平行移动的，两线间的距离相等，因此无论是按照变化后的价格还是用变化前的价格来衡量效用的变化，都表现为相同的两条平行的预算线之间的距离。当商品 x_1 的价格 p_1 上升时，消费者的均衡发生变化，价格变化前，最佳消费点为 A，价格变化后，最佳消费点为 B。由 B 到 C 的移动是补偿变化 CV，由 A 到 D 的移动是等价变化 EV，两者是相等的。

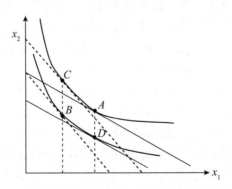

图 2.12　拟线性效用函数情况下的补偿变化和等价变化

因为拟线性条件下，线性商品的边际效用是非常稳定的常数，对于一般人而言，最接近符合这个特点的商品就是货币，其本质就是用货币(x_2)度量效用，在这种情况下，反需求函数就是效用函数的一阶导数，反过来需求函数的积分就是效用(福利)，在这种情况下，消费者剩余就是对福利及其变化的准确衡量，而非近似计算，因此拟线性效用函数常被用于福利分析。

例如，假设效用函数为：$u(x_1, x_2) = v(x_1) + x_2$。

我们很容易得到一阶边际条件为：$v'(x) = p(x)$。

这意味着反需求函数 $p(x)$ 等于边际效用，即 $p(x) = v'(x)$。据此，可以求出当价格为 $p(x)$ 时，消费者消费 x 商品时的效用：

$$v(x) = v(x) - v(0) = \int_0^x v'(x)\,\mathrm{d}x = \int_0^x p(x)\,\mathrm{d}x$$

这一积分恰好表示的是需求曲线 $p(x)$ 以下的面积，即消费者总剩余，在这里是准确而不是近似计算。

2.4　显示偏好

到目前为止，我们研究的消费者均衡消费理论都是经典思路，即基于偏好的间接研究路径，是建立在理性消费者的偏好之上，假设理性偏好可以通过映射到实数来建立数理函数，即效用函数，然后通过数学推导论证，得到需求函数的基本特征，如前所述，基于单调、连续和严格凸偏好所得到的消费者最优选择(需求映射)满足零阶齐次性、瓦尔拉法则、二阶可微，并且具有一个半负定、对称的替代矩阵。但是由于消费者偏好的主观性，不能直接观察到，而消费者的需求信息(消费行为)是外化可以观察到的，是可以客观看得到的行为，那么，我们是否可以通过观察人们的消费行为来发现他们的偏好信息，这就是显示偏好的最根本的含义，显示偏好是从需求信息中表现(显示)出来的偏好。

本节旨在深入研究这个问题，进一步研究需求与偏好之间的关系，建立基于选择的需求理论，并从原理上论述基于选择的需求与基于偏好的需求的一致性。如前所说，从消费者偏好出发导出的消费者需求，存在着这样一个实际问题：实实在在的需求建立在了难以观察确认的主观偏好概念之上，那么这种需求理论是否可证实呢？很多人质疑无差异曲线是否真实存在，虽然埃奇沃斯为其辩解道"无差异曲线对我来说和餐桌上的果酱面包一样真实"。由于偏好关系是一个主观抽象概念，不受到任何经济上的约束，因而实际上并不可能对消费者的偏好进行有效的观测和试验，对抽象概念进行实际观测是极其困难的，也是不可能用实验来获得结论的。但是在具体商品价格和收入既定的环境下，消费者的均衡选择是客观存在的，因此保罗·萨缪尔森(P. A. Samuelson)提出显示偏好理论，希望可以直接观察在一定价格 - 收入环境下消费者的消费行为(需求信息)，来彰显其内在的偏好，即用消费者实际选择行为显示其个人偏好。在客观环境条件和经济支付能力都许可的范围内，消费者选择了 A 消费束(消费状态或者称为消费方案)而没有选择 B 方案，说明与 B 方案相比，消费者更偏好于 A 方案，这就是由需求显示出来的消费者对消费状态的偏好。

如果一个消费者足够理性，他应该明白什么商品最能满足自己的各种需要，总是会选择对自己来说最好的商品束，如果在各种价格收入环境下他的偏好都是稳定的，那么我们只要观察其消费行为，观察的次数足够多，一定会发现其对于不同商品属性的偏好（无差异曲线），这是本节要阐述的第一个问题，即由选择行为（需求）恢复偏好，是我们之前的经典分析思路的逆思维。第二个问题就是消费者的行为可能是非理性的，这时就无法用显示偏好原理得出反映良好偏好的无差异曲线，即使得到也没有任何意义。这样我们就需要将不符合效用最大化原则的那些观察数据找出来并剔除掉，以保证显示的偏好是理性的。这就是显示偏好公理要解决的问题。

为了简化分析，我们假定：

（1）偏好是严格凸的，因此对于任一预算线来说都有并且只有一个最优消费束。

（2）消费者的偏好是稳定的，偏好的稳定性假设在短期内是合理。

定义 2.5　直接显示偏好

在价格和收入既定的条件下，假定存在两个商品消费束(x_1, x_2)和(y_1, y_2)，(x_1, x_2)与(y_1, y_2)均在预算集中，如果消费者选择消费的是(x_1, x_2)消费束，则消费者的该消费（需求）行为显示出(y_1, y_2)比消费束(x_1, x_2)要差一些，我们称(x_1, x_2)直接显示偏好于(y_1, y_2)。

记为：$(x_1, x_2) \underset{d}{>} (y_1, y_2)$

"$\underset{d}{>}$"即为直接显示偏好。

如图 2.13 所示，如果在(y_1, y_2)支付得起的条件下，消费者没有选择(y_1, y_2)而选择了(x_1, x_2)，那该行为就说明(x_1, x_2)比(y_1, y_2)更受偏好。如果这一条件满足，我们就说商品束(x_1, x_2)是商品束(y_1, y_2)的直接显示偏好。实际消费行为和数据是可以观察的，而主观偏好是不可观察的。显示偏好就是要用可观察的客观消费行为揭示其背后隐含的偏好，用实际消费行为模式推导出导致这一消费的偏好模式。

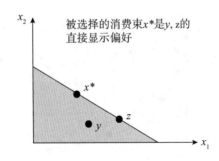

图 2.13　直接显示偏好

用代数形式表示，当(p_1, p_2, m)时，两个消费束的预算线约束条件为：

$$p_1 x_1 + p_2 x_2 = m$$
$$p_1 y_1 + p_2 y_2 \leqslant m$$

所以有：

$$p_1 x_1 + p_2 x_2 \geqslant p_1 y_1 + p_2 y$$

以上定义是为了可以用几何图示，在二维商品空间中，更一般性的定义，设消费集合 $X \subset R_+^n$ 为 n 维商品空间的子集，$D: \Delta(p, m) \to X(p, m)$ 为需求集映。对于 $\forall x, y \in X$，如果存在 $(p, m) \in \Delta$，且有 $x, y \in \beta(p, m)$ 且 $x \in D(p, m)$，则 x 直接显示偏好于 y。

定义 2.6　间接显示偏好

在价格和收入既定的条件下，假定存在三个商品消费束 (x_1, x_2)、(y_1, y_2) 和 (z_1, z_2)，如果在 (y_1, y_2) 消费得起的情况下消费者选择消费的是 (x_1, x_2) 消费束，即 (x_1, x_2) 直接显示偏好于 (y_1, y_2)；并且，在 (z_1, z_2) 消费得起的情况下消费者选择消费的是 (y_1, y_2) 消费束，则 (y_1, y_2) 直接显示偏好于 (z_1, z_2)；那么就有在 (z_1, z_2) 消费得起时消费者会选择 (x_1, x_2)，称 (x_1, x_2) 间接显示偏好于 (z_1, z_2)。

有：

$$(x_1, x_2) \underset{d}{>} (y_1, y_2)$$

$$(y_1, y_2) \underset{d}{>} (z_1, z_2)$$

则可以得到：

$$(x_1, x_2) \underset{I}{>} (z_1, z_2)$$

即 (x_1, x_2) 间接显示偏好于 (z_1, z_2)。

用代数形式表示，如果有：$p_1 x_1 + p_2 x_2 \geqslant p_1 y_1 + p_2 y$，则 $(x_1, x_2) \underset{d}{>} (y_1, y_2)$；$q_1 y_1 + q_2 y_2 \geqslant q_1 z_1 + q_2 z_2$，则 $(y_1, y_2) \underset{d}{>} (z_1, z_2)$。

那么根据传递性原理，一定有：

$$(x_1, x_2) \underset{I}{>} (z_1, z_2)$$

在这种情况下我们就说 (x_1, x_2) 是 (z_1, z_2) 的间接显示偏好，如图 2.14 所示。

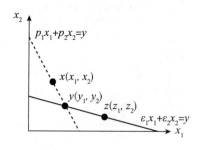

图 2.14　间接显示偏好

从图中可以看出，在给定 (p_1, p_2) 时，消费者选择了 (x_1, x_2) 而没选择买得起的 (y_1, y_2)；在 (q_1, q_2) 下，选择了 (y_1, y_2) 而没有选择买得起的 (z_1, z_2)。因此，消费者的该选择行为所显示出来的偏好关系是：(x_1, x_2) 优于 (y_1, y_2)，(y_1, y_2) 优于 (z_1, z_2)，通过中间消费束 (y_1, y_2)，我们可以间接得到消费束 (x_1, x_2) 与 (z_1, z_2) 之间偏好关系为 (x_1, x_2) 优于 (z_1, z_2)。

如果一个商品束是另一些商品束的直接或者间接显示偏好，那么我们就说这个商品束是另一个商品束的显示偏好。显示偏好强调在都能被购买的情况下，我们消费的一定是最被偏好的消费束，这是消费行为，是需求信息，是可以客观观察到的，下面我们通过这些需求信息（选择行为）显示出看不到的消费者的主观偏好信息，即利用需求信息推导出反映消费者偏好的无差异曲线。

如图2.15所示，如果在预算线 L_1 上我们的选择是 A，则 A 一定是预算集内的任一其他消费束的直接显示偏好，预算集合内的任何其他的消费束就是比 A "差" 的点。如果在另一条过 A 的预算线上，我们的选择是 E，则 E 是预算集内的任一其他消费束（包括 A）的直接显示偏好，这样 E 就是比 A "好" 的点。更进一步，如果在 C 购买得起的情况下，如果消费者选择了 B 点，则 B 点是 C 的直接显示偏好，因此，A 是 C 的间接显示偏好，是比 C 要更好的点。如果我们观察的次数足够多，就可以找出所有较差的消费束和较好的消费束的集合，如图中阴影部分所示。将其排除后，处于两个集合中间的消费束就将是与 A 无差异的点，我们就可以得到过 A 点的无差异曲线，这样就由可观察到的消费选择行为显示了不可观察的主观偏好。

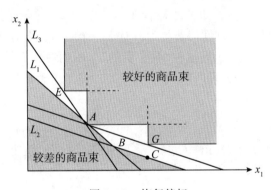

图 2.15　恢复偏好

理性偏好都符合效用最大化原则，即消费者总是选择最好的商品束。但消费者的行为可能是非理性的，这时就无法用显示偏好原理得出反映良好偏好的无差异曲线，即使得到也没有任何意义。这样我们就需要将不符合效用最大化原则的那些观察数据找出来并剔除掉，以保证显示的偏好是理性的，这就是显示偏好公理要解决的问题。公理是一门学科建立抽象思维的逻辑起点，可以认为是对纷繁复杂的现实世界的简化假设，也可以认为是对现实的专业性概括和描述，是一门学科不证自明的基本思维方式对现实的总结。我们知道经济学研究人们的理性选择，在消费选择中，作为理性的消费者应该做最好的选择。显示偏好公理就是表达理性消费者的选择行为应该具有的基本特征。

公理 2.1　显示偏好弱公理

对于一个理性消费者来说，如果 (x_1, x_2) 是 (y_1, y_2) 的直接显示偏好，且 (x_1, x_2) 和 (y_1, y_2) 不同，那么 (y_1, y_2) 就不可能是 (x_1, x_2) 的直接显示偏好。

即如果在价格为 p 的情况下消费者选择 x，在价格为 q 时选择 y，只要 $p_1x_1 + p_2x_2 \geqslant p_1y_1 + p_2y$，就不可能有 $q_1x_1 + q_2x_2 \leqslant q_1y_1 + q_2y_2$。

这就是说在价格 p 时选择 x，如果这时 y 的支出额小于 x，对于一个理性的消费者，选择了相对更贵的 x 而不是便宜的 y，该行为显示出 x 比 y 更能满足其需要，所以他就不可能在价格 q 时，如果 x 也买得起的情况下选择 y，即在任何价格水平下，偏好不可逆转。换句话说，在购买 (x_1, x_2) 时有能力购买 (y_1, y_2)，那么在购买 (y_1, y_2) 时 (x_1, x_2) 就一定是无力购买的商品束。

显示偏好弱公理是最优行为的必要条件。假定存在两个消费束 (x_1, x_2) 和 (y_1, y_2)，消费者在实际选择时面临两种情况：一种情况是两个商品束都支付得起，这时如何选择；另一种情况是有一个商品束支付不起。弱偏好定理考虑了这两种情况，如果你是寻求效用最大化的消费者，在都支付得起时，一定选择最好或者愿意支付更多货币的消费束；如果你偏好的消费束支付不起，就只有购买另一个便宜但较差的商品束。因此，如果消费者选择的不是偏好的那个商品束，就一定意味着所偏好的商品束在当前价格条件下是支付不起的，或者更贵而不愿多付钱。

如图 2.16 所示，如果消费者选择 (x_1, x_2) 时，(y_1, y_2) 在预算集内，说明消费者偏好 (x_1, x_2) 而不偏好 (y_1, y_2)，如果消费者在 (x_1, x_2) 支付得起的条件下，消费者选择 (y_1, y_2)，这种行为就不符合理性消费行为，对于一个明白什么对自己更好、自己需要什么的理性消费者，他是不可能出现这种"只买贵的"，不明白什么是"好坏"的行为的。而图 2.17 则是符合显示偏好弱公理的消费行为。

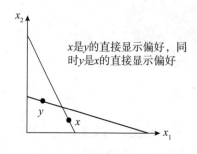 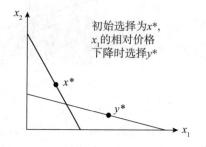

图 2.16   不符合显示偏好弱公理的情况   图 2.17   符合显示偏好弱公理的情况

那么，怎样检验一个消费者在不同价格和收入情况下的行为是否满足显示偏好弱公理呢？根据偏好稳定性假设，也就是说，在短期中，在各种价格收入环境下，我们观察到的偏好是不会发生逆转的。我们可以根据不同的价格和收入下选择的消费束，计算出不同价格环境下每一个消费束的实际以及可能的支出，得到各种情况下的消费支出矩阵，这样就可以看出不同消费束之间的直接显示偏好关系，如果存在互逆的直接显示偏好关系，则不符合显示偏好弱公理。

例如，假设在二维商品空间下，当价格 p^1 为 $(1, 2)$ 时，消费者选择了商品束 $x^1(1, 2)$；当价格 p^2 为 $(2, 1)$ 时，消费者选择了消费束 $x^2(2, 1)$；当价格 p^3 为 $(1, 1)$ 时，消费者选择了商品束 $x^3(2, 2)$。

$$\begin{pmatrix} p^1: & 1 & 2 \\ p^2: & 2 & 1 \\ p^3: & 1 & 1 \end{pmatrix} \times \begin{pmatrix} x^1: & 1 & 2 \\ x^2: & 2 & 1 \\ x^3: & 2 & 2 \end{pmatrix}$$

我们可以计算出在这三种情况下三个选择的消费束的支出额，例如：$p^1x^1 = p_1^1x_1^1 + p_2^1x_2^1$，这样矩阵的每一行分别表示三种选择的价格环境，每一列分别表示每一次选择的消费束，这样我们可以得到支出矩阵，详见以下 E 矩阵。第一行就分别表示 p^1 时三个消费束的支出额，第二行就分别表示 p^2 时三个消费束的支出，第三行就分别表示 p^3 时三个消费束的支出，显然对角线(5，5，4)表示的是三种情况下的实际支出，其他项表示可能的支出，即如果按照不同的价格购买同一组商品，或按同一价格购买不同组的商品可能需要的支出。

$$E = \begin{pmatrix} & x^1 & x^2 & x^3 \\ p^1 & 5 & 4^* & 6 \\ p^2 & 4^* & 5 & 6 \\ p^3 & 3^* & 3^* & 4 \end{pmatrix}$$

从计算结果可以看出，当价格为 $p^1(1，2)$ 时，消费者选择的 $x^1(1，2)$，支出为5元，x^2 的支出为4元，比 x^1 便宜，在 x^2 购买得起情况下，未选择 x^2，说明 x^1 是 x^2 的直接显示偏好，我们在第一行第二列的支出额4上打 $*$ 表示；此时 x^3 的支出为6元，比 x^1 贵，因此未选择 x^3，有可能是比 x^1 差不愿选择，也有可能比 x^1 好，但是消费者不愿支付更多的钱或者没有更多的购买能力，也就是说这次选择我们没法判断两者之间的偏好关系。同理，当价格为 $p^2(2，1)$ 时，消费者选择了 $x^2(2，1)$，x^2 又是 x^1 的直接显示偏好，这显然违背了显示偏好弱公理。也就是说在 p^2 下消费者选择 x^1 消费支出更少，但消费者选择了支出更多的 x^2，显然他不是一个理性消费者，愿意为较差的商品付出更多的支出，因此不符合显示偏好弱公理。

公理 2.2 显示偏好强公理

如果$(x_1，x_2)$ 是$(y_1，y_2)$ 的直接或间接显示偏好，且$(y_1，y_2)$ 与$(x_1，x_2)$ 不同，则$(y_1，y_2)$ 就不可能是$(x_1，x_2)$ 的直接或间接显示偏好。

弱公理是用直接显示偏好定义的，而强公理则把该定义扩展到间接显示偏好的情况。即如果一个消费束是另一个消费束的直接或者间接显示偏好，那么另一消费束就不可能是这一消费束的直接或者间接显示偏好，显然强公理包含了弱公理的内容。

对于一个最大化消费者来说，如果其偏好是可以传递的，那么由其消费行为表现出来的显示偏好也是可传递的，因此强公理是最优化行为的充分条件。也就是说，如果观察到的消费行为是最优化行为，那么其显示偏好就一定满足强公理；反过来说，如果被观察到的选择满足显示偏好强公理，我们总是能够找到可能造成被观察到的选择的性状良好的偏好。

显示偏好强公理的检验：

步骤一：找出所有的直接显示偏好，看是否有互逆违反弱公理的情况。如果不满足显示弱公理，则必然不符合显示偏好强公理；如果满足显示弱公理，需要继续第二步。

步骤二：根据所有直接显示偏好找出间接显示偏好。检查有没有两个消费束之间存在互为直接或间接显示偏好，如果存在互逆的直接或间接显示偏好，或者互逆的间接与间接显示偏好，则违反强公理。

消费者的选择行为如果符合显示偏好公理，则等同于需求函数（映射）符合需求定律，以下不加证明地给出两个等价定理。

定理 2.6　显示偏好公理与需求定律

设 $\phi: \Delta \to X$ 为满足显示偏好弱公理的需求映射，则具有半负定的斯勒茨基替代矩阵。

定理 2.7　显示偏好强公理与斯勒茨基替代矩阵

显示偏好强公理等同于斯勒茨基替代矩阵负定性。

2.5　市 场 需 求

到目前为止我们得到了各种条件下每个消费者的个人需求，并讨论了其属性，在此基础上我们就可以加总得到市场需求，即各个消费者的个人需求总和。本节论及市场总需求理论，我们在由个人需求加总得到市场总需求的过程中有个关键的问题，即总需求在加总的过程中不同消费者相互之间会不会产生相互外部性的影响，如果不存在，则可以简单进行需求量的加总。

定义 2.7　总需求函数

设经济中共有 n 种商品和 m 个消费者。$x_i \in R^n$ 为消费者 i 的需求函数，具体为：$x_i = (x_{1i}, x_{2i}, \cdots, x_{ni}) = x_i(p, y_i)$，其中 $i = 1, 2, \cdots, m$。

因此，在不存在消费外部性的条件下，市场的总需求：

$$x = x_1 + x_2 + \cdots + x_m = x(p, y_1, \cdots, y_m) = \sum_{i=1}^{m} x_i(p, y_i)$$

前面我们已经讨论过个人需求函数的性质，在连续单调严格凸的偏好假设下，个人需求函数具有零阶齐次性、连续性可微性，符合瓦尔拉法则，符合需求法则，这些在加总的过程中都可以传递给总需求函数，并且显示偏好的弱公理也能够从个人需求传递给总需求，但是需要对总需求施加一些限制条件，使得需求弱公理能够从个人需求传递到受限制的市场需求。

第3章   不确定性

到此为止我们研究消费选择问题的时候所讨论的都是在确定性环境中，即消费者选择涉及的价格、收入、消费量等都是确定的，因此消费者可以计算比较不同选择（消费束）的收益（效用），从而实现效用的最大化选择。然而实际消费选择并非总是在这种确定性环境中进行的，很多时候是在不确定的环境下，每一个选择的收益支出都具有不确定性，也就是说每一个选择本身都有可能出现不同的结果。例如，节假日的时候我们选择外出游玩，每个选择（方案）最后的收益情况都具有很大的不确定性，不仅仅是说选择不同的景点的收益不一样，而是每个选择都有可能会出现各种不同结果，会有很多随机不可控的影响因素。例如天气、交通、景点的人流量等都会影响到我们的游玩效果和收支状况，例如选择去某一地点旅游，可能的最好的情况是我们一路顺利到达景点，幸运的话里面的游人也不是很多，可以实现最理想的状态。但是也有可能会出现最糟糕的情况，例如天气不好无法游玩，或者交通拥堵致使在高速路上消耗了我们大部分的时间和精力，又或者景点人山人海等各种情况，这就是不确定条件下的选择问题，根据我们的经验每种情况都是有可能出现的，每种情况下我们的效用显然是不同的，那么这种情况下理性消费者的选择标准是什么呢，这就是本章研究的内容，从逻辑框架上来讲，和上一章是相似的，本章主要解释理性消费者在这种不确定情况下如何实现最佳选择。

本章主要研究理性消费者在不确定条件下的最优选择，主要内容包括：

3.1   不确定环境下的选择：本节主要描述在不确定条件下消费选择的对象，一个具体的选择对象称为一个简单赌局，可以通过收益和概率进行界定，预期收益和方差成为描述赌局最主要指标。

3.2   预期效用函数：本节主要针对消费者对待随机事件的偏好关系，假设理性偏好关系符合完备、可传递、单调、连续和独立性假设公理，则可用连续的实值效用函数表示，经济学中最经典的效用函数形式为冯·诺依曼-摩根斯坦（VNM）预期效用函数。

3.3   风险态度：根据对待风险的主观偏好的不同，消费者分为风险爱好者、风险厌恶者和风险中性者。风险爱好者随机事件收益预期值的效用小于预期效用，其财富效用函数为凸函数；风险厌恶者对于风险事件预期收益值的效用大于预期效用值，其财富效用函数为凹函数；风险中性者风险事件预期收益值的效用等于预期效用值，其财富效用函数为线性函数。

3.4   风险厌恶度度量：大多数消费者在大多数情况下表现为风险厌恶型，但是不同个体对待风险的厌恶程度是不同的，度量消费者不同的风险规避程度通常有三种标准：效用函数的凹性、风险厌恶者的确定性等价值和阿罗-普拉特风险规避度。

3.1　不确定环境下的选择

我们日常所说的"不确定"(uncertainty)是指人们对于将要发生的事情不能产生确定的预期，在经济学中，它和风险(risk)相联系，甚至在很多经济语境中，不严格区分二者的差别，它们的意思基本相同。但是也有经济学家对这两个词进行区分并严格界定，例如奈特(Knight)：不确定性是指人们既不能确定某种经济行为一定会发生某种结果，又不能确定其发生的可能性(概率)大小。出现不确定性的原因可能是人们行为本身就具有不确定性因素，或者是人们行为不完全独立，或者是人们缺乏必要的信息等。由于不能客观地确定产生某种结果的可能性大小，只能依据主观概率进行分析。风险是指人们虽然不能确定某种经济行为一定会发生某种结果，但能够确定其发生的可能性(概率)大小，或者说，经济行为产生某种结果的可能性大小客观存在，由客观条件决定。比如人们可以根据已有的经验，确定出某种经济行为的各种可能结果，并且确定出每种结果发生的概率。这样一来，便可计算这种经济行为的期望值，并利用期望值进行分析。

下文中所提到的不确定性与风险不做区分，但是对于不确定(风险)的研究是基于客观和主观概率两种假设建立起来的两种研究路径：

其一，基于客观概率条件下的理性选择理论。该理论体系较早形成，影响力也相对较大，创新性的工作源于 20 世纪 40 年代天才科学家冯·诺依曼(von Neumann)和经济学家摩根斯坦(Morgenstern)，他们在 1944 年的《博弈论和经济行为》中建立了系统的理论体系，在概率环境中，每个选择都会以不同的可能性(概率)出现各种不同的结果，这个概率是客观存在并且可测可得的。

其二，基于主观概率条件下的理性选择理论，主要代表是萨维奇(Savage)的主观概率模型，它是由萨维奇 1954 年和 1972 年的两篇论文构建和完善的，详见萨维奇的《统计分析基础》(*Foundation of Statistics*，New York：Dover Publications，1972)。他认为即使每个结果出现的"概率"是客观存在的，即"客观概率"，比如是在对频率观察的基础上计算出来的概率，但是决策者往往根据自己的经验、掌握的信息和知识对事件发生的概率作出判断或估计，这种判断会因人而异，带有强烈的个人主观感觉，因而是"主观概率"，即决策者主观上认为的某些事件发生的可能性。如果所涉及的只是客观概率，那么经济决策涉及的就只是风险。如果涉及主观概率，那么经济活动的性质就带有真正意义上的不确定性。

事实上，在实际经济决策活动中，决策者涉及的一般是主观概率与客观概率的混合，客观概率与主观概率并不是都能够严格区分。例如当我们生养小孩，小孩将来会成为什么样的人，显然是不确定的，也是有客观概率存在的，但是几乎每个父母都不会认为自己孩子"成龙""成凤"的概率等同于社会的客观概率。

综上所述，在不确定条件下，不管概率是客观存在还是主观臆断，选择的对象是一样的。我们首先来描述每个对象的特点，即每个选择都会出现各种可能的结果。每个结果消费者的收益情况都是不一样的，因此效用也是不一样的，我们可以用收入或者财富单一指标变量来描述每个结果消费者的状态，如果其结果是有限的，我们称这样的不确定选择为

一赌局 g(gamble) 或者彩票 l(lottery)，要描述清楚这个不确定选择，我们不仅需要表示出可能出现的每种结果消费者的收入(或者财富)状态，还要表示出每种结果出现的概率的大小。如果结果无限多并且连续时，我们可以用定义在概率空间上，服从一定概率分布的随机变量来表达。

一张彩票或者一次赌局是不确定条件下选择对象的典型代表，例如彩票可以用各种可能的获奖等级的货币收入和相应的概率分布加以描述。设共有 n 个等级的奖励：$(a_1,$ $a_2, \cdots, a_n)$ 表示每等奖获得奖金金额的大小，获奖概率分别为 $(p_1, p_2, \cdots, p_n)$，不同彩票的获奖金额和获奖概率不同，假设另一张彩票获奖金额为 $(b_1, b_2, \cdots, b_m)$，概率分布变为 $(q_1, q_2, \cdots, q_m)$ 时，就是另一种彩票，即另外一种不同的选择对象，我们可以分别用 $l_1(g_1), l_2(g_2)$ 来表示，我们将这种随机选择称为一个简单赌局。

定义 3.1　简单赌局

假设一赌局或者彩票会出现有限次的结果，每次结果的收入分别为 a_i，则结果集为：
$A = \{a_i\}$，$i = 1, \cdots, n$。

每个结果出现的概率分别为 p_i，则概率集合为 $P = \{P_i\}$，有：

$$\sum_{i=1}^{n} p_i = 1, \ p_i \geqslant 0$$

简单赌局记为 $g = \{p_1 \circ a_1, p_2 \circ a_2, \cdots, p_n \circ a_n\}$

定义 3.2　风险选择集合

所有赌局(彩票)的集合用 G 表示，即在不确定条件下所有可能选择的总体，显然它是欧氏 R^n 概率空间的有界闭凸子集，该集合类似于确定条件下的消费集。

定义 3.3　复合赌局

对于任何两种彩票 $p = (p_1, p_2, \cdots, p_n) \in G$ 和 $q = (q_1, q_2, \cdots, q_n) \in G$，当 a 为某随机事件 A 发生的概率时，$ap + (1-a)q$ 代表了一种以概率 a 获得彩票 p，以概率 $1-a$ 获得彩票 q 的新彩票，该彩票等同于获奖概率分布为 $(ap_1 + (1-a)q_1, ap_2 + (1-a)q_2, \cdots, ap_n + (1-a)q_n)$ 的新彩票。称 $ap + (1-a)q$ 为彩票 p 和 q 的复合赌局，显然复合赌局属于选择集合，因此，选择集合 G 为凸集。

描述随机事件的指标主要是收益预期值和方差。如果基于客观概率风险环境下的每个选择 g 具有有限随机结果，可以通过计算其每种结果收益的加权平均值得到收益的预期值，也称为预期收益，记为：

$$E(g) = \sum_{i}^{n} p_i a_i$$

如果随机选择会出现无限的可能性结果，不同结果的收入连续时，我们可以运用连续的随机变量 x 来表示每种结果的收益情况，确定了随机向量 x 的值域和概率分布 f，我们同样可以求得不同结果收益的预期值，即一个随机变量的预期收益，有：

$$E(g) = \int xf(x)\,\mathrm{d}x$$

随机变量的方差定义为：

$$\mathrm{Var}(x) = E(x - E(x))^2$$

方差的平方根称为标准差，记作 σ，有：

$$\sigma = \sigma(x) = \sqrt{\mathrm{Var}(x)}$$

方差(标准差)反映了随机事件所有结果偏离预期值的程度，它是对风险大小的客观测度，方差越大，说明随机选择的结果波动幅度越大，也就意味着风险或者不确定性越大。

阐述清楚了不确定环境下的选择对象，我们自然就会想到，对于 G 中的任意两个赌局 g_1，g_2，消费者对其的偏好关系取决于什么呢？冯·诺依曼和摩根斯坦认为理性消费者对于概率空间上的随机事件的排序主要依据的是不同结果的预期效用，这就是说，如果消费者对各种风险消费选择有一个评价(即有一个偏好关系)的话，那么这种评价(偏好)是根据每个选择的预期效用大小作出排序的。

3.2　预期效用函数

每一个消费者在不确定条件下的选择，就是对会出现各种结果的随机事件的选择，在这里选择的是概率空间中风险选择集合 G 中的不同的具体一个赌局或者彩票，理性消费者应该也可以利用偏好关系"$\geqslant$"完成对不同赌局的排序，从而映射到一维实数，形成一个实值函数表达不确定条件下消费者对不同赌局的偏好序，这就是不确定条件下的效用函数。为了能够更好地利用数理逻辑来表达消费者在此情况下的偏好关系"$\geqslant$"，与前面确定条件下效用函数类似，我们需要假设偏好关系"$\geqslant$"满足以下公理，这是建立效用函数的逻辑基础。

公理 3.1　完备性公理

对于风险选择集合 G 中的任何两个赌局 g_1 和 g_2，$\forall g_1$，$g_2 \in G$，要么有 $g_1 \geqslant g_2$，要么有 $g_2 \geqslant g_1$，或者两者都成立。

完备性公理也就是说消费者对于任意两个赌局都能够做出弱偏好的判断，给出两者之间的排序。

公理 3.2　传递性公理

对于赌局集合 G 中的任何三个赌局 g'，g'' 和 g'''，$\forall g'$，g''，$g''' \in G$，如果有 $g' \geqslant g''$，并有 $g'' \geqslant g'''$，则有：

$$g' \geqslant g'''$$

完备性和传递性公理是建立效用函数符合数理逻辑的两个必要条件。

公理 3.3　连续性公理

对于 G 中的任何赌局 g，存在某个概率 $\alpha \in [0, 1]$，使得：

$$g \sim (\alpha \circ a_1, (1-\alpha) \circ a_n)$$

连续性的另一种定义：

如果有 $x \geq y \geq z$，则存在概率 $\alpha \in [0, 1]$，使得：

$$y \sim (x, z, \alpha)$$

Alchian(1953) 提出以下例子质疑该公理的合理性：

合理地假定你认为得到两块糖(2c) 优于得到一块糖(1c)，优于被枪杀(s)，即：

$2c \geq c \geq s$，连续性则意味着必然存在概率 p，使得：

$$1c \sim (2c, s, p)$$

也就是说你会为了得到第二块糖而承担一定被枪杀的风险，在这种情况下，你是不会冒着可能被枪杀的风险去得到第二块糖的。因此，连续性是否合理？

随后 Green(1971) 反驳道：我认为那第二块糖足以抵消让一个人在撒哈拉沙漠用一把左轮手枪向在多伦多的我开一枪，虽然他能打到我的概率是正的，也许子弹可能随风越洋。如果能够得到第二块糖，这样的风险你都不愿意去承担的话，也许你就不会去过马路，因为过一次马路出意外的概率或许都会高于此。因此，连续性强调，我们身处于一个不确定的世界，正如美国人的口头禅 —— 我们唯一确定的事情就是这个世界是不确定的。如果能够以概率空间来看待世界，所有的事情都不是一定会发生或者一定不会发生，仅仅是发生的概率高低而已，如果有特别厌恶的事情发生的概率由零增加到一个很小的概率时，我们的偏好不会发生逆转变化。

公理 3.4   单调性公理

对于所有的概率 α，$\beta \in [0, 1]$，当且仅当 $\alpha \geq \beta$ 时，有：

$$(\alpha \circ y_1, (1 - \alpha) \circ y_2) \geq (\beta \circ y_1, (1 - \beta) \circ y_2)$$

注：不妨假设：$y_1 \geq y_2$，y_1 为较好的结果。

公理 3.5   替代性公理

如果 $g = (p_1 \circ g_1, \cdots, p_n \circ g_n)$，$h = (p_1 \circ h_1, \cdots, p_n \circ h_n)$，都属于 G，如果对于每个 i，有：$h_i = g_i$，则 $h \sim g$。

也就是说，两个赌局无差异要求：

① 两个赌局中相对应的结果(可能是复合赌局、简单赌局或确定的结果) 无差异。

② 每个结果的概率相同。

因此，如果有$(p_1 \circ a_1, \cdots, p_n \circ a_n)$ 是由复合赌局 g 引致的简单赌局，则：

$$(p_1 \circ a_1, \cdots, p_n \circ a_n) \sim g$$

公理 3.6   独立性公理

对于任何风险选择集合里的简单赌局 x，y，z，以及任何实数 $p \in [0, 1]$，如果 $x \geq y$，则有：

$$px + (1 - p)z \geq py + (1 - p)z$$

独立性公理表明，如果某个选择 x 不差于 y，那么对于任何第三种随机行为 z 来说，x 与 z 的任何复合行为 $a = px + (1 - p)z$ 必然也不差于 y 与 z 的相应的组合 $b = py + (1 - p)z$。

同理，当 $x \frown y$，即 x 与 y 无差异时，复合行为 $a = px + (1-p)z$ 与 $b = py + (1-p)z$ 也是无差异的。

独立性公理要求理性个体对于随机选择 x，y 之间的排序偏好完全取决于 x 与 y 哪一个更优，而与第三种选择无关，即独立于第三种选择 z。

定义 3.4　风险选择的效用函数

设 $\geqslant$ 是风险选择集合 G 上的偏好关系，当 $\geqslant$ 服从完备性、传递性、独立性和连续性公理时，存在连续映射：

$$u: G \to R$$

表示 G 上的偏好关系 $\geqslant$ 的效用，即为效用函数 $u(g)$，该连续的实值效用函数可以反映概率分布集合上的偏好关系 $\geqslant$，也就是说当且仅当 G 中的任意 $g_1 \geqslant g_2$ 时，有：

$$U(g_1) \geqslant U(g_2)$$

我们知道效用函数并不唯一，可以有很多种方式甚至无穷多种函数来表达同一种偏好关系，效用函数具有单调变换的不变性。但是在不确定性或风险问题研究中最重要、运用最多的也就是最基本的效用函数是冯·诺伊曼（von Neumann）和摩根斯坦（Morgenstern）提出的预期效用函数，即可以用预期效用 $E(u)$，来表达风险选择集合 G 上的一个偏好关系 $\geqslant$，对于任何 g_1，$g_2 \in G$，有：

$$g_1 \geqslant g_2 \Leftrightarrow E(u(g_1)) \geqslant E(u(g_2))。$$

我们称 $E(U(g))$ 是概率空间选择集合 G 上的效用函数，也称为预期效用函数、冯·诺伊曼 - 摩根斯坦（VNM）效用函数或者冯·诺伊曼 - 摩根斯坦（VNM）预期效用函数。即为：

$$u(g) = Eu(g) = \sum_{i=1}^{n} p_i u_i(g)$$

预期效用函数形式显然是唯一的，表明在客观概率条件下的消费者的理性选择，对于不同选择方案（随机事件）判断的标准为该事件所有结果效用值的期望（平均值），预期效用更大的随机事件受到更好的偏好。因此，在不确定条件下，理性消费者追求的是预期效用的最大化。

定理 3.1　预期效用函数存在性定理

设 $\geqslant$ 是风险选择集合 G 上的偏好关系，当 $\geqslant$ 服从完备性、传递性、独立性和连续性公理时，存在连续实值映射

$$u: g \to E(u(g))$$

$u(g)$ 为表示 G 上的偏好关系 $\geqslant$ 的效用映射，即为预期效用函数 $U(g)$，该连续的实值效用函数可以反映概率分布集合上的偏好关系 $\geqslant$。

该定理证明了预期效用函数的存在性，由于其证明的复杂性，本书不赘述，费希博恩（P. C. Fishburn, 1970）在《决策的效用理论》中对此进行了完整严密的证明，完美证明了预期效用函数的存在性，他还给出了预期效用的积分形式，当 x 为连续变量时有：

$$u(g) = E(u) = \int u(x)f(x)\,\mathrm{d}x$$

其中，$f(x)$ 为连续随机变量 x 的概率密度函数，表明了当随机结果为无限形式时，连续的实值效用函数也是存在的。

这是指对任何 $\forall g_1$，$g_2 \in G$ 及任何 p，如果 $u(pg_1 + (1 - p)g_2) = pu(g_1) + (1 - p)u(g_2)$，其中 $0 \leq p \leq 1$，我们称风险选择集合 G 上的效用函数 $u(g)$ 具有预期效用性质。

凡是具有预期效用性质的效用函数 $u: G \rightarrow R$，都可以称为预期效用函数，或者 VNM 效用函数。这是扩展意义上的 VNM 效用函数概念。

始于 20 世纪 40 年代的预期效用函数理论说明在不确定的选择环境中，当影响人们选择的各种结果状态概率空间客观存在时，也就是说随机事件发生的结果概率是可以客观观测确定的，这时理性决策人对各种风险事件选择的偏好排序虽然是依照个人偏好进行的，但其评价标准是预期效用的大小，也就是说，是依照预期效用大小对随机事件进行排序，建立一系列偏好序。在此基础上，我们可以进一步说明理性消费者在不确定的条件下如何做最大化的选择。一方面，其面临风险市场的客观约束，另一方面，其对于各种不确定事件每个消费者都有自己的个人偏好，因此，我们接下来说明每个消费者对待风险的不同态度。

3.3　风险态度

如前所述，在不确定性的环境中，消费者做出的每一个选择都会出现不同的结果，虽然理性消费者对待风险事件的选择标准是预期效用的大小，但是，不同消费者对待风险的态度是不一样的，有人喜欢冒险，也有人趋于保险，不同的风险态度会影响到他对于随机事件的偏好关系。例如对待不同的工作，有的人喜欢工作收入相对稳定，而有的人则能够忍受工作收入具有一定的波动范围，不同的人可能会有不同的偏好。同样预期收入的情况下，消费者对待风险的不同态度，可能会做出不同的选择，对此，我们可以利用前面所述的预期效用理论准确地表述。我们还是以不同风险的工作为例，假设一份收入不稳定、有波动幅度的工作具体结果为：各有 25% 的概率出现 1 万、2 万、3 万和 4 万元的工资收入，我们可以得到其预期收入 $E(g) = 2.5$ 万元，另一份稳定收入为确定的 2.5 万元，如果消费者选择了稳定工作，说明消费者更偏好于等于预期收入的确定收入，即：

$$u(E(g)) > u(g) = E(u(g))$$

这就意味着该消费者是风险厌恶者，预期收入相等的情况下，更偏好于方差小、波动小的工作；反之，如果他更偏好于收入有波动的工作，说明该消费者是风险爱好型的，风险对他来说是好的属性，同等预期收入的情况下，他会更偏向于收入波动幅度更大的工作；同理，如果消费者是风险中性者，则风险大小不会对该消费者的选择产生影响，他只关注预期收入的大小，预期收入相等的情况下，不同的工作都是无差异的。

因此，我们可以比较随机事件的预期收入的效用与预期效用的大小关系来定义消费者的风险态度。

定义 3.5　消费者的不同风险态度

如果 $u(E(g)) < u(g) = E(u(g))$，预期值的效用小于预期效用值，则称消费者为风险爱好者(risk loving)。

如果 $u(E(g)) > u(g) = E(u(g))$，预期值的效用大于预期效用值，则称消费者为风险厌恶者(risk averse)。

如果 $u(E(g)) = u(g) = E(u(g))$，预期值的效用等于预期效用值，则称消费者为风险中性者(risk neutral)。

这就是说，对于收入的期望值相同的两种选择，风险厌恶的消费者更偏好于确定收入没有风险的情况，因此确定收入事件的效用大于同样预期收入的随机事件。

根据以上定义，我们可以得到：

风险爱好者的收入(财富)效用函数 $u(w)$ 是严格凸函数，即对任何两种收入 W_1 和 W_2，及任何实数 $p \in (0, 1)$，都有：

$$U(E(w)) = U(pW_1 + (1 - p)W_2) < pU(W_1) + (1 - p)U(W_2) = E(u)$$

如图 3.1 所示，假设某随机事件为(50%。0，50%。90)，其预期收入 $E(w) = 45$ 元，其效用为 $u(45)$，假设 0 元收入的效用为 2，90 元收入的效用为 12，则预期效用 $E(u) = 7$，因此，该消费者对于相同预期收入的随机事件，更偏向于波动程度大的风险事件，风险显然对该消费者在此次选择中加了分，是一种"好的"(good)商品属性，所以，称为风险爱好者。

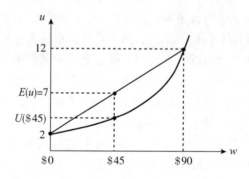

图 3.1　风险爱好者收入(财富)效用函数

风险厌恶者的收入(财富)效用函数 $u(w)$ 是严格凹函数，即对任何两种收入 W_1 和 W_2，及任何实数 $p \in (0, 1)$，都有：

$$U(E(w)) = U(pW_1 + (1 - p)W_2) > pU(W_1) + (1 - p)U(W_2) = E(u)$$

如图 3.2 所示，同上的随机事件(50%。0，50%。90)，其预期收入 $E(w) = 45$ 元，其效用大于预期效用 $E(u) = 7$，因此，该消费者对于相同预期收入的随机事件，更偏向于波动程度小的确定事件，风险对于该消费者是一种"不好的"(bad)商品属性，消费者表现出风险规避的行为，我们称为风险厌恶者，对于风险厌恶者，预期收入(财富)相同的情况下，会首先选择波动幅度小、方差更小的随机事件。

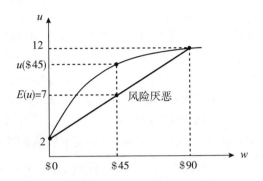

图 3.2 风险厌恶者收入（财富）效用函数

风险中性者的收入（财富）效用函数 $u(w)$ 是线性的，即对任何两种收入 W_1 和 W_2，及任何实数 $p \in (0, 1)$，都有：

$$U(E(w)) = U(pW_1 + (1 - p)W_2) = pU(W_1) + (1 - p)U(W_2) = E(u)$$

如图 3.3 所示，同上的随机事件（50%。0，50%。90），其预期收入 $E(w)$ 45 元的效用等于预期效用 $E(u)$ 7，因此，风险对于该消费者既不是一种好的也不是坏的商品，既不加分也不会减分，其在选择时会忽略风险的大小，仅仅关注不同随机事件的预期收入的大小，因此，在这种情况下，预期收入与预期效用成正比，我们称为风险中性者。

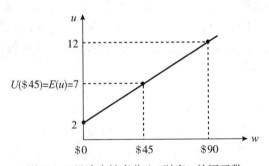

图 3.3 风险中性者收入（财富）效用函数

关于消费者的风险态度，我们一般假设理性消费者为风险厌恶型，因此消费者会减少确定收入去购买保险，减少不确定性的发生；风险更大的投资一定意味着更高的收益，否则我们大多数人不会去冒险的；社会经济生活中的大多数现象显示决策者表现出风险避险行为，更趋向于确定收入，因此，我们假设一般的消费者均为风险厌恶型的，其收入效用函数为凹函数，或者说每一个消费者在绝大多数的时候是表现出风险规避意愿的。但是，自古至今，在很多国家博彩业的大量存在，即使法律禁止的国家，也会出现地下博彩业，这个现象意味着还是有很多人会表现出风险爱好的特征，或者说有的人会在购买彩票和进行一般的商业赌博时表现出趋向风险的意愿和行为。

根据赌局 g 预期收入 $E(g)$ 与赌博成本 w 的关系，我们可以将赌博分为三种，对于任

意赌局 g，如果有：$E(g) < W$，称为亏性赌局；$E(g) > W$，称为赢性赌局；$E(g) = W$，称为公平赌局。

赢性赌局和亏性赌局都属于不公平赌博。如果是朋友之间直接对赌的赌局其预期收益等于赌博成本，属于公平赌局；而大多数赌博公司提供的商业赌局都是亏性赌局，从参与者的角度来看，参加每个赌局所投入的筹码是由确定收入换得的，可以定义为参加投入的成本，从总体而言，其盈利的预期收益一定是小于投入的筹码成本的，因为赌博公司不可能免费提供服务，何况还有巨额利润呢！因此对于一个风险厌恶者来说，他是绝对不会参加这种赌博。因为这种亏性赌局预期收入小于赌局所需要投入的成本，不妨用 w 表示换取筹码所需要的确定货币支出，即：

$$E(g) < w$$

收入的效用函数显然具有严格递增性，即收入（财富）对于绝大多数人都非饱和，确定收入越大必然会受到更好的偏好，因此有：

$$U(E(g)) < U(w)$$

又因为风险厌恶者有：

$$u(E(g)) > E(u(g))$$

综合这两个等式我们可以得到：

$$U(g) = E(u(g)) < U(E(g)) < U(w)$$
$$\Rightarrow U(g) < U(w)$$

得到这个结果一点不意外，因为风险厌恶者相对于随机结果，更偏向于等于预期收入的确定性货币收入，而为赌局支出的确定性货币支出还多于预期收入，因此，其对于这三者的排序一定是数额更多的 w 优于预期收入，优于赌局 g，因此风险厌恶者的理性选择一定是留着 w 不去参与赌局。彩票的道理是一样的，假设彩票 l 的价格为 p 元钱，其预期收益一定小于这个价格，即有：

$$E(l) < p$$

同理，对于风险厌恶者就一定有：

$$U(l) = E(u(l)) < U(E(l)) < U(p)$$
$$\Rightarrow U(l) < U(p)$$

因此，我们可以得到结论，风险厌恶者是不会购买预期收益小于售价的彩票的，但是，现实是绝大多数的彩票都属于这种，例如中国可以合法销售的福利彩票，显然会有一部分资金用于福利事业，其中一部分才会反馈彩民。这种各个国家都大量出现的博彩行为是否说明参与者是风险爱好者？或者说经济学的风险厌恶假设和现实事实不符？实际上，如果说风险厌恶假设被这些现象证伪，或者被证实和实际不符，我们就假设消费者是风险爱好者，这个会被证明是更荒谬的假设。

应该说，不同的人对待风险的态度确实是很不相同的，同一个人在不同情况下对待风险的态度也会有所不同，尤其是金额不同也会影响到风险态度，例如赌局也好，彩票也罢，一般的人愿意花几元钱去买张彩票，或者换取金额较少的筹码，获取一些中奖发财的希望，但是，对于数额较大时，尤其是超越了自己的能力时，理性消费者大多会及时收手，表现出风险规避行为，真的孤注一掷的大多是赌徒心理而非风险爱好。

因此，风险厌恶假设在现实中是符合大多消费、生产和投资行为决策的。他们面对风险选择时，往往会对风险进行防范规避，投资决策分散化、资产多样化和购买保险是风险厌恶者最常见的风险规避手段。

3.4 风险厌恶度度量

综上所述，我们假设消费者在不确定条件下选择时是风险规避的，虽然有些绝对，但是，必须承认，我们绝大多数人还是厌恶风险的，就如经济学假设人都是"趋利避害"的一样，也许我们会表现出一些其他行为，但是否定这个行为动机是更不符合实际的。在此基础上，我们假设消费者大多具有风险规避行为，但是不同消费者对风险规避的程度还是有差异的，如何比较不同个体对待风险的厌恶程度，也就是说怎样来度量消费者不同的风险规避程度呢，经济学中通常有三种方法：

其一：直观利用效用函数的凹性；

其二：利用风险厌恶者的确定性等价值；

其三：阿罗 - 普拉特风险规避度。

我们知道风险厌恶者的收入效用函数为严格凹函数，如果其越凹，则说明消费者越厌恶风险。如图 3.4 所示，$v(w)$ 相较于 $u(w)$ 凹性更大，等于预期收入的无风险确定性收入效用更大，与预期效用的差额更大，也就意味着其对待风险的厌恶程度更强。

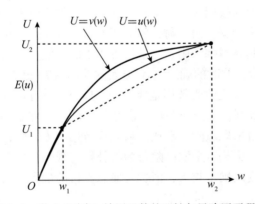

图 3.4 收入(财富)效用函数的凹性与风险厌恶程度

我们已经知道，风险厌恶型的消费者在面对风险事件时，对于随机事件的评价差于等于其预期收入的确定性收入，因此，消费者为了防范风险，会愿意减少确定性收入(财产)来消除不确定性。在有保险产品市场的条件下，风险厌恶的消费者愿意付出一定的费用支出来购买保险，减少或者消除不确定性。该消费者对待风险的厌恶程度越高，越不愿意接受风险，则为保险愿意付出的价格就越高，我们将消费者这个为规避风险所愿意支付的最高价格称为随机事件的风险升水、风险金或风险保险费(risk premium)。这个价格显然是消费者购买保险产品的保留价格，根据保留价格的定义，消费者按照该价格购买保险和不购买的效用是一样的，不购买时消费者面临的是风险事件不同的结果，效用为

$u(g)$；按此价格购买则面临一个减少了 P 的确定收入 $(E(g) - p)$，效用为 $u(E(g) - p)$，因此有：

$$u(g) = u(E(g) - p)$$

这个问题可以从另外的角度来解释，也就是消费者可以把风险行为同某种与其效用相同的确定性收入进行比较，其对风险的厌恶程度越强，与随机事件无差异（等价）的确定性收入就会越少，这个用来同风险行为作比较的无风险收入，称为随机事件的确定性等价（Certainty Equivalent）。显然风险升水就等于确定性等价与预期收入之差，消费者对风险的厌恶程度越强，与随机事件无差异的确定性收入就会越少，风险升水就会越高。

定义 3.6 确定性等价

对于任意简单赌局 g 的确定性等价 Ce 为：

$$u(g) = u(Ce)$$

风险升水 p 为：

$$u(g) = u(E(g) - p)$$

即：

$$p = E(g) - Ce$$

为了更加直观地表示风险厌恶者确定性等价及风险升水的含义，我们还是用以前简单的例子来说明，假设随机事件为 $(50\% \circ 0, 50\% \circ 90)$，其预期收入 $E(w) = 45$ 元，假设 0 元收入的效用为 2，90 元收入的效用为 12，则预期效用 $E(u) = 7$，因为厌恶规避风险，显然其预期收入 $E(w)$ 45 元的效用大于预期效用 7。那么我们现在的问题是，多少确定收入的效用是等于预期效用 7 的呢？由于财富的效用函数 $U(w)$ 是严格单调递增函数，因此，确定性等价为单点集。具体本例子中，当效用等于 7 时一定可以对应到一个确定的唯一的收入水平，如图 3.5 所示，此时的确定收入 20 元的效用为 7，也就是说预期收入为 45 的随机事件 g 的效用与 20 元的确定收入效用是相等的，即有：$U(g) = u(20)$，确定性等价为 20 元，升水为 $45 - 20 = 25$ 元。对于风险厌恶者来说，随机事件 g 的确定性等价的价值小于预期收益，即风险厌恶者采取风险行动比采取同等效用的无风险行动，需要得到更大的预期价值，其差额是对风险厌恶者采取风险行为的补偿与报酬。也就是说，如果保险公司提供保险产品将风险事件变成确定收入，消费者愿意支付的最高价格为 25 元。

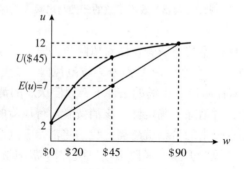

图 3.5 风险厌恶者的确定性等价值

明晰了风险升水与确定性等价的含义以及相互之间的关系，我们就很容易得到，消费者对风险的厌恶程度越强，与随机事件无差异等价的确定性收入就会越少，风险升水就会越高。如图 3.6 所示，$v(w)$ 相较于 $u(w)$ 凹性更大，因此同样随机事件的确定性等价 $v(w)$ 小于 $u(w)$。

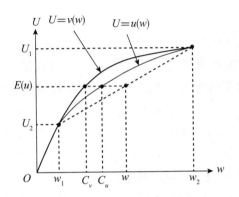

图 3.6   不同风险厌恶程度的确定性等价值

以上我们分析了风险厌恶者的风险升水与确定性等价，风险爱好者不同于风险厌恶者，其行为与风险厌恶者相反。风险爱好者为了获得高收入，不惜冒险的代价。这样，在与风险行为具有同等效用的确定性收入中，最高收入是他不冒险时最多可得到的收入，作为风险行为的确定性等价；对于风险中立者来说，由于他认为风险行为同无风险行为之间并无差异，随机事件 g 的效用 $u(g)$ 等于预期收入的效用，因此，其确定性等价就等于预期收入。

消费者对待风险的不同态度决定了随机事件 g 的确定性等价和风险金不同，在保持效用不变的情况下，不确定的随机事件变成为确定性的结果时，不同风险态度的消费者对待这种变化的要求不同。对于风险厌恶者，风险金表示了从不确定性选择变成为效用同等的确定性选择，决策者愿意付出的价值，这正是保险的意义，消费者愿意付出补偿金额，此时，确定性等价小于预期收入，风险金为正。对于风险爱好者来说，确定性等价的价值大于预期收入，即对于风险爱好者来说，即使预期收入小于无风险环境的确定收入，他还是会为了得到更高收入的机会而冒险，宁愿放弃比预期收入更高的确定收入而"赌"一把，因此，风险爱好者的确定性等价大于预期收入，风险金为负，可看作是风险爱好者冒险的代价；风险中立者的确定性等价等于预期收入，风险金为零，风险的存在与大小对其决策不产生影响，因此，无需补偿也不会有回报。

如前所述我们可以直观地用预期效用函数的凹性来反映消费者的风险规避倾向强度，阿罗（K. J. Arrow，1965）和普拉特（J. W. Pratt，1964）独立的根据这一思想建立了衡量不同风险规避厌恶程度的具体量化指标，称为阿罗 - 普拉特风险规避度。因为效用函数越凹，消费者的风险规避倾向越强，因此可以用效用函数的二阶导数 $u''(w)$ 来衡量对风险规避的程度。

定义 3.7　阿罗 - 普拉特风险规避度量

在效用函数 $u(w)$ 二阶连续、可微的情况下，阿罗 - 普拉特风险规避度量 $r(w)$ 定义为：

$$r(w) = -\frac{u''(w)}{u'(w)}$$

此时 $r(w)$ 叫作收入（财富）为 w 时的阿罗 - 普拉特局部绝对风险规避度量。

阿罗 - 普拉特局部绝对风险规避度量 $r(w)$ 是一个只与偏好关系有关的绝对量，而与表示偏好的效用函数具体形式无关。$r(w)$ 越大，说明效用函数在 w 附近越凹，因而消费者在 w 附近局部对待风险的厌恶倾向越强。同时，我们还需要对消费者全部风险规避程度进行衡量，即需要说明一个消费者是否比另一个消费者对所有风险活动都具有更强的风险规避倾向。如果对于任意的 $w \in R$，都有 $r_A(w) > r_B(w)$，我们就可以在全部范围内得到消费者 A 比消费者 B 具有更强的风险规避倾向。

由于绝对风险规避度量 $r(w)$ 随收入（财富）w 的增加而递减，为了衡量相对风险问题，我们又定义了阿罗 - 普拉特相对风险规避度量：

$$\rho(w) = -\frac{u''(w)w}{u'(w)}$$

相对风险规避倾向 $\rho(w)$ 随财富收入 w 的变化而变化的趋势不确定。当消费者更加富有时，他是否愿意去冒损失一定比例的收入的风险，是不能作出肯定的答复的。恐怕假定相对风险规避倾向不随财富收入的变化而变化，是一个并不太坏的假设。至少可以说，对于财富的一个较小比例的变化来说，不变相对风险假设是合乎实际的。

最后一个问题，三种对风险厌恶程度的度量指标是否具有一致性，普拉特定理给出了答案，下面不加证明地给出该定理。

定理 3.2　普拉特定理

设 u_A 和 u_B 均为递增、二阶连续、可微、严格凹的收入效用函数，G 为风险选择集合，测度全部风险规避度量的这三种方式相互等价，即下面三个表述相互等价：

（1）对任何 $w \in R$，都有 $r_A(w) = -\dfrac{u_A''(w)}{u_A'(w)} > -\dfrac{u_B''(w)}{u_B'(w)} = r_B(w)$；

（2）对任何 $w \in R$，$u_A(w)$ 比 $u_B(w)$ 更凹；

（3）对一切 $g \in G$，有：$P_A(g) > P_B(g)$。

虽然冯·诺依曼和摩根斯坦的预期效用最大化理论体系在经济学中影响甚广，但是也有很多经济学家运用理论和实际选择中的矛盾对其进行质疑，下面以著名的"阿莱悖论"（Allais paradox）来说明预期效用体系可能不切合实际选择的问题，或者说实际消费者在选择时并未实现预期效用最大的情况。

阿莱悖论假设有四种彩票：A，B，C，D，其获奖收入与获奖概率如下所示。

彩票	A	B			C		D	
奖金(元)	100	500	100	0	100	0	500	0
获奖概率	100%	10%	89%	1%	11%	89%	10%	90%

通过调查发现，很多人认为 $A > B$ 且 $D > C$，即偏好于 A 而非 B，偏好于 D 而非 C。这可能是因为 A 与 B 相比，购买彩票 A 可稳稳当当地得到 100 元奖金，而购买彩票 B 虽然以极大的可能性得到 100 元奖金和以较小的可能性得到 500 元的更高奖金，但同时还冒着一文不得的风险。既然购买 B 最可能得到的奖金仍是 100 元，因此 B 没有 A 好，或者说 A 比 B 好。对于彩票 C 和 D 来讲，购买 D 获得 500 元高额奖金的可能性仅比购买 C 获得 100 元低额奖金的可能性小 1%，而且 500 元与 100 元之间的差额不算小，因此购买 D 比购买 C 要好。

设预期效用函数为 u，那么：

$$u(A) = u(100)$$
$$u(B) = 0.1 \times u(500) + 0.89 \times u(100) + 0.01 \times u(0)$$
$$u(C) = 0.11 \times u(100) + 0.89 \times u(0)$$
$$u(D) = 0.1 \times u(500) + 0.9 \times u(0)$$

而且应该有 $u(A) > u(B)$ 及 $u(C) < u(D)$。

从 $u(A) > u(B)$ 可以推出 $0.11 \times u(100) > 0.1 \times u(500) + 0.01 \times u(0)$。在此式两边加上 $0.89 \times u(0)$，可得：$0.11 \times u(100) + 0.89 \times u(0) > 0.1 \times u(500) + 0.9 \times u(0)$，即 $u(C) > u(D)$，这与实际调查结果 $D > C$ 相矛盾。

"阿莱悖论"揭示了消费者在不确定条件下选择的复杂性，也从一定程度上对预期效用理论体系的合理性提出质疑。

第4章　厂商行为理论

所有微观经济选择决策行为，主要分为消费和生产行为。前面我们研究了消费者个体独立的消费选择决策，消费者在货币收入稀缺的情况下，为了满足自己的各种需要，在不同商品之间取舍选择，形成对商品的需求；商品的供给来自生产者，生产者为了追求自身利润生产提供商品；当供给与需求相等时市场处于均衡，这就构成了经济学中最重要的关于商品市场均衡的价格理论。生产活动在现实中具体表现形式多样，在经济学抽象的视角下，其实质表现为投入转换成产出的过程，投入我们称为生产要素，产出即为向消费者提供的商品或者服务，因此，企业为了获得产出，形成了对要素的需求，同时，在时间等资源稀缺的条件下，个人和家庭追求效用最大化决策决定了对要素的供给，当要素市场处于均衡时形成要素的均衡价格，即分配理论。

生产行为的独立决策微观主体称为厂商、企业或者公司，作为历史悠久的生产"单位"（Unit），其所有权、组织形式、内部结构等具体形态历经演变，目前形式丰富多样，只有少数经济学家，例如奈特和科斯，会关注其存在的原因与本质，大多数主流经济学家会将其看成一个"黑匣子"，忽略其内部结构运行，将其看成把投入（生产要素）转换成产出（商品与服务）的追求利润最大化的微观决策单位，因此经济学视角下的生产理论也称为厂商利润最大化理论，其主要内容讨论在技术等环境约束下厂商的最优生产选择。尤其讨论在完全竞争的市场环境下，由于每个厂商的供给（产量）是市场总量的很小份额，因此，企业行为不会影响到市场均衡价格，这时，价格对于厂商而言是外生变量，也就是说厂商是价格的接受者。

本章主要研究厂商生产行为中投入（要素）与产出的映射关系，这种关系可以通过两个视角来反映，生产函数和成本函数，一定生产条件下二者是互逆映射；在此基础上解释完全竞争市场条件下的厂商如何进行利润最大化的生产决策。具体内容有：

4.1　生产要素及其价格：本节主要介绍生产投入要素资源（土地）、资本、劳动和企业家才能等，在要素市场上其价格主要表现为使用价格，具体为租金、利息、工资和正常利润。

4.2　技术约束：生产中所能达到的最大产出是由企业生产的外在环境所决定的，其中最重要的是生产技术水平，它决定了投入与产出之间的函数关系，因此经济学中主要运用生产函数描述技术约束。短期生产中技术主要表现出边际产量递减的特点，长期生产中主要表现出规模报酬的特点，这些规律可以运用总产量函数（曲线）加以描述，也可以运用单位产量：平均产量和边际产量来表示。

4.3　成本与成本函数：本节从逆映射即成本函数角度继续阐述4.2节投入和产出之间的技术特点，短期生产中边际产量递减表现为边际成本递增，长期生产中规模报酬规律

4.1　生产要素及其价格

也会在长期平均成本函数中体现，规模报酬递增意味着长期平均成本函数递减，规模报酬递减意味着长期平均成本函数递增，规模报酬不变则长期平均成本曲线水平。

4.4　利润最大化：本节主要讨论竞争性厂商利润最大化的必要与充分条件问题，以及最大化时各种边际条件的经济学含义。我们熟知的 $R'(y) = C'(y)$，即边际收益等于边际成本，是均衡产量的决策条件；$w_i = pf'_i(x) = \text{VMP}(x)$，即要素价格等于边际产量价值，是均衡要素的决策条件，其对应的均衡生产状态是一致的。

4.5　竞争性厂商：本节继续上一节竞争性厂商利润最大化时的均衡条件，如果内生化要素和产出的价格(w, p)，则利润最大化的均衡条件即为竞争性厂商的产品供给函数和要素需求函数。

4.1　生产要素及其价格

厂商为了进行生产所需要的投入（Input）称为生产要素（Factor of Production），简称要素。在 19 世纪以前，传统农业生产所需要的最基本的投入是土地、劳动和资本这三种要素；对于现代生产企业来讲，影响到企业产出大小的因素，除此之外，还有技术、企业制度、组织形式、企业的管理水平和企业家才能等，这些投入要素的核定有时并不是泾渭分明的，例如技术水平有时会通过劳动人员的素质和教育水平体现，有时又会在资本的规模数量和质量优化中表现出来。因此，经济学中要素的概念，尤其是资本的概念和核算也备受其他学科（例如会计）质疑，在这里需要澄清的是，经济学对于投入（要素）的定义并不是基于具体的某个企业或者某件商品的具体生产成本核算视角，而是从社会稀缺资源的视角来看待生产过程中的投入，在生产过程中很多因素不是经常会调整变化的，例如所有制、组织形式、土地使用数量等，可以将这些不变的因素看作生产转化过程的外在环境，用经济参数表示；技术水平决定了投入与最大产出之间的关系，即决定了投入与产出之间的映射（函数）关系。

目前经济学中一般最基本的要素主要有资源（土地）、资本、劳动和企业家才能四大要素。

资源主要指生产投入中具有原始性与初等性的自然资源，主要包括土地、矿藏、海洋资源等。资本在具体的生产过程中表现为各种物质资料、机器设备、厂房等，无论生产中需要投入的具体物质资料表现的形式有多少，它们都需要一定的资金来购买或者租用，因此，经济学术语中的资本更多表现为货币形态的投入金额。劳动投入既包括劳动数量也包括劳动的质量和劳动者的素质因素。企业家经营企业的组织能力、管理能力及创新能力，无疑对于现代企业生产状态会产生重要影响。

厂商对要素的需求具有间接性和共同性，间接性是因为厂商对要素的需求是由消费者对商品的需求间接引致产生的；共同性是指厂商在生产的过程中需要所有要素组合共同作用才能完成生产，很少有企业的生产可以只利用一种要素来完成。企业会根据生产的产量目标调整生产的具体要素投入量，在企业具体的投入决策中，有的要素投入量是可变的，这部分生产要素称为可变要素或变动要素（variable factor）。有的要素投入量是不可变的，称为固定要素或不变要素（fixed factor）。不变要素也可以同企业生产技术一样看作生产的外部环境，它们决定了投入与产出之间的映射(函数)关系。

经济学中将企业来不及调整所有要素的生产状态称为短期生产，一般而言，投入的要素中，改变土地、厂房、机器设备等固定资产需要的调整周期会长一些，而进行劳动投入的决策相对会灵活一些，可以通过雇用临时人员或现有劳动力加班等方式来很快实现劳动力的增加，因此在短期生产中，至少有一种生产要素是固定的，企业只能通过调整可变要素来改变生产状态从而生产出不同的数量的产品，这时企业的规模是不变的；如果时间足够长，追求利润最大化的理性企业一定会调整所有的生产要素，实现最佳规模生产，因此，长期生产状态意味着所有要素都是可变要素，不存在不变要素，因此没有固定成本，企业规模可以调整，企业实现长期利润最大化的状态就意味着要素处于最佳组合状态，实现了所有生产状态的利润最大化产量，并且是能够实现该产量情况下的最小成本。

假设企业使用的生产要素分为 n 种，从而可以用 R_+^n 的 n 维非负的实数集合代表要素投入空间，简称为要素空间，其子集 $X \subset R_+^n$ 为要素实际投入的组合集合，其中的任一 n 维元素(向量) $x \in X \subset R_+^n$，称为要素向量(要素组合、投入方案)，x_i 表示第 i 种要素的使用量，$i = 1, 2, \cdots, n$。

不同生产要素的价格分为源价格和使用价格，源价格是指要素所有权的价格，使用价格即要素使用权的价格。例如，在土地私有化的国家，可以直接购买土地投入生产，也可以租用土地进行生产，土地的买卖价格就是源价格，土地的使用价格则表现为使用一定数量土地一定时期的租金，称为地租。同理，机器设备可以购买，也可以租用，如果从资本的货币形态来看，其使用价格则表现为使用一定数量资金一定时期的使用成本，即利息，因此，资本的使用价格表现为利息率。当今社会，劳动和企业家才能，都只有使用价格形式，劳动的价格表现为工资率；经济学将企业家的价格称为正常利润。因此，要素价格的高低，其实质就是我们新创造出来的财富到底以多大的比率，分为工资、租金、利息、利润等不同的收入形式，分配给不同的要素所有者，所以要素市场均衡、要素价格的决定理论也称为收入分配理论。

无论对于企业的成本，还是个体的收入，使用价格都更有意义，所以我们以下所讲要素的价格都是指使用价格，从这个视角来看待生产过程，其本质也就是对一定要素数量的使用过程。

一般我们用 R_{++}^n 代表要素投入的价格空间，其中的任一 n 维元素(向量) $w \in R_{++}^n$，称为要素的价格向量，每一个要素的价格均为正值，即 $w \gg 0$，$w_i > 0$，每种投入的数量乘以其价格，可以得到投入的货币金额，即成本 c，成本是厂商生产中所有投入的货币支出额，是生产中所有投入要素的货币衡量，因此有：

$$c = wx = \sum_{i=1}^{n} w_i x_i$$

由于短期生产中有的要素数量固定，因此，在短期生产中用于可变要素的成本称为变动成本(Variable Cost，VC)，购买或者使用固定要素的成本称为固定成本(Fixed Cost，FC)，因为这部分要素的投入数量是不变的，因此其成本也是固定不变的，同产量的大小无关。总成本等于固定成本与变动成本之和，因此有：

$$c = \text{VC} + \text{FC} = \sum_{i=1}^{n} w_i x_i + \sum_{j=1}^{m} w_j \overline{x}_j$$

其中：$i = 1, 2, \cdots, n$，表示 n 种变动要素，其支出构成了总的变动成本。

$$\text{总变动成本 VC} = \sum_{i=1}^{n} w_i x_i$$

$j = 1, 2, \cdots, m$，表示 m 种固定要素，其支出构成了总的不变成本。

$$\text{总不变成本 FC} = \sum_{j=1}^{m} w_j \overline{x}_j$$

4.2 技 术 约 束

如前所述，经济学视角下的厂商生产活动实质是将一定数量的投入（生产要素），转化成可以在市场销售获得收益的产品或者服务的过程。企业的报酬从实物的形态来看，产出我们称为产品（product），用 y（或者 p，q）表示其数量；如果从货币形态看，各种投入物的货币形态（衡量）即为成本，等于每种投入要素的数量乘以其价格；同理，产出的实物形态也可以用一个 m 维的非负向量 y 来表示每种产出的数量，如果从货币形态看，产出的货币衡量即为收益，一般用 R 表示，等于产出的价格乘以数量。

收益与成本的差额即为利润，一般用 π 来表示，因此有：

$$\pi = R - c$$
$$= \sum p_i y_i - \sum w_i x_i$$
$$= py - wx$$

其中 w，x 分别为要素的价格和数量向量，前面已经详细解释了，在此，具体阐述产出的价格向量 p 和数量向量 y。假设企业的产出有 m 种，从而可以用 R_+^m 的 m 维非负的实数集合代表产品空间，其子集 $Y \subset R_+^m$ 为产出集合，其中的任一 m 维元素（向量）$y \in Y \subset R_{++}^m$，称为产量向量，其中 $y_i \geqslant 0$，表示第 i 种产品的产量，$i = 1, 2, \cdots, m$。

同理有 R_{++}^m 的 m 维正的实数集合代表产品的价格空间，其子集 $P \subset R_{++}^m$ 为产出的价格集合，其中的任一 m 维元素（向量）$p \in P \subset R_{++}^m$，$P \gg 0$，称为产量价格向量，其中 $p_i > 0$，表示第 i 种产品的价格，$i = 1, 2, \cdots, m$。在大多数情况下，为了简化问题，一般假设一个企业只生产单一商品，即假设 $m = 1$，这此时的 p 和 y 均为一维实数，在本教材以后的内容中，除特殊情况需要说明多产出之间的关系时会特别指明产出数量，其他一般情况下都是研究单一产出。

如前所述，在经济学视角下，一般将厂商看成一个"黑匣子"，认为其内部结构与运行机制等内容更多地属于其他学科（例如管理学）研究范畴，将生产过程看成投入（要素）转化成产出（产品与服务）的过程。企业追求利润的最大化，由此做出每一个具体的生产决策，因此具体的投入组合选择，都是在一定的环境下决定一个具体的生产状态（即不同投入的使用组合）来实现不同的产出数量，因此，在所有投入决策中，有些因素是厂商决策的外在环境，例如社会相关制度、生产技术水平等，一般是在已定的情况下，企业可以决策选择不同数量的投入，在这些外在因素不变的情况下，一定数量的生产要素就会产出一定数量的产品。每一个具体的生产要素数量组合所能达到的最大产出是由企业生产的外在环境所决定的，这些外在环境因素中经济学最常研究的是生产技术水平，因此技术水平决定了投入与产出之间的映射关系，其他因素也会以参数的形式影响其关系。

经济学中对于技术约束的描述主要有三种：(1) 生产集；(2) 生产函数；(3) 等产量曲线。

生产集合也称为技术集，反映了生产者的技术水平约束下的所有可能的生产状态，如前所述，厂商投入一定数量的生产要素，生产过程必然受到生产技术水平方面的制约和限制，这种制约会使得企业的有些产出状态是可能达到的，有的生产状态就无法实现，非技术可行。因此生产集合就是现行技术约束下一定投入组合状态与所有可行生产产出的集合。

定义 4.1　生产集合

设 X 为投入要素集合，其中的任一 n 维元素(向量) x 为要素向量；Y 为产出集合，其中的任一 m 维元素(向量) y 为产出向量。对于任一具体的 x，y 为现有技术约束下所有能够达到的产出，这样 $\{x, y\}$ 就形成了一个生产集合，简称生产集(production set)，或者技术集(technology set)。

生产集合反映了厂商的生产技术水平，反过来也可以说生产集合的大小是由厂商生产的技术条件制约的。例如，为了能够用几何图形形象地说明生产集合，不妨假设最简单的情形，当企业的投入要素为单一要素，产出也是单一产品时，此时的 x，y 均为一维实数，生产集合 $\{x, y\}$ 就是对应于任一个确定的要素投入数量，所有可能的产量集合。如图 4.1 所示，横轴 x 表示要素投入数量，纵轴 y 表示产出的产品数量，在要素 - 产出的二维笛卡尔平面中，生产集表示对于每个 x，所有可能达到的产量 y 所组成的集合。

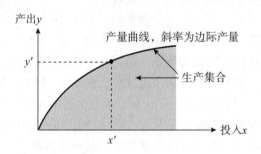

图 4.1　单一要素投入与单一产出时的生产集

生产集合表示了厂商在一定生产技术条件下，对应于任一个确定的要素投入数量，所有能够达到的生产集合，该集合是由要素投入集合与产出集合共同组成的有序数。生产集为闭集，其边界为对应于相应要素投入时能够取得的最大产出，从要素到最大产出的映射关系就是我们熟悉的生产函数，它也是经济学中用来反映技术约束的最重要的方法。因为对于追求利润最大化的厂商而言，其实际生产一定会在生产集的边界最大值上，否则企业就没有达到最有效率的状态。

我们熟悉的生产可能性曲线(曲面) 所对应的生产可能性集合(production possibilities set) 与生产集合听起来很类似，容易混淆，虽然它们和生产函数表达的是类似情形，都表达的是厂商现有技术约束下，企业所能够达到的最大产量，即技术有效的状态，但是其坐标空间是不一样的，表达的变量之间关系的性质也不一样，与生产集合表达投入与可能产出的关系不同，生产可能性集合描述的是不同产出之间此消彼长的关系。

生产可能性曲线(曲面) 描述的是在要素资源既定的条件下，企业生产一种以上产品时，所能够生产的不同产品最大产量的组合；为了能够用平面几何表示，一般假设厂商生产两种商品，在要素资源既定的情况下，两种产品所能够达到的最大产量组合称为生产可能性曲面(曲线)，或者称为生产可能性边界(production possibilities frontier)。

如图 4.2 所示，生产可能性曲线也可以理解为生产可能集合的边界，但是该集合是所有产出的集合，生产可能性曲线代表了现有技术条件下有效的生产，横轴和纵轴分别代表两种产出的数量，其斜率的大小为两种产出之间的边际转换率(Marginal Rate of Transformation，MRT)：

$$\mathrm{MRT}_{12}(y) = -\frac{\mathrm{d}y_2}{\mathrm{d}y_1} = \frac{f'_1(y)}{f'_2(y)}$$

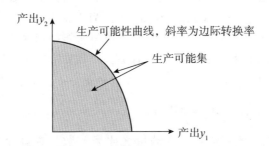

图 4.2 生产两种产品时的生产可能性曲线

具体含义是指在技术有效情况下，如果增加一种产品的数量就会减少另一种产出的数量，等于生产可能曲线斜率的大小，也等于两种商品的边际产量之比，即其生产函数的偏导数之比。也可以理解为社会增加一个单位的第 1 种商品所要放弃的第 2 种商品数量，在以后的分析中，我们可以理解为是生产第 1 种商品的机会成本。

定义 4.2 生产函数

生产函数可以定义为：$f: x \to y$，

当产出商品单一时，生产函数具体为：$f: R^n_+ \to R^+$

假设多种产出，有 m 种产品，生产函数为：$f: R^n_+ \to R^m_+$

简写为 $y = f(x)$，或者 $y(x)$。

其中 x 为要素投入向量，y 为相应的最大产出向量。因此，生产函数对应的生产曲线为生产集的边界。

假设企业使用的可变生产要素有 n 种，$X \subset R^n_+$ 为要素集合，对应于任一确定的 n 维元

素向量 x，在一定的不变要素(生产技术水平)约束下所能够达到的最大产出数量用 y 表示，这种最大产量与要素投入之间的对应映射关系 f 就是企业的生产函数。当产出商品单一时，生产函数是 R_+ 上的连续的严格递增的实值函数。

一般情况下，经济可行的生产函数具有以下性质：

命题 4.1 生产函数的性质

(1) 无投入无产出：$f(0) = 0$。

(2) 非负性：$(\forall x \in R_+^n)(f(x) \geqslant 0)$，$y \in Y \subset R_+^m$。

(3) 连续性：$f(x)$ 是连续函数，即投入变动不大时，产量变动不大。

(4) 光滑性：$f(x)$ 在要素空间内部连续可微，即投入变动与产量变动之间的比值为常数。

生产函数 $f(x)$ 表达了厂商在投入一定数量的生产要素 x 时，所能够得到的最大产量，具体地说，这个产量 y 或者 $f(x)$ 是指的产品总和，也称为总产量(Total Product, TP)，即：

$$\text{TP} = y(x) = f(x)$$

除了总量以外，经济学中经常要研究单位要素的产出，主要表现为单位要素的平均产出和边际产出，即平均产量(Average Product, AP)和边际产量(Marginal Product, MP)。平均产量是指一种生产要素投入平均一个单位所得到的产品。显然，一种生产要素的平均产量不仅仅和总产量、该要素投入有关，还和其他生产要素的当前投入量有关。假设当前要素投入向量为 x，那么要素 i 的总投入量就为 x_i，要素 i 的平均产量为：

$$\text{AP}_i = \text{AP}_i(x) = \frac{\text{TP}(x)}{x_i} = \frac{f(x)}{x_i}$$

当生产函数平滑时，产量与要素变动量之比为常数，这就是经济学中的边际产量 MP，这样我们就可以比较精确地测定厂商投入变动引起的产量变动。边际产量是指产出的增加量与要素投入的增加量之比，其经济含义可以理解为最后增加一个单位的某种要素的投入量所能带来的总产量的增加量。生产函数连续可微的情况下，投入向量为 x 时要素 i 的边际产量等于生产函数 f 在 x 处关于 x_i 的偏导数 $f_i'(x)$，记作 $\text{MP}_i(x)$：

$$\text{MP}_i = \text{MP}_i(x) = \frac{\partial f(x)}{\partial x_i} = f_i'(x)$$

边际产量 MP_i 表示增加第 i 种要素投入量一个单位所能带来的产量增加量。当生产函数为实值函数时，$\text{MP} > 0$，生产函数为严格增函数。

单位要素的产出简称单位产出，其衡量的是每一个单位的投入能够得到的产出，显然我们可以得到，平均产量乘以要素数量等于总产出，每个要素所有投入量的边际产量的总和也等于总产出。即有：

$$\text{TP}(x) = x_i \text{AP}_i(x)$$

$$\text{TP}(x) = \int_0^{x_i} f_i'(x_1, \cdots, x_{i-1}, t, x_{i+1}, \cdots, x_n) \, \mathrm{d}t$$

平均产量与边际产量之间也存在着数理逻辑关系，平均产量的斜率取决于平均产量与边际产量之间的关系，这个我们可以很直观根据生活中的平均成绩、平均身高等得到结论，也可以利用平均产出的斜率大小来判断，其推导过程在此就不赘述，可以作为作业大家自己完成。他们之间的关系就是，如果边际产量大于平均产量，那么平均产量会增加；反之，如果边际产量小于平均产量，那么再增加单位投入就会使平均产量下降；当边际产量等于平均产量时，那么再增加单位投入平均产量不变，处于最大值状态。

有了投入和最大产出之间的映射关系，我们可以来了解更多投入与投入之间，投入与产出之间的定量关系，他们由不同的技术决定，或者说他们都从不同的角度来反映生产过程的技术特点。首先我们利用平均产量和边际产量来说明生产要素在生产中的边际贡献。

定义 4.3　生产要素的边际贡献

当所有要素投入数量为 n 维向量 x，最大产量为 $y=f(x)$ 时，每一种生产要素 i 在生产中的边际贡献 $\alpha_i(x)$ 为：

$$\alpha_i(x) = \frac{x_i f'_i(x)}{f(x)}$$

其中，$f'_i(x)$ 是要素 i 的边际产量 $\mathrm{MP}_i(x)$，$f(x)$ 是总产量，我们很容易推出要素的边际贡献等于要素的边际产量与平均产量之比，于是有：

$$\alpha_i(x) = \frac{x_i f'_i(x)}{f(x)} = \frac{f'_i(x)}{f(x)/x_i} = \frac{\mathrm{MP}_i(x)}{\mathrm{AP}_i(x)}$$

因为边际产量 MP_i 表示增加第 i 种要素投入量一个单位所能带来的产量增加量，要素 i 的投入量 x_i 与其边际产量 $\mathrm{MP}_i(x)$ 的乘积可看成是所有的要素 i 在本次生产中的"总产出"，$f(x)$ 是全部所有 n 种要素的总产出，因此，二者的比率就意味着要素 i 对总产出贡献的比率，该比率是个相对数，可以用百分比或者成数来表示，本身无单位，也同产品的计量单位无关。我们对边际贡献 $\alpha_i(x)$ 的定义进行简单变形推导就可以得到其另外的经济含义：

$$\alpha_i(x) = \frac{x_i f'_i(x)}{f(x)} = \frac{x_i \dfrac{\partial f(x)}{\partial x_i}}{f(x)} = \frac{\dfrac{\partial f(x)}{f(x)}}{\dfrac{\partial x_i}{x_i}}$$

可以明显看到，分子 $\partial f(x)/f(x)$ 是产出的相对改变量，分母 $\partial x_i/x_i$ 为要素投入量的相对改变量，二者之比显然是产出的要素弹性，反映了当要素增加一个相对单位(例如1%)时产出的相对改变量。

如前所述，边际贡献 $\alpha_i(x)$ 可以理解为按照当前的边际产出计算，投入 x_i 个单位的要素 i 所得到的产品数量在总产量 $f(x)$ 中所占的比例，而总产量 $f(x)$ 是全部要素的产出，所以，边际贡献 $\alpha_i(x)$ 反映了要素 i 对生产的贡献，就是要素 i 的产出占全部要素的产出的比例。同时边际贡献 $\alpha_i(x)$ 也可以理解为产量对要素 i 的弹性。边际贡献 $\alpha_i(x)$ 越大，说明要素 i 增加一定比率时带来的产出增加幅度越大，也就说明要素 i 对产出的影响越大。边际贡献 $\alpha_i(x)$ 大于 1 时，说明要素 i 的投入量增加会引起产量更大幅度的增加；边际贡献 $\alpha_i(x)$ 小于 1 时，说明要素 i 的投入量增加会引起产量相对较小幅度的增加；当边际贡献

$\alpha_i(x)$ 等于 1 时，说明要素 i 的投入量增加会引起产量同等幅度的增加。

如果我们把所有 n 种生产要素的边际贡献率加总起来，便得到全部生产要素的总局部边际贡献 $\alpha(x)$：

$$\alpha(x) = \sum_{i=1}^{n} \alpha_i(x) = \sum_{i=1}^{n} \frac{x_i f_i'(x)}{f(x)}$$

假设所有要素按照同样的相对比率(生产规模)$t > 0$ 改变：

当 $\alpha(x) > 1$ 时，产量的改变比率多于 t 倍，要素投入量增加可以带来产出更大比率的增加，同时，要素投入量减少也会可以带来产出更大比率的减少，因此，增加投入会使得厂商利润增加。

当 $\alpha(x) < 1$ 时，产量的改变比率小于 t 倍，要素投入量增加带来产出较小比率的增加，同时，要素投入量减少也会带来产出更小比率的减少，因此，减少投入会使得厂商利润增加。

当 $\alpha(x) = 1$ 时，产量的改变比率等于 t 倍，无论是增加还是减少生产规模，产量与生产规模同比例改变，利润也会同比率改变，如果厂商为正利润时，规模扩大显然会增加利润的绝对值。

最后要解释的是，此处的边际贡献，是指在要素投入为 x 时要素的微量改变带来的产出微量改变(连续的前提下)以及它们之间的关系，不涉及生产要素之前投入的贡献，因此也称为局部边际贡献。

我们把要素 i 的贡献 $\alpha_i(x)$ 与要素 j 的贡献 $\alpha_j(x)$ 之间的比值，称为投入方案 x 处的要素 i 对要素 j 的补充作用系数或补充作用率，记作 $R_{ij}(x)$，即：

$$R_{ij}(x) = \frac{\alpha_i(x)}{\alpha_j(x)} \quad (i, j = 1, 2, \cdots, n)$$

它表示为了获得产量 $f(x)$，要素 j 对要素 i 的贡献量的要求，即要素 i 的贡献是要素 j 的贡献的倍数。只有要素 i 按照这个倍数与要素 j 就同时发挥作用，产量 $f(x)$ 才能生产出来。所以，贡献系数表示了生产中要素 i 对要素 j 的配合性和互补性。由此可见，不同要素之间在生产时一般具有一定程度的替代性和互补性，为了更好地说明这个问题，我们还需要等产量曲线来具体说明要素之间的复杂关系。

在分析这些相互关系之前，我们先来一起复习下大家在原理时已经学过的等产量曲线(面)。要素空间 R_+^n 实质上是一张等产量曲线(面)图，每种投入方案都在一条(张)等产量曲线(面)上。为了能够用几何图形直观的说明，在此假设厂商只有两种投入要素 x_1，x_2，要素空间 R_+^2 就可以画在一张笛卡儿平面上，如图 4.3 所示，横轴与纵轴分别表示两种投入要素的数量。等产量曲线的实质可以理解为在两种要素 x_1，x_2 加上一种产出 y 的三维空间中，由于产出 y 等于某一个具体的常数而形成的在产出(y)轴位置不同的一系列平行的平面，每一个平面与产出曲面有一个交线，将这一系列高低不同的曲线投影到要素平面上即为等产量曲线，不同的等产量曲线互不相交。等产量曲线上的各点表示可以实现同一产量的所有两种要素投入的可能组合状态。

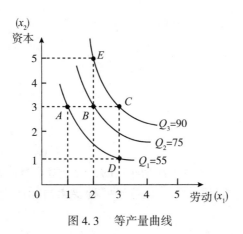

图 4.3 等产量曲线

根据等产量曲线的含义，其代数表达式为：

$$y = f(x_1, x_2) = \bar{y}$$

这样，我们就可以用等产量曲线来分析要素之间的替代性与互补性。不同投入组合之所以能在同一等产量曲线上，是因为投入要素之间具有一定的替代性与互补性。替代性使得一种投入要素可用另一种投入要素来代替，互补性则要求要素之间必须按照一定的比例配合投入使用。一般来说，不同要素之间都具有一定的替代性和互补性，有普遍性，但是，这种替代性和互补性又具有局限性。相互之间替代和互补的能力和很多因素有关，例如技术特点、要素的数量、特点等。

等产量曲线的斜率称为这两种要素之间的边际技术替代率（Marginal Rate of Technical Substitution，MRTS），简记为 $S_{12}(x)$。当两种投入要素可以相互替代时，一种要素的投入量减少（增加）一单位，维持产量不变的情况下，可以通过增加（减少）的另一种要素的投入量来实现，这就是两种要素的边际技术替代率。更一般的分析 n 种要素时，假设两种要素分别为 h，k，设要素 h 的投入量的微小改变量为 dx_h，要素 k 的投入量的微小改变量为 dx_k，其他要素投入量未变，产量也没有变化。因此在同一条等产量曲线上，两种要素的改变量之比的大小即为其斜率，也就是边际技术替代率 $M_{hk}(x)$，有：

$$\text{MRTS}_{hk} = S_{hk}(x) = -\frac{dx_k}{dx_h}$$

这里要加以说明的是，由于边际技术替代率经济学的含义为增加（减少）一个单位的要素 k，产量不变的情况下，可以减少（增加）的要素 h 的数量，该数值越大，说明要素 k 对要素 h 的代替性越强。两种要素的改变方向显然是相反的，也就是说等产量曲线的斜率一般为负，而我们关注的是其数值（绝对值）的大小，因此边际技术替代率可以定义为等产量曲线斜率数值（绝对值）的大小，因此等于两种要素变化量之比的负值，定义式前加一负号是为了保证替代率为正的。由于等产量曲线可以表示为：

$$f(x_1, x_2) = \bar{y}$$

因为此时除了 h，k 两种要素变化外，其他要素投入量未变，产量也没有变化，因此有：

$$\mathrm{d}y = \mathrm{d}f(x) = f'_h \mathrm{d}x_h + f'_k \mathrm{d}x_k = 0$$

可以推出：

$$-\frac{\mathrm{d}x_k}{\mathrm{d}x_h} = \frac{f'_h(x)}{f'_k(x)}$$

于是有：

$$\mathrm{MRTS}_{hk} = S_{hk}(x) = -\frac{\mathrm{d}x_k}{\mathrm{d}x_h} = \frac{f'_h(x)}{f'_k(x)}$$

任何两种要素之间的边际替代率都是非负的，等于等产量曲线斜率数值的大小，即等产量曲线斜率（本身非正）的相反数，也等于两种要素边际产量之比。我们还可以由此推出：

$$S_{hk}(x) = \frac{f'_h(x)}{f'_k(x)} = \frac{x_k}{x_h} \frac{x_h f'_h(x)/f(x)}{x_k f'_k(x)/f(x)} = \frac{x_k}{x_h} \frac{\alpha_h(x)}{\alpha_k(x)} = \frac{x_k}{x_h} R_{hk}(x)$$

其中 x_k/x_h 为技术系数，记为：

$$T_{hk}(x) = \frac{x_k}{x_h}$$

从数值上讲，投入方案 x 处要素 h 对要素 k 的技术系数，用 $T_{hk}(x)$ 表示，可以规定为在其他条件不变的情况下，不同生产要素的使用比例。这里具体表示要素 h 投入一单位时，要素 k 的相应投入量。当生产要素可以相互替代时，技术系数就是可变的；当生产要素不能相互替代时，技术系数就不变的。

因此可以得到边际替代率 $S_{hk}(x)$、技术系数 $T_{hk}(x)$ 与补充作用系数 $R_{hk}(x)$ 三者之间的关系如下：

$$S_{hk}(x) = T_{hk}(x) R_{hk}(x)$$

为了进一步量化要素之间的替代、互补能力以及对要素投入技术系数的影响，在此介绍两个更进一步的概念：替代弹性与互补弹性，这两种弹性之间具有一定的对偶性，即可以相互转换。

定义 4.4　替代弹性

要素之间的替代弹性是指技术系数的相对变化量与边际技术替代率的相对变化量之比，反映技术系数对边际技术替代率变化反应的敏感程度，或者说是边际技术替代率的变化对技术系数的影响程度。在要素投入为 x 时，要素 h 对要素 k 的替代弹性 σ_{hk} 或者 $\mathrm{ES}_{hk}(x)$ 为：

$$\mathrm{ES}_{hk} = \sigma_{hk}(x) = \frac{\mathrm{dln}(x_k/x_h)}{\mathrm{dln}(f_h(x)/f_k(x))} = \frac{\mathrm{d}(x_k/x_h)}{x_k/x_h} \frac{f_h(x)/f_k(x)}{\mathrm{d}(f_h(x)/f_k(x))}$$

$$= \frac{\mathrm{d}T_{hk}(x)/T_{hk}(x)}{\mathrm{d}S_{hk}(x)/S_{hk}(x)} = \frac{\mathrm{dln}T_{hk}(x)}{\mathrm{dln}S_{hk}(x)}$$

一般来说，替代弹性非负，也就是说边际技术替代率对技术系数会产生同方向影响，具体来说有以下几种情况：

（1）$\mathrm{ES}_{hk}(x) = 0$

替代弹性为 0 意味着不论要素 h 对要素 k 的边际替代率如何变化，技术系数总是为一常数，说明这两种要素之间不能相互替代，因此要素必须按照固定的比例投入使用，等产量曲线为"L"形，如图 4.4（a）所示。

（2）$0 < \mathrm{ES}_{hk}(x) < 1$

替代弹性小于 1，技术系数的相对变化率小于边际技术替代率的变化幅度，技术系数对边际替代率变化的有反应但不很敏感，等产量曲线的弯曲程度较大，如图 4.4（b）L_1所示。

（3）$1 < \mathrm{ES}_{hk}(x) < \infty$

替代弹性大于 1，技术系数的相对变化率大于边际技术替代率的变化幅度，技术系数对边际替代率变化的反应很敏感，等产量曲线的弯曲程度较小，如图 4.4（b）L_2所示。

（4）$\mathrm{ES}_{hk}(x) = 1$

替代弹性等于 1，技术系数与边际替代率以同样的幅度变化，等产量曲线如图 4.4（b）L_3所示。

（5）$\mathrm{ES}_{hk}(x) = \infty$

替代弹性为无穷大时，边际替代率就不能有任何变动，因为边际替代率的变动将引起技术系数的无限变动。因此，边际替代率为常数，等产量曲线为直线，如图 4.4（c）所示。

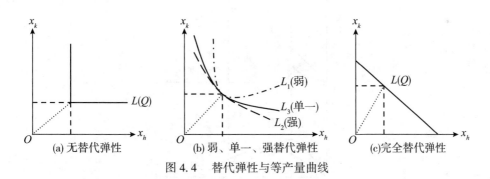

图 4.4　替代弹性与等产量曲线

定义 4.5　互补弹性

要素之间的互补弹性是指技术系数的相对变化量与补充作用系数的相对变化量之比，反映技术系数对补充作用系数变化反应的敏感程度，或者说是补充作用系数的变化对技术系数的影响程度。在要素投入为 x 时，要素 h 对要素 k 的互补弹性 $\mathrm{EC}_{hk}(x)$ 为：

$$\mathrm{EC}_{hk}(x) = \frac{\mathrm{d}T_{hk}(x)/T_{hk}(x)}{\mathrm{d}R_{hk}(x)/R_{hk}(x)} = \frac{\mathrm{d}\ln T_{hk}(x)}{\mathrm{d}\ln R_{hk}(x)}$$

替代弹性与互补弹性具有对偶性，其对偶公式为：

$$\frac{1}{\mathrm{ES}_{hk}(x)} = 1 + \frac{1}{\mathrm{EC}_{hk}(x)}$$

因为：

$$S_{hk}(x) = T_{hk}(x)R_{hk}(x)$$

$$\mathrm{dln}S_{hk}(x) = \mathrm{dln}T_{hk}(x) + \mathrm{dln}R_{hk}(x)$$

$$\frac{1}{\mathrm{ES}_{hk}(x)} = \frac{\mathrm{dln}S_{hk}(x)}{\mathrm{dln}T_{hk}(x)} = \frac{\mathrm{dln}T_{hk}(x) + \mathrm{dln}R_{hk}(x)}{\mathrm{dln}T_{hk}(x)} = 1 + \frac{\mathrm{dln}R_{hk}(x)}{\mathrm{dln}T_{hk}(x)} = 1 + \frac{1}{\mathrm{EC}_{hk}(x)}$$

因此有：

$$\frac{1}{\mathrm{ES}_{hk}(x)} = 1 + \frac{1}{\mathrm{EC}_{hk}(x)}$$

如前所述，经济学研究生产过程分为短期生产和长期生产，企业来不及调整所有要素的生产状态称为短期生产，在短期生产中，至少有一种生产要素是固定，这时企业的规模是不变的。短期内生产要素可分为两类：一类是投入数量可变的生产要素，称为可变要素，比如劳动、电力、燃料等消耗性要素；另一类是投入数量无法发生变动的要素，称为不变要素或固定要素，比如技术、制度、管理水平、土地、厂房、机器设备等。在生产规模受不变要素制约无法改变的情况下，生产产量的调整主要靠可变要素的改变来实现，因此，短期主要研究可变要素的变化对产出的影响，主要分析具体某一种要素变化的产出效应，前面已经说明，产出主要有总产量和单位产量，其基本规律和相互之间的逻辑关系如图 4.5 所示。

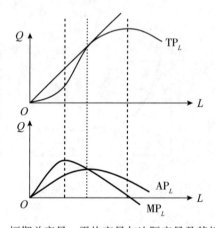

图 4.5　短期总产量、平均产量与边际产量及其相互关系

由图 4.5 可以看到，总产量(TP)、平均产量(AP)与边际产量(MP)图形虽然都可以揭示短期生产的基本规律，但是期中边际产量最能够体现这种投入 - 产出之间的变化规律，因此，短期生产主要是边际分析方法，研究边际产量 MP 的变化规律。如前定义，边际产量 $\mathrm{MP}_i(x)$ 为投入向量为 x 时要素 i 的边际产量，等于生产函数 f 在 x 处关于 x_i 的偏导数 $f_i'(x)$。

边际产量在产出由小变大的过程中，首先可能会不断增加，呈现递增趋势。但是由于短期生产是在既定生产技术条件下，其他要素是固定不变的，单纯增加某一种要素，所有要素之间存在组合互补的关系，要素的替代能力是有局限性的，因此单一生产要素的产出能力是有限的。因此，边际产量虽在开始时刻呈现增加趋势，但在投入增加到一定程度后，边际产量必然要随投入的增加而减少，这就是边际产量递减规律，也称为生产的边际报酬递减规律。即在其他要素的投入数量保持不变的情况下，一种要素的边际产量最终会随着其投入数量的增加而递减，因此边际产量曲线呈现先上升最终下降的"倒 U 形"。

短期生产规模既定的特点决定了总产量和平均产量有限的最大值，总产量在边际产量为 0 时取得最大值；而平均产量与边际产量的关系，稍微复杂一些，如前面已经阐述的，如果边际产量大于平均产量，那么平均产量会增加；反之，如果边际产量小于平均产量，那么再增加单位投入就会使平均产量下降；当边际产量等于平均产量时，那么再增加单位投入平均产量不变，处于最大值状态。高于平均产量的边际产量要把平均产量拉升，低于平均产量的边际产量则把平均产量拉降，因此平均产量曲线也呈现"倒 U 形"。而且边际产量曲线必然通过平均产量曲线的最高点，即在平均产量曲线的最高点处，有：$\partial \mathrm{AP}_i(x)/\partial x_i = 0$，从而 $\mathrm{MP}_i(x) = \mathrm{AP}_i(x)$。

因此，我们在图中可以看到，在平均产量曲线到达最高点之前，边际产量大于平均产量；到达最高点时，二者相等；过了最高点之后，边际产量小于平均产量。

长期生产状态意味着企业规模可以调整，所有生产要素的数量都是可变的，要素没有可变与固定之分，准确来说长期内没有不变（固定）要素，因此，长期内，主要研究厂商生产规模的调整变化过程中产出变化的基本规律，这个问题就是规模报酬（Return to Scale）。

定义 4.6　局部规模报酬

规模弹性是指产出变动对规模变动的敏感程度，即产出变动幅度与规模变动幅度之比。假设要素投入为 x，厂商在 x 处的局部规模报酬 $\mathrm{RS}(x)$ 可以用局部规模弹性 $\mu(x)$ 衡量，其定义为：

$$\mu(x) = \lim_{t \to 0} \frac{\mathrm{dln}f((1+t)x)}{\mathrm{dln}(1+t)x} = \lim_{t \to 0} \frac{\dfrac{f((1+t)x) - f(x)}{f(x)}}{\dfrac{(1+t) - 1}{1}}$$

$$= \lim_{t \to 0} \frac{f(x+tx) - f(x)}{tf(x)} = \frac{1}{f(x)} \lim_{t \to 0} \frac{f(x+tx) - f(x)}{t}$$

$$= \frac{1}{f(x)} \sum_{h=1}^{n} f'_h(x) x_h = \frac{\mathrm{RS}(x)}{f(x)} = \sum_{h=1}^{n} \frac{f'_h(x) x_h}{f(x)} = \alpha(x)$$

其中 t 为规模变化变量，令 $t \to 0$，即规模在 x 处进行局部变化。

因此我们可以得到，企业的局部规模弹性 $\mu(x)$ 就等于全部生产要素的总局部边际贡献 $\alpha(x)$，因此有：

$\alpha(x) > 1$：局部规模弹性大于 1，说明当厂商的生产规模扩大了 t 倍时，产出的增加大于 t 倍，说明 $f(x)$ 在 x 处局部规模报酬递增，也称为规模经济或者规模效益，此时产出增加的倍数大于规模扩大的倍数。

$\alpha(x) < 1$：局部规模弹性小于 1，说明当厂商的生产规模扩大了 t 倍时，产出的增加

小于 t 倍，说明 $f(x)$ 在 x 处局部规模报酬递减，也称为规模不经济或者规模负效益，此时产出增加的倍数小于规模扩大的倍数。

$\alpha(x)=1$：局部规模弹性等于 1，说明当厂商的生产规模扩大了 t 倍时，产出也增加 t 倍，说明 $f(x)$ 在 x 处局部规模报酬不变。规模报酬不变时，产出增加的倍数等于规模扩大的倍数，生产函数具有齐次性。这个特征详见后面的生产函数例子。

定义 4.7　(全局) 规模报酬

设 t 为规模变化变量，$t>1$，$f(x)$ 为生产函数，有：

①$f(tx)>tf(x)$，则生产函数 $f(x)$ 为规模报酬递增。
②$f(tx)<tf(x)$，则生产函数 $f(x)$ 为规模报酬递减。
③$f(tx)=tf(x)$，则生产函数 $f(x)$ 为规模报酬不变。

这是我们大家更为熟悉的规模报酬定义，用它可以判定厂商的技术制约具有什么样的规模报酬特征，其具体含义同之前的局部规模报酬类似，就不再赘述。

我们一再强调，一定投入情况下的产出水平是由技术制约，技术的特点决定了不同的生产函数形式，为了更具体地理解，以下列举几种经济学中比较常见的具体的技术(生产函数)。

例 4.1　里昂惕夫技术(生产函数)

里昂惕夫(Lèontief) 生产函数也称为固定比率或者固定技术系数生产函数。意味着生产中所有要素投入都按照固定的比例投入使用，这个固定比例为 $a_1:a_2:\cdots:a_n$。

生产函数 $f: R_+^n \to R_+$ 具体形式为：

$$f(x)=f(x_1, x_2, \cdots, x_n)=\min\left\{\frac{x_1}{a_1}, \frac{x_2}{a_2}, \cdots, \frac{x_n}{a_n}\right\}$$

可以看出里昂惕夫生产函数的性质：

(1)f 是严格单调的，即对一切 $x, y \in R_+^n$，若 $x<<y$，则 $f(x)<f(y)$；
(2)f 是一阶齐次函数，即对任何 $x \in R_+^n$ 及任何实数 $t>0$，都有 $f(tx)=tf(x)$；
(3) 生产要素之间完全互补，不能相互替代。

里昂惕夫技术的等产量曲线为"L"形，呈 90 度的弯折，如图 4.6 所示。

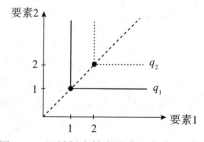

图 4.6　里昂惕夫技术约束的等产量曲线

例 4.2　线性技术(生产函数)

Lèontief 技术的显著特点是各种生产要素之间具有固定的使用比例，完全互补，不能替代, 而线性技术正好相反, 如果各种要素之间可以实现完全的互相代替, 则产量取决于每种要素产出的总和, 生产函数为线性的:

$$f(x) = f(x_1, x_2, \cdots, x_n) = \sum_i^n a_i x_i$$

可以得到线性生产函数的性质:

(1)f 是严格单调的;

(2)f 是一阶齐次函数, 即对任何 $x \in R_+^n$ 及任何实数 $t > 0$, 都有 $f(tx) = tf(x)$;

(3) 生产要素之间完全替代。

线性生产函数的等产量曲线为线性, 要素之间的边际技术替代率为常数, 与两种要素的投入数量无关, 如图 4.7 所示。

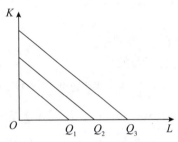

图 4.7 线性技术的等产量曲线

例 4.3 齐次技术 (生产函数)

生产函数 $f: R_+^n \to R$ 是 k 阶齐次函数, 是指 f 满足如下条件: 对任何投入向量 x 及任何实数 $t > 0$, 都有:

$$f(tx) = t^k f(x)$$

如果生产函数 $f(x)$ 为 k 阶齐次函数并且可微, 根据欧拉定理有:

$$\frac{\mathrm{d}}{\mathrm{d}t} f(tx) = \frac{\mathrm{d}}{\mathrm{d}t}(t^k f(x)) = kt^{k-1} f(x)$$

又因为: $\dfrac{\mathrm{d}}{\mathrm{d}t} f(tx) = \sum_{i=1}^n f_i'(tx) x_i$,

得: $kt^{k-1} f(x) = \sum_{i=1}^n f_i'(tx) x_i$ 对一切 $t > 0$ 成立,

令 $t = 1$, 即可得到 $kf(x) = \sum_{i=1}^n x_i f_i'(x)$。

欧拉定理说明, 对于 k 阶齐次生产函数来说, k 就是任何投入方案下全部生产要素的总贡献, 当 $k = 1$ 时规模报酬不变。

例 4.4 科布 - 道格拉斯技术 (生产函数)

科布 - 道格拉斯 (Cobb-Douglas) 生产函数的形式为:

$$f(x) = f(x_1, x_2, \cdots, x_n) = A \prod_{i=1}^n x_i^{\alpha_i} = A x_1^{\alpha_1} x_2^{\alpha_2} \cdots x_n^{\alpha_n}$$

其中：$x \in R_+^n$。

A，α_1，α_2，$\cdots$，α_n 都是正参数，A 为技术进步系数。

记 $\alpha = \alpha_1 + \alpha_2 + \cdots + \alpha_n$。

科布 - 道格拉斯生产函数是经济学中满足边际产量递减的最简单最常用的生产函数，也因此是研究生产问题时最基本的生产函数假设形式，其性质有：

(1) f 是 α 阶齐次函数，有 $f(tx) = t^\alpha f(x)$；

(2) α_i 是要素 i 的边际贡献，即 $\alpha_i = \alpha_i(x) = x_i f_i'(x)/f(x)$，$\alpha$ 是全部要素的总贡献；

(3) f 是单调的，即对一切 x，$y \in R_+^n$，若 $x \leqslant y$，则 $f(x) \leqslant f(y)$；

(4) f 是内部强单调的，即对任意 x，$y \in R_+^n$，若 $x < y$，则 $f(x) < f(y)$；

(5) 投入要素之间可以完全相互替代，因而技术系数完全可变；

(6) 边际替代率 $M_{hk}(x) = (\alpha_h x_k)/(\alpha_k x_h) = (x_k/x_h)(\alpha_h/\alpha_k)$，补充作用系数 $R_{hk}(x) = \alpha_h/\alpha_k$ 为常数；

(7) 互补弹性为无穷大，替代弹性单一。

例 4.5　常替代弹性技术 (生产函数)

常替代弹性 (Constant Elasticity of Substitution，CES) 生产函数的具体形式为：

$$f(x) = f(x_1, x_2, \cdots, x_\ell) = \left(\sum_{i=1}^n \delta_i x_i^\rho \right)^{\frac{1}{\rho}}$$

其中 δ_1，δ_2，$\cdots$，δ_n，ρ 均为正参数。顾名思义，CES 生产函数的替代弹性为常数，不难证明其替代弹性 $\sigma = \dfrac{1}{1-\rho}$。除此之外，它还具有以下属性：

(1) f 是 1 阶齐次函数。

(2) 要素 i 的贡献 $\alpha_i(x)$ 为：

$$\alpha_i(x) = \frac{x_i f_i'(x)}{f(x)} = \frac{\delta_i x_i^\rho}{\sum_{j=1}^n \delta_j x_j^\rho}$$

全部要素的总贡献 $\alpha(x)$ 为：

$$\alpha(x) = \sum_{h=1}^n \alpha_h(x) = \frac{\sum_{h=1}^n \delta_h x_h^\rho}{\sum_{i=1}^n \delta_i x_i^\rho} = 1$$

(3) 互补弹性与替代弹性。

互补弹性为：

$$EC_{hk}(x) = \frac{\mathrm{d}\ln T_{hk}(x)}{\mathrm{d}\ln R_{hk}(x)} = \frac{\mathrm{d}\ln T_{hk}(x)}{\mathrm{d}\ln (T_{hk}(x))^\rho} = \frac{\mathrm{d}\ln T_{hk}(x)}{\rho \mathrm{d}\ln T_{hk}(x)} = -\frac{1}{\rho}$$

替代弹性为：

$$ES_{hk}(x) = \frac{1}{1 + \dfrac{1}{EC_{hk}(x)}} = \frac{1}{1-\rho}$$

4.3 成本与成本函数

到目前为止，我们已经详尽地掌握了在技术约束条件下，厂商投入与产出的变化规律以及他们之间的对应关系，主要是从一定的要素投入条件下映射到所能够达到的最大产出这个函数关系角度来反映的，本节我们要换一个角度来看待同一个变化规律和这种投入与产出之间对应关系，即同之前的映射关系正好相反的视角，来表达同样的问题。之前的映射是对应于既定的要素投入量，映射到其能够达到的最大产量，现在是对应于厂商所要达到的一个具体的产出（产量）水平，必然存在所需要的最少要素投入，当要素投入种类不单一时，不同要素无法直接加总，我们只能用货币度量所有的要素投入总量，生产中所需要的货币投入即为成本，这个相逆的映射关系就是成本函数，总之，可以说本节就是运用成本函数进一步描述上节技术制约的生产规律。

因为经济学视角中的成本是从社会稀缺资源的角度考虑的，厂商生产产品需要投入各种生产要素，成本就是厂商生产中所有投入要素的货币支出额，也是厂商支付给要素所有者的报酬。从这个角度理解的成本和日常生活中的成本，以及企业视角的会计成本概念是有差异的，其内涵和度量也不尽相同，因此，在具体介绍各种成本函数之前有必要复习强调下经济学中的成本概念和分类。

经济学的成本是机会成本，由于生产要素是社会稀缺资源，我们为了得到一定数量的产品，需要在生产过程中投入的所有生产要素就构成了该产品的成本，这是从社会稀缺资源视角的必然含义，因为这些投入如果不用于这种产品的生产，就可用于其他产品的生产，从机会成本的这个角度来考虑，生产要素用于一种产品生产时所放弃的在其他用途中的最高收入就是生产该产品的机会成本。机会成本的概念虽然我们在日常生活中很少去具体计算度量，但是，在进行选择时还是很经常会考虑到的，我们选择了继续攻读硕博学位，就会失去读书这几年的工作机会；生活中，每一个选择都意味着放弃了其他可能的机会，鱼与熊掌不可得兼，我们总是在不同的机会之间取舍，失之东隅，收之桑榆。

既然所有投入生产要素都需计入成本，所以无论要素的报酬支付方式如何，也无论在实际生产中是否支付，都需列入成本，因此，如果在生产过程中购买的生产要素，实际发生了货币支出，称为显成本，这一部分成本没有什么要解释的，我们在生活常识或者所有的相关专业核算中，都会承认这是成本的一部分，不会产生异议。但是对于生产中不是购买的生产要素部分，例如为自己所拥有，其报酬不需立即支付，或者根本不会支付，例如自己投入的劳动，一般都不会自己给自己发工资；自己拥有的房屋投入生产，自己也不会给自己支付房租，从机会成本的角度，这一类要素如果不是在此生产，在其他地方必然会带来收益，这类成本称为隐性成本。隐成本主要包括但不限于企业自有的企业家才能、劳动、土地、厂房、机器设备等。这部分成本在生活中经常被厂商忽略，例如大家在计算读书成本时很容易忽略投入的时间成本，的士司机在计算一天利润时很容易忽略自有汽车的折旧、自己的工资等。

厂商的生产分为短期和长期，因此，成本也分为短期成本（Short Term Cost）和长期成本（Long Term Cost）。短期的成本比较复杂，因为有固定要素和变动要素，也就是说有的要素数量会随产量变化而变化，产生可变成本(Variable Cost)，即为可变生产要素的报酬。同时，固定要素的数量不会随产量变化而变化，固定成本(Fixed Cost)就是支付这部分不随产量变化的固定要素的报酬，固定成本是短期内支付给所有固定要素的报酬。因此短期总成本(Total Cost)等于可变成本与固定成本之和，它是短期生产一定数量产品所需的成本总额。一般用 TC 表示短期总成本，VC 表示短期可变成本，FC 表示短期固定成本，则有：TC = VC + FC。长期成本比较简洁，因为长期内一切生产要素都是可变的，因此长期没有固定成本，但是，长期由于所有要素都是可变，对于追求利润最大化的厂商必然会调整所有要素到最优的组合状态，因此长期成本是对应于任一产量的最小成本。

以上所讲的都是总成本，成本也有单位成本概念，同之前相关的产量概念类似，主要包括平均成本和边际成本概念。平均成本(Average Cost)是平均生产一单位产品所需的成本，一般用 AC 表示。有：

$$AC = AC(y) = TC/y$$

短期内，平均成本由平均可变成本 AVC 和平均固定成本 AFC 构成：

$$AC = AVC + AFC$$

其中 $AVC = VC/y$，$AFC = FC/y$。

边际成本(Marginal Cost)是指增加一单位产量时所需增加的成本费用，用 MC 表示。如果在产量水平 y 上又增加了 Δy 个单位的产品，引起总成本 TC 增加 ΔTC，那么产量水平 y 上的边际成本就是：

$$MC = MC(y) = \lim_{\Delta y \to 0} \frac{\Delta TC}{\Delta y} = \frac{dTC}{dy} = TC'(y)$$

不论短期还是长期，边际成本都等于边际可变成本，因为短期有以下关系：

$$MC(y) = \frac{d}{dy}(VC(y) + FC) = \frac{dVC(y)}{dy} = VC'(y)$$

根据边际与平均量之间的数学逻辑关系，我们很容易得到边际成本和平均成本之间的关系，如果边际成本大于平均成本，那么平均成本会增加；反之，如果边际成本小于平均成本，那么平均成本下降；当边际成本等于平均成本时，平均成本为最低点，为什么是最低点呢？这个就需要我们来考虑成本与产出之间的映射关系，即成本函数或者成本曲线。

成本函数是成本与产量之间的映射关系，反映成本随产量变化而变化的规律，或者说随着产量的增加所需要投入最小货币支出额。需要澄清强调的是成本的概念和成本函数的概念是有区别的，很多人由于未意识到这一点而犯错误，但是由于成本概念经常是和产出状态有关的，因此在介绍成本概念时经常需要用到成本函数的概念，例如，边际成本 MC 与边际成本函数 $MC(y)$ 是不一样的，但是边际成本的大小和产量是相关的，本教材在介绍前者时用的也是 $MC(y)$ 的形式，仅仅是想表明其大小和 y 有关。简言之，成本概念指的是厂商对应于既定产出 y 所需要的最小货币投入额，成本函数则描述每个产出水平的最小货币投入，更强调不同产量变化过程中所需成本的变化，下面给出成本函数准确的定义。

定义 4.8　成本函数

设企业生产所需生产要素共有 n 种，生产函数为 $f: R_+^n \to R$。设生产要素的价格向量

为 $w = (w_1, w_2, \cdots, w_n) \gg 0$，要素数量向量为 $x = (x_1, x_2, \cdots, x_n)$，此时产出为 y，则对应于产量 y 的最小成本必然为 wx，它就是产出为 y 时的成本，成本函数为：

$$c: R \to R$$

即：$c: y \to wx$，记为 $c(w, y)$，更经常的是记为 $c(y)$。

该定义从生产函数 $y = f(x)$ 出发，利用产出与成本的对偶关系，即在既定要素投入 x 时实现的产量为 y，则如果要达到 y 的产量，其所需的最小的投入也必然为 wx；该对偶性的代数证明在下一节给出，这里用我们熟悉的等产量曲线和等成本线来说明两种投入情况下产出和投入（成本）之间的对偶关系。如图 4.8 所示，对于既定的产量 y，从等产量曲线可知，生产 y 个单位的产品可以有许多种不同的投入方案，生产者自然要在产量为 y 的等产量曲线 $L(y)$ 上选择成本最小的投入方案，这就是产量既定时的成本最小化问题。对于既定的要素价格体系 w 和产量水平 y，我们把等产量曲线 $L(y)$ 上成本最小的投入方案的成本，称为生产者的成本。此时的要素向量为 x^*。从几何上看，既定产量 y 下成本最小化投入向量 x^* 一定是等产量曲线 $L(y)$ 与等成本线 $wx = wx^*$ 的切点。这条等成本线所代表的成本就是产量为 y 时生产者的成本函数 $C(w, y)$。成本最小化投入向量 x^* 类似于消费理论中的希克斯需求，因此成本函数 $C(w, y)$ 类似于消费理论中的消费支出函数 $e(p, u)$。成本函数反映产量同生产这一产量所需的最小成本之间的函数关系。

生产和成本之间具有的对偶性表明，如果厂商按照这个最小成本进行生产的话，所能够实现的最大产量一定是当前产量，这是另外一个问题，就是既定成本下的产量最大化问题。图 4.9 显示了产量最大化问题。在既定的成本 C 下，生产者要使产量达到最大，这等价于要求生产函数 $f(x)$ 在约束条件 $wx = C$ 下达到最大值。可用拉格朗日乘数法解之，其结果依然是：在等产量曲线 $L(y)$ 与等成本线 $wx = C$ 的切点处，$f(x)$ 取得最大值。显然，既定成本下的产量最大化问题，与消费理论中的效用最大化问题是类似的。简言之，生产厂商在一定投入下实现了产量的最大化，则对于该产出，所需要的最小成本一定就是这个投入水平。

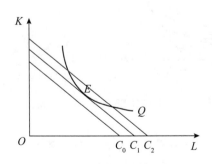

图 4.8　既定产量的成本最小化

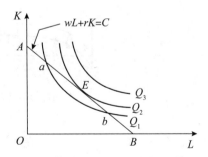

图 4.9　既定成本的产量最大化

因此，根据生产函数所表现的生产特点，成本函数也应该具有这些基本性质。

命题 4.2　成本函数 $c(w, y)$ 的性质：

(1) $y = o$，则 $c(w, y) = 0$。

（2）关于 w，y 连续。

（3）关于 y 严格递增且无上界。

（4）关于 w 递增。

（5）关于 w 是一次齐次的，即有 $c(tw, y) = tc(w, y)$。

（6）关于 w 是凹函数。

（7）Shephard 引论：$\partial c(w*, y*) / \partial w_i = x(w, y)$，$i = 1, 2, \cdots, n$。

如前所述，成本函数分为短期成本函数和长期成本函数。短期成本按照是不是随着产量的变化而变化关系分为可变成本和固定成本；根据计量角度不同分为总成本和单位成本（平均成本和边际成本），因此，短期成本函数也分为总成本函数（曲线）和单位成本函数（曲线），而总成本函数有三个，分别为：短期总成本函数 STC(y)，短期可变成本函数 STVC(y)，和短期固定成本函数 STFC(y)，显然有：STC(y) = STVC(y) + STFC(y)。

同理，平均成本函数也有三种形式，分别为：短期平均成本函数 SAC(y)，短期平均可变成本函数 SAVC(y)，和短期平均固定成本函数 SAFC(y)，显然有：SAC(y) = SAVC(y) + SAFC(y)。由于增加产量所需增加的固定成本为零，因此，边际的固定成本为零，边际总成本就等于边际可变成本，我们统称短期边际成本函数 SMC(y)。因此，形形色色的短期成本函数（曲线）就有七个，其形状和相互之间的关系如图 4.10 所示。

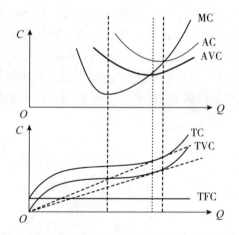

图 4.10　短期成本曲线的形状与相互之间的关系

可变成本函数 STVC(y) = $wx(y)$，在单一投入和单一产出的生产中我们可以很清楚地看到，它其实是生产函数 $y(x)$ 的逆映射，也许还要乘以要素价格 w 这个正参数，其向上移动 TFC 就可以得到短期总成本曲线 STC(y)。短期平均成本函数 SAC(y)，短期平均可变成本函数 SAVC(y)，和短期边际成本函数 SMC(y) 都呈现先下降最终上升的"U"形，这是由边际产量递减规律决定。边际产量递减规律意味着边际产量首先可能增加，但是在投入增加到一定程度后，边际产量必然要随投入的增加而减少，这就意味着短期边际成本函数 SMC(y) 会呈现先下降最终上升的趋势，因为从代数角度，大家不难看出二者互为倒数。从经济含义上我们也很容易看到二者之间的逻辑关系，边际产量最终递减，意味着投入要素等量的增加所能够带来的产量增加量越来越小，因此，如果要实现产出的等量增加，要投入的要素将会越来越多。例如生活中的类似边际问题，如果我们在跑步的过程中速度必然会越来越慢，那就是说我们增加单位时间所能达到的位移越来越小，换一个视角，这也等于说我们跑出相等的位移，例如每 1 米所需要的时间必然也越来越多。因此，边际产量递减规律决定了短期单位成本函数呈"U"形。

长期成本函数有三个，长期总成本函数 LTC(y)、长期平均成本函数 LAC(y) 和长期边际成本函数 LMC(y)。长期总成本函数 LTC(y) 不同于短期总成本函数的地方在于其过原点。因为此时要素都可以调整，因此没有固定成本，所以产量趋于零时，长期总成本也趋于零。长期平均成本函数 LAC(y) 和长期边际成本函数 LMC(y) 的形状是由规模报酬变化规律决定的。因为规模报酬反映的是投入与产出的改变比率，因此有：

① 当规模报酬递增时，意味着产出的增长比率大于要素投入（成本）的增加幅度，因此长期平均成本函数递减，即随着规模的扩大生产每个单位的平均成本在下降；

② 当规模报酬递减时，意味着产出的增长比率小于要素投入（成本）的增加幅度，因此长期平均成本函数递增，即随着规模的扩大生产每个单位的平均成本在增加；

③ 规模报酬不变时，意味着产出的增长比率等于要素投入（成本）的增加幅度，因此长期平均成本函数为常数，即随着规模的扩大生产每个单位的平均成本不变；又根据边际量和平均量之间的关系，此时平均成本等于边际成本。

一个行业的技术特点决定了该行业一直处于规模报酬递增状态，则其长期成本函数（曲线）一直递减，如图 4.11 所示，此时边际成本曲线递减且小于平均成本。这类行业往往具有基础的固定投入（成本）巨大，而每增加一单位产量需要增加的成本比较小，相对于有限的市场总容量而言，企业一直处于规模报酬递增阶段。例如，一个城市的机场等基础服务设施，需要大量的资金投入，用于跑道的修建，雷达等网络监控建设，地面配套服务设施等都需要很大的投入，建立全面而系统的软件硬件体系，而多起飞或者降落一架飞机所需要增加的成本相对很小，对于绝大多数城市而言每天起落的航班次数都远没有达到机场能够提供的服务能力上限，这样，起飞降落的航班数越多，平均每次起落的成本就会降低，会一直处于规模报酬递增状态，这样的行业由一家企业垄断经营比分散给多家小规模企业更有成本优势，我们称为自然垄断，类似的还有供水、供电、网络等公共服务行业。

如果处于规模报酬不变的行业，则随着产量的增加，投入同比率增加，因此长期平均成本与长期边际成本均为相等的常数，两条单位成本曲线均呈水平且重合。如果处于规模报酬递减的行业，长期平均成本曲线递增，边际成本大于平均成本。

一般情况，很多行业的厂商在规模由小变大的过程中，规模较小时会表现出规模报酬递增，理论上会有一个阶段的最佳规模，此时平均成本等于边际成本，处于最小值，规模继续过大，超过最佳规模会出现规模报酬递减，平均成本会出现增加趋势，因此如果规模报酬具有这样的变化规律时 LAC(y) 会呈"U"形。

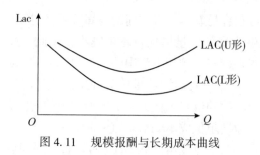

图 4.11　规模报酬与长期成本曲线

4.4　利润最大化

之前多次提到经济学假设任何理性厂商的生产目标是追求利润最大化，在这里关于该目标需要指出的是，利润最大化并不意味着企业必赚不亏，而是说：如能获利，就要获得最大的利润；如果亏损，就要做到让亏损最小。可见，利润最大的生产安排才是企业的最佳安排，生产最优化就是指企业实现利润最大化的生产状态。

任何企业都希望最大化自己的利润，这是经济学的一个先验命题。在现实生产经营的过程中，由于生产经营决策环境中不确定性、信息不完全不对称等因素的存在，使得决策者很难找到利润最大化的策略；又由于很多厂商并不是由所有者直接进行日常的决策，而是由代理人或者职业经理人进行管理决策，代理人往往有自己的目标，例如实现其薪酬最大化，或者其他考核目标的最大化，例如市场占有率、销售量等。但是，不管厂商实现利润最大化有多么困难，也不管经理偏离利润最大化目标的动机有多么强烈，有一点是很清楚的：在长期，一个不以利润最大化为目标的企业终将被市场竞争所淘汰无法生存，所以，实现利润最大化是一个企业竞争生存的基本准则。

我们再简单复习下经济学视角下的厂商生产活动的实质，是将一定数量的投入 x（生产要素），转化成产品或者服务（产出）y 的过程，这是从实物的形态来看的；如果从货币形态看，各种投入物的货币形态（衡量）即为成本 c，产出的货币衡量即为收益 R，收益与成本的差额即为利润 π，有：

$$\begin{aligned}\pi &= R - c \\ &= \sum p_i y_i - \sum w_i x_i \\ &= py - wx\end{aligned}$$

定义 4.9　直接利润函数

空间 $R_+^{n+1} = R_+^n \times R_+$ 为投入产出空间，其中的每一个向量 (x, y) 都代表着一个投入产出组合，直接利润函数正是投入产出的利润函数 $\pi(x, y)$，有：

$$\pi(x, y) = py - wx$$

显然厂商的利润大小与要素 x、要素价格 w、产出 y 和产出价格 p 都有关，在此，x，y 为非负向量，w，p 为正向量。同前面假定消费者是价格的接受者一样，本章也假定企业是价格的接受者，即所考虑的企业属于竞争性企业，因此，w，p 为参数，同企业的生产决策无关，因此，利润会随着企业生产投入 - 产出状态的不同而变化。而企业的投入和产出之间存在确定的映射关系，这种关系在前两节中已经从两个视角详细地描述清楚了，显然直接利润函数很容易进行推导得到具体的两种形式，要素(投入)利润函数 $\pi(x)$ 和产量(产出)利润函数 $\pi(y)$。企业实现利润最大化时，即达到最佳的生产状态，此时投入方案 $x^*(p, w)$ 使 $\pi(x)$ 达到最大值，$x^*(p, w)$ 是利润最大化要素投入向量，此时的产出 $y^*(p, w)$ 为利润最大化的产量，该企业实现了利润最大化就不会再调整生产状态了，也因此成为企业生产的均衡状态，$x^*(p, w)$ 为均衡投入，$y^*(p, w)$ 为均衡产量。

将生产函数代入直接利润函数，我们就可以得到要素利润函数 $\pi(x)$：

$$\pi(x) = pf(x) - wx$$

其二阶导数矩阵 $\pi''(x)$ 与生产函数 $f(x)$ 的二阶导数矩阵 $f''(x)$ 只相差一个系数 p：

$$\pi''(x) = pf''(x)$$

因为 $p \gg 0$，因此矩阵 $\pi''(x)$ 与 $f''(x)$ 的负定性质是一致的，在利润最大化的二阶条件中，我们可以使用生产函数的海赛矩阵进行判定。

定义 4.10 间接利润函数

当厂商实现最大利润 π^* 时，即达到最佳的生产状态，此时投入方案 $x^*(p, w)$，产出 $y^*(p, w)$ 为利润最大化的产量，此时的利润就是既定要素价格 w 和产品价格 p 的情况下的最大利润，将 $x^*(p, w)$ 和 $y^*(p, w)$ 代入利润函数就可以得到间接利润函数 $\pi(p, w)$：

$$\overline{\pi} = \overline{\pi}(p, w) = \pi(x^*(p, w)) = \max\{\pi(x): xR_+^n\}$$

当要素价格 w 和产品价格 p 既定时，厂商的最大利润是确定，因此厂商的最大利润 π^* 同市场价格体系之间的映射关系就是厂商的间接利润函数。间接利润函数反映了厂商的利润水平随价格体系变化的规律，或者说既定的价格体系决定的厂商最大利润水平情况，类似于消费者理论中的间接效用函数。下面不证明地给出间接利润函数的属性。

命题 4.3 间接利润函数 $\pi(p, w)$ 的性质：

(1) 关于 p 是递增的。

(2) 关于 w 递减。

(3) 关于 (p, w) 是一次齐次性的。

(4) 关于 (p, w) 是凸的。

(5) 关于 (p, w) 是可微的，且有 Hotelling 引论：

$$\frac{\pi(p, w)}{p} = y(p, w)$$

$$\frac{-\pi(p, w)}{w_i} = x_i(p, w)$$

利润函数是关于 (p, w) 的一次齐次函数具有重要的经济意义，也就是说当要素价格与产品价格都按同样的比率改变时，厂商的经济利润也会跟着按照同样的比率改变，这时，虽然名义利润发生了改变，但是考虑到货币价值本身已经改变，实际利润其实并没有发生变化。再加上消费需求函数的零阶齐次性，当产品价格和要素价格（消费者收入）同比率改变时，消费者的均衡消费不变，对产品的需求不变。因此，如果发生了平衡的通货膨胀，要素价格和产品价格按同一比例增长，这种通货膨胀不会使消费者对产品的需求发生变化，因此消费者福利水平不变，生产者对产品的供给和对生产要素的需求也不变。但是由于名义利润会增加，虽然实际利润不变，但是由于生产者会存在"货币幻觉"，不会随时清醒地认识到货币价值的变化，会促使厂商进行投资扩大生产，这是宏观经济学中短期总供给函数的逻辑基础。

间接利润函数 $\pi(p, w)$ 是凸函数，即对任意的 (p_1, w_1) 和 (p_2, w_2) 以及任何正实数 $t \in (0, 1)$，有：

$$\pi(tp_1 + (1 - t)p_2, tw_1 + (1 - t)w_2) \leqslant t\pi(p_1, w_1) + (1 - t)\pi(p_2, w_2)$$

最后性质 5 说明通过间接利润函数求导可以得到要素需求函数和产品供给函数，关于这个问题我们在下一节中详细论述。

无论怎样的利润函数，这里有个前提的问题，就是利润是否存在最大值，其存在最大值的必要与充分条件问题，因为该问题与消费者最大化是类似的，这个问题在第一章已经详细介绍过，因此不再详细赘述。简单地说，对于二阶连续可微的多元函数，在某处取得极大（极小）值的必要条件是在该点处的一阶偏导数全为零，二阶导数矩阵半负定（半正定）；在某处取得极大（极小）值的充分条件是在某点处的一阶导数全为零，并且在该点处的二阶导数矩阵负定（正定）。利润函数在 x 处取得极大值的二阶必要条件是生产函数 f 在 x 处的海赛矩阵 $f''(x)$ 半负定。利润函数在 x 处取得极大值的二阶充分条件是生产函数 f 在 x 处的海赛矩阵 $f''(x)$ 负定，因此在边际产量递减和规模报酬递减的情况下利润最大值必然存在。

设 x 是利润最大化投入方案，即 x 是利润函数 $\pi(x)$ 的最大值点。假定 n 种生产要素都为正，此时利润最大化时 x 为要素投入集的内点，即 $x \gg 0$。根据最大值的一阶条件，利润函数在 x 处的各个一阶偏导数都为零：

$$\pi_i'(x) = \frac{\partial \pi(x)}{\partial x_i} = pf_i'(x) - w_i = 0 \quad (i = 1, 2, \cdots, n)$$

即 $w_i = pf_i'(x) \quad (i = 1, 2, \cdots, n)$。

此式称为利润最大化边际条件、边际等式或边际方程，这个边际条件我们可以从不同的形式和角度来理解其经济含义，可以表示为：

$$\frac{f_1'(x)}{w_1} = \frac{f_2'(x)}{w_2} = \cdots = \frac{f_n'(x)}{w_n} = \frac{1}{p}$$

其含义为，在利润最大化时，把每一单位的货币（一元）不论用于增加哪种要素的投入量，所获得的产量的增加量都是一样的，等于生产者的单位货币收入所售出的产品量。边际等式还可以推出如下形式：

$$\frac{w_1}{f_1'(x)} = \frac{w_2}{f_2'(x)} = \cdots = \frac{w_n}{f_n'(x)} = p$$

即在利润最大时，产品的价格就是企业最后增加的那一单位产出所耗费的成本，这就是竞争性厂商的产品定价原则。边际等式还可得到：

$$M_{ij}(x) = \frac{f'_i(x)}{f'_j(x)} = \frac{w_i}{w_j} \quad (i, j = 1, 2, \cdots, n)$$

即在利润最大时，任何两种投入要素之间的边际替代率都等于它们相应的价格比。最后我们由边际等式还可得到：

$$w_i = pf'_i(x) \quad (i = 1, 2, \cdots, n)$$

其经济含义是(要素的)边际收益等于(要素的)边际成本，因为如果生产要素的边际收益大于边际成本，那么增加该要素的投入量会增加利润；如果生产要素的边际收益小于边际成本，那么减少该要素的投入量会增加利润，大家不难看出，对于竞争性企业，这其实就是要素的需求函数。

在前面我们已经说过直接利润函数有两种形式，要素(投入)利润函数 $\pi(x)$ 和产量(产出)利润函数 $\pi(y)$，之前的边际条件是从要素利润函数得到的，即将利润表示为是要素投入 x 的函数，我们还可以从产量(产出)利润函数 $\pi(y)$ 来分析利润与产出 y 之间的变化关系，并推导利润最大化时的最佳生产状态，当然此时用产出数量来表示，若此时产量为 $y*$，即为最佳产出。相对于要素视角的利润最大化问题，产出视角逻辑更简单，其经济含义也更直观，因此在微观原理中大家都比较熟悉了，我们简单复习一下。

因为利润等于收益与成本之差，而收益与成本显然都是产量 y 的函数，因此有：

$$\pi(y) = R(y) - C(y)$$

当利润最大化时，根据一阶条件有：

$$\pi'(y) = R'(y) - C'(y) = 0$$

得到：

$$R'(y) = C'(y)$$

也就是：

$$MR(y) = MC(y)。$$

这个就是大家最熟悉的利润最大化条件，即(产品的)边际收益等于(产品的)边际成本。同理，如果增加产量能够使增加的收入大于增加的成本，那么增加产量就能使厂商的利润得到提高，因而应该增加产量；反之，如果增加产量将导致增加的收入小于增加的成本，那么增加产量将使厂商的利润水平下降，因而应该减少产量。

以上我们分别从投入和产出两个角度来分析利润最大化问题，得到了均衡的要素投入量 $x*$ 和利润最大的均衡产出 $y*$，看起来是两个不同的状态。其实二者是一致的，也就是说，如果 x 是利润最大化的投入方案，那么 $y = f(x)$ 就是利润最大化的产量；反之，如果 y 是利润最大化的产量，那么这个产量下的成本最小化投入方案 x 就是利润最大化的投入。当企业的利润达到最大时，最佳生产状态的选择既可以是选择投入方案，也可以是选择产量，二者是相互等价的。因此，从投入角度决策的利润最大化和从产出角度选择的最大化是一致的。正是由于这个一致性，利润最大化问题的答案将回答厂商如何决定要素投入水平和产量水平的问题，从而解决要素需求和产品供给的决定问题。从投入角度看利润最大化，就可确定要素的最优投入量，即要素需求；从产出角度看利润最大化，就可确定产品的最优供给量，下一节我们以完全竞争的厂商为例加以阐述。

4.5　竞争性厂商

本节中为了能够更好地说明厂商利润最大化的决策，我们假定该厂商为竞争性厂商，也就是说假定厂商所处的要素市场和产品市场都是竞争性的，竞争性市场中都存在大量的买卖双方，每一个单个的买者(卖者)的需求量(供给量)在市场中所占的比重都非常小，因此，其数量的改变不会影响到市场的均衡价格。作为需求者的厂商其要素数量的改变不会影响到要素价格，同时，作为供给者的产品数量的改变也不会影响到产品市场的价格，因此，竞争性厂商是产品价格和要素价格的接受者，价格是单个厂商利润最大化决策问题的外生变量。在这个假定下，利润最大化问题简化成为厂商如何组织投入或者产出以使利润达到最大。

如前所述，要素利润函数 $\pi(x)$ 为：
$$\pi(x) = pf(x) - wx$$
根据利润最大化的一阶条件可以得到：
$$w_i = pf'_i(x) \quad (i = 1, 2, \cdots, n)$$
即为要素 i 的需求函数。其中 $pf'_i(x)$ 表示要素 i 的边际产量与商品价格的乘积，我们知道边际产量表示增加一个单位的要素 i 产出的增加量，乘以每单位产出的价格，称为边际产品价值(Value of Marginal Product，VMP)，即要素 i 每增加一单位，引起的厂商收益的增加量，也可以理解为是要素 i 的边际收益。要素 i 的价格 w_i 实际上是要素 i 的边际成本。因此厂商对要素 i 在不同价格 w_i 条件下的需求量 x_i 显然就是该厂商对要素 i 的需求函数 $x_i(w_i)$，有：
$$w_i(x_i) = pf'_i(x) = \text{VMP}(x) \quad (i = 1, 2, \cdots, n)$$
同理，我们还可以从利润最大化推出竞争性厂商的产品供给函数，据之前的分析，我们可以从产出利润函数得到我们最熟悉的利润最大化一阶条件，即(产品的)边际收益 $\text{MR}(y)$ 等于(产品的)边际成本 $\text{MC}(y)$。实际上，我们之前在推导这条原则时并没有利用竞争性厂商的假设条件，这是所有厂商的利润最大化决策原则。具体的对于竞争性厂商，由于是产品价格的接受者，就是说价格是既定的，厂商按照此不变价格销售其所有商品，所以边际收益等于平均收益都等于价格，因此"边际收益等于边际成本"原则具体表现为价格等于边际成本。或者我们也可以直接由利润函数得到：
$$\pi(y) = R(y) - C(y) = py - c(y)$$
因为此时 p, w 均为参数，可以得到：
$$\pi'(y) = R'(y) - C'(y) = p - \text{MC}(y) = o$$
得到：
$$p = \text{MC}(y)$$
这就是竞争性厂商的产品供给函数。因为该函数一般在原理教材中都会详细论述，其含义就不再赘述。

命题 4.4　要素需求函数和产品供给函数的性质

(1)要素需求函数与产品供给函数都是价格的零阶齐次函数：

$$x(tp, tw) = x(p, w)$$
$$y(tp, tw) = y(p, w)$$

（2）要素对自身的价格效应为负：

$$\frac{\partial x_i(p, w)}{\partial w_i} < 0$$

（3）产出的价格效应为正：

$$\frac{\partial y(p, w)}{\partial p} > 0$$

要素需求函数与产品供给函数都是价格的零阶齐次函数。这是因为，前面已经分析过，对于任何实数 $t > 0$，$tpf(x) - twx$ 与 $pf(x) - wx$ 满足一阶条件时虽然最大利润值不一样，但是要素投入量 x 和产出量 y 是一样的，因而要素需求映射 $x(p, w)$ 是零阶齐次的，即有：

$$x(tp, tw) = x(p, w)$$

又由于 $y(p, w) = f(x(p, w))$，因此产品供给函数 $y(p, w)$ 也是零阶齐次的，有：

$$y(tp, tw) = y(p, w)$$

该条性质的经济意义之前已经分析过，即如果要素与产品的价格同比例变动，厂商对要素的需求数量和产品的供给数量都不会发生变化。

既然要素需求函数和产品供给函数都是利润最大化决策的产物，都可以通过间接利润函数一阶求导数得到，那么根据间接利润函数的性质和 Hotelling 引论：

$$\frac{\partial \pi(p, w)}{\partial p} = y(p, w)$$

$$-\frac{\partial \pi(p, w)}{\partial w_i} = x_i(p, w)$$

又因为利润函数关于 (w, p) 为凸函数，所以其海赛矩阵正定，又根据海赛矩阵的对称性，我们还很容易就得到以下结论：要素 i 对要素 j 的价格效应等于要素 j 对要素 i 的价格效应，即：

$$\frac{\partial x_i}{\partial p_j} = \frac{\partial x_j}{\partial p_i} \quad (i, j = 1, 2, \cdots, n)$$

每种要素对自身的价格效应都为负，因此一种要素的需求量同该要素的价格呈反向变动关系，要素需求曲线向右下方倾斜，即：

$$\frac{\partial x_i(p, w)}{\partial w_i} < 0$$

产出的价格效应为正，也就是说产品的供给数量与价格呈同向变动关系，产品供给曲线递增，即：

$$\frac{\partial y(p, w)}{\partial p} > 0$$

第二部分　市场理论

　　这部分将考察的是不同的消费者和厂商在市场上交易时的不同结果，主要分析不同市场结构下这些市场参与者的行为所导致的市场均衡，重点是均衡数量和均衡价格的决定，同时，也会对不同市场结构的结果进行评价。

　　本部分主要讨论市场均衡和福利效应，市场均衡囊括局部均衡和一般均衡。

　　循着市场结构分类思路，先讲局部均衡。第五章讨论了竞争性市场局部均衡(完全竞争和垄断竞争市场)；第六章讨论了垄断市场均衡与福利；第七章讨论寡头垄断市场。第八章讨论一般均衡分析。

第5章 竞争性市场局部均衡

根据市场势力的不同，可以将市场结构分完全竞争市场(perfectly competitive market)和非完全竞争市场，后者包括垄断市场、垄断竞争市场和寡头垄断市场。

本章首先考察最理想的完全竞争市场，第一节介绍了完全竞争市场的几个假定；第二节说明了完全竞争市场中的需求方，即消费者；第三节讲述了竞争性厂商的短期供给函数；第四、五节分别论述了完全竞争市场的短期均衡和长期均衡；第六节分析了完全竞争市场的社会福利。

5.1 完全竞争市场

5.1.1 关于完全竞争市场的假定

完全竞争市场是纯粹竞争的情形，与物理学中真空世界的情形类似，只存在于理论之中，现实中的市场可能接近完全竞争市场，但并不可能就是完全竞争市场。尽管如此，经济学家们仍研究完全竞争市场，将其作为一个基准，用以分析其他市场的相关问题。这里，我们给出完全竞争市场的六个假设：

(1) 买卖双方的数量均足够大，参与者提供或需求的数量相对于总量来说都很小，无法影响市场价格，即市场的所有参与者均为价格接受者。

(2) 产品同质(homogeneous products)，市场中不同的企业提供的产品对于消费者来说不存在任何差别。

(3) 无外部性，市场中的所有经济活动不对他人产生任何影响。

(4) 信息完全，市场中所有参与者了解市场的所有信息以进行相关决策。

(5) 无交易成本，市场中没有信息搜寻、广告、协商等成本。

(6) 进出自由，企业进入或者退出市场是自由的，生产要素在市场中的流动没有障碍。

由以上6个假设我们可以得出的核心结论是完全竞争市场的厂商和消费者均为价格的接受者。

5.1.2 完全竞争市场中的消费者

完全竞争市场的需求方由某商品的所有潜在买者构成，每个买者都有自己的偏好、消费集和收入。令消费者(买方)的集合为：$I = \{1, 2, 3, i\}$，假设单个消费者 i 对产品 q 的需求是产品 q 的价格 p、收入 y_i、所有其他商品的价格 p^{-q} 的函数，即 $q_i(p, p^{-q}, y_i)$。这样，将市场中所有消费者的需求相加，我们得到产品 q 的市场需求为：

$$Q_d(p) \equiv \sum_{i \in I} q_i(p,\, p^{-q},\, y_i) \tag{5.1}$$

【例 5.1】下面举个简单的例子来说明一下：假设市场中只有 A、B 两个消费者，只有 x、y 两种商品，其价格分别为 p_x、p_y，其中 A 对 x 的需求函数为：

$$q_a = 20 - 2p_x + 0.2y_a + 0.5p_y$$

B 对 x 的需求函数为：

$$q = 25 - p_y + 0.1y_b + 0.5p_x$$

根据 (5.1) 式可得 x 的市场需求：

$$Q_d(p) = q_a + q_b = 45 - 1.5p_x - 0.5p_y + 0.1y_b + 0.2y_a$$

5.1.3　竞争性厂商的短期供给函数

在对完全竞争市场和完全竞争市场的消费者特征了解后，接下来我们要做的是通过厂商的相关假设推导出厂商的长期和短期供给函数。首先看竞争性厂商的短期供给函数。

长期和短期的划分以生产要素投入是否可变为基准。如果全部生产要素都无法改变，则无论市场上的价格如何变化都不会影响厂商的产品供给，此时的供给函数是完全无弹性的，也就是说无论此时的市场需求如何，市场中的产品供给并不发生改变，而这个时期我们称之为极短期，同样也叫市场期 (market period)。

但是，通常，现实中很少有市场是供给完全没法改变的，现在，我们将时间拉长至厂商可以改变其部分生产要素投入，这样一来厂商可以根据市场价格改变产量，这段时期我们称为短期；进一步地，我们将时间拉长至市场中的厂商可以改变其所有生产要素的投入，当然，这样一来厂商可以自由进出市场（完全竞争市场假定进出市场无交易成本），此阶段我们称之为长期。

如前所述，竞争性厂商在决定其产量的时候一定是将价格 p 作为外生给定的，因为它们自身无法改变价格。首先，我们假设厂商只生产一种商品，成本与产量 q 之间的关系我们用 $c(q)$ 表示，由此，站在厂商的角度，将利润最大化厂商的决策函数为：

$$\max_q pq - c(q)$$

这样，我们就将问题转化为如何求解函数最大值的问题。首先，我们需要将上述式子的一阶最优条件 (FOC) 求解出来：

$$p = c'(q) = MC(q)$$

由函数的性质，我们知道要想让上式的解成为决策方程的解，还必须保证决策方程的二阶导函数大于 0，即 $c''(q) > 0$。

这样，我们得出利润最大化厂商的产量 q 的决定条件为：

$$\max_q pq - c(q) \Rightarrow \begin{cases} p = c'(q) \equiv MC(q) \\ c'(q) > 0 \end{cases}$$

解上述方程组，我们可以得到利润最大化厂商的供给决策为：

$$q(p) = (c')^{-1}(p),\ \text{且}\ c'(q) > 0 \tag{5.2}$$

由经济变量的性质我们知道 $q > 0$，也就是说厂商的产量必须大于 0，在短期，前面的章节中我们知道，短期厂商的成本由可变成本和不变成本两部分构成，其成本函数可以表示为：

$$c(q) = c_v(q) + F$$

其中 $c_v(q)$ 表示短期可变成本，F 表示短期不变成本。厂商在短期进行生产的一个必要条件就是利润不低于 $-F$，即：

$$pq(p) - c(q) = pq(p) - (c_v(q) + F) > -F$$

移项化简得：
$$p \geqslant \frac{c_v(q)}{q(p)} \equiv AVC \tag{5.3}$$

上述式子的经济学解释是说，在短期，厂商进行生产的必要条件是产品的价格不小于其生产产品的平均可变成本。

联立(5.2)式、(5.3)式，得到竞争性厂商的供给函数为：

$$q(p) = \begin{cases} (c')^{-1}(p), & p \geqslant \dfrac{c_v(q)}{q(p)} \\ 0, & \text{其他} \end{cases}$$

也就是说，当产品的市场价格低于厂商生产产品的平均可变成本时，厂商的供给曲线与 y 轴重合；当市场价格不低于厂商生产产品的平均可变成本时，厂商的供给曲线与其边际成本曲线重合。

得到了完全竞争市场单个厂商的供给曲线，进一步地，我们可以得出全部厂商的行业供给曲线：假设市场上共有 J 个厂商，其中厂商 J 的供给函数为 $q_j(p)$，那么，行业供给曲线为 J 个厂商供给曲线的水平相加的结果，用数学式子表示为：

$$Q_s(p) = \sum_{j=1}^{J} q_j(p) \tag{5.4}$$

现在，我们站在市场的角度，即改变市场价格的情况下，厂商的产量会如何变化呢？这里，我们可以看到，只有一阶最优条件中含有价格变量，因此，我们将一阶最优条件两边同时对价格求一阶导可得：

$$1 = c'(q) * q'(p)$$

此时，我们再利用二阶最优条件可得：

$$q'(p) > 0$$

这就意味着，在短期，完全竞争市场的产品供给是满足供给定律的。

【例5.2】 下面以柯布 - 道格拉斯函数写出的单个厂商短期内的生产函数为例求解单个厂商的供给曲线。给出柯布 - 道格拉斯生产函数 $q_j = k_j^\alpha l^\beta$，其中 k_j 表示厂商 j 的资本投入固定在 k_j。

给定生产要素 k、l 的价格 r、w，则可以得到短期厂商 j 的总成本为：

$$SC = rk_j + wl$$

将 $q_j = k_j^\alpha l^\beta$ 带入可得：

$$SC = rk_j + wk_j^{-\alpha/\beta} q_j^{1/\beta}$$

等式两边同时对 q_j 求一阶导可得：

$$\mathrm{MC} = \frac{w}{\beta} q_j^{1-\beta/\beta} k_j^{-\alpha/\beta}$$

由利润最大化的一阶条件可得：

$$p = \mathrm{MC}(q) = \frac{w}{\beta} q_j^{1-\beta/\beta} k_j^{-\alpha/\beta}$$

解上述方程得供给产量为：

$$q_j = \left(\frac{w}{\beta}\right)^{-\beta/1-\beta} k_j^{\alpha/1-\beta} p^{\beta/1-\beta}$$

因为短期内市场中的厂商数量固定，假设市场中有 J 家相同的厂商，并且它们面对的生产要素价格相同，那么：

$$Q_s(p) = \sum_{j=1}^{J} q_j(p) = \sum_{j=1}^{J} \left(\frac{w}{\beta}\right)^{-\beta/1-\beta} k_j^{\alpha/1-\beta} p^{\beta/1-\beta}$$

进一步地，我们给出具体的数值，令 $\alpha = \beta = 0.5$、$k_j = 1$，$J = 24$，$r = 1$、$w = 1$，则单个厂商的供给函数为：

$$q_j = \left(\frac{w}{\beta}\right)^{-\beta/1-\beta} k_j^{\alpha/1-\beta} p^{\beta/1-\beta} = \frac{p}{4}$$

短期市场供给函数为：

$$Q_s(p) = \sum_{j=1}^{J} q_j(p) = 6p$$

5.1.4　完全竞争市场的短期均衡

目前为止，我们已经得出了完全竞争市场中行业需求曲线和竞争性厂商的行业短期供给曲线，而短期均衡条件是市场出清，也就是说如果使行业中所有厂商愿意供给的产品数量的和恰好等于所有消费者对该产品的需求数量之后，此时的价格我们称之为短期市场的均衡价格。

用方程表示为：均衡价格是下列方程式的解：

$$Q_s(p) = Q_d(p) \sum_{j=1}^{J} q_j(p) = \sum_{i \in I} q_i(p, \ p^{-q}, \ y_i)$$

一旦确定了均衡价格，我们就可以得出厂商的均衡产量、收入和利润。

【例 5.3】接【例 5.2】，我们进一步给出一个具体的需求函数为：

$$Q_d(p) = 96/p$$

根据短期市场均衡条件 $Q_s(p) = Q_d(p)$ 得，均衡时有：

$$Q_s(p) = 6p = Q_d(p) = 96/p$$

解得均衡价格：

$$p^* = 4$$

由上式，我们可以看到均衡价格决定的外生变量主要有：技术、其他商品的价格、消费者的收入、消费者的偏好，我们知道这些变量发生变动会使需求曲线或者供给曲线发生移动，求解这些变量对均衡价格的影响实际上是求解均衡价格变动与这些变量的变动之间的关系。求解变量变动之间的关系在数学上就是求解二者的一阶导数，由于上述方程的解即为均衡价格，那么我们可以直接在等式两边同时对其中一个外生变量求一阶导得出均衡价格对该外生变量的一阶导，进而得出该外生变量对均衡价格的影响。下面，以消费者的收入为例来说明如何求解外生变量对市场均衡价格的影响。为了方便理解，我们将均衡时的上述方程写成如下形式：

$$Q_s(p) = Q_d(p^*, \ p^{-q}, \ I)$$

等式两边同时对 y_i 求导得：

$$Q_s' \cdot \frac{\mathrm{d}p^*}{\mathrm{d}I} = Q_d' \cdot \frac{\mathrm{d}p^*}{\mathrm{d}I} + \frac{\mathrm{d}Q_d}{\mathrm{d}I}$$

化简得：

$$\frac{\mathrm{d}p^*}{\mathrm{d}y_i} = \frac{\dfrac{\mathrm{d}Q_d}{\mathrm{d}I}}{Q_s' - Q_d'}$$

其中 Q_s'、Q_d' 分别表示供给、需求对市场均衡价格的一阶导数，我们知道，通常情况下，$Q_s' > 0$，$Q_d' > 0$，$\dfrac{\mathrm{d}Q_d}{\mathrm{d}I} > 0$，因此，$\dfrac{\mathrm{d}p^*}{\mathrm{d}I} > 0$ 也就是说产品的市场均衡价格随消费者收入的增加而增加。

【例 5.4】接【例 5.2】，进一步给出市场需求函数为：

$$Q_d(p) = I^2/p$$

根据上述方法我们可以求得：

$$\frac{\mathrm{d}p^*}{\mathrm{d}y_i} = \frac{\dfrac{\mathrm{d}Q_d}{\mathrm{d}I}}{Q_s' - Q_d'} = \frac{\dfrac{2I}{p}}{6 + \dfrac{I^2}{p^2}}$$

显然，上式大于 0，也就是说产品的市场均衡价格随消费者收入的增加而增加。进一步的，我们用具体数值进行说明。

我们首先给出初始 $I = 4\sqrt{6}$，这样需求函数即为【例 3】中的需求函数：

$$Q_d(p) = 96/p$$

均衡价格 $p^* = 4$。

进一步的，我们改变 I，将其增加一倍 $I' = 8\sqrt{6}$，此时，需求函数移动至：

$$Q_d'(p) = 384/p$$

由均衡条件：

$$Q_s(p) = 6p = Q_d(p) = 384/p$$

解得新的均衡价格 $p_1^* = 8$，显然，收入增加使得均衡价格提高一倍。

5.1.5　完全竞争市场的长期均衡

现在，我们来看长期市场。在考虑短期的时候我们首先是在厂商的成本函数基础上用利润最大化条件求出了竞争性厂商的供给函数，然后根据短期市场均衡的均衡条件：市场出清来得到均衡时的市场价格。我们希望用同样的思路来分析完全竞争市场的长期均衡。但是行业的长期供给函数更加复杂，因此我们从均衡条件着手。

首先，关于完全竞争市场长期均衡的均衡条件，我们知道，完全竞争市场要求信息是完全的，这同时要求所有厂商的技术是相同的，也就是说厂商的成本函数都是一样的。由于厂商可以自由改变其所有要素的投入，因此，厂商一定会选择在最优产量上进行生产，也就是说，在长期厂商的生产一定满足：

$$AC = MC$$

同时，由于完全竞争市场零交易成本的假设，在长期，一方面厂商可以选择自由进出市场，那么，这样一来，如果行业中的厂商可以获得正的利润就会吸引更多厂商进入市场，而另一方面，如果行业中的厂商利润为负，则会使得某些厂商退出市场，最终的结果是厂商的长期利润为 0，也就是说，长期均衡价格一定满足：

$$pq_j - c_j(q) = 0$$

也就是说：$p = AC$

最后，由于厂商利润最大化的假设，我们仍有：$p = MC$，于是，我们得到完全竞争市场长期均衡的两个条件：市场出清和长期利润为 0。即长期均衡时，市场价格和产出同时满足下列两个条件：

$$\begin{cases} \sum_{j=1}^{J} q_j(p) = \sum_{i \in I} q_i(p, \ p^{-q}, \ y_i) \\ p = MC = AC \end{cases}$$

下面用一个例子来说明市场的长期均衡。

【例 5.5】接【例 5.2】、【例 5.3】生产函数为柯布 - 道格拉斯 $q_j = k_j^\alpha l^\beta$，令 $\alpha = \beta = 0.5$，$r = 1$、$w = 2$，则短期利润函数和短期供给函数为：

$$\pi_j = \frac{p^2 k_j}{8} - k_j$$

$$q_j = \frac{pk_j}{4}$$

由于市场需求：

$$Q_d(p) = 96/p$$

并且，假定行业中企业数量为 24，从而求出短期的均衡价格为 $p^* = 4$，$\pi_j^* = 7 > 0$，正利润会吸引新的厂商进入，在位企业在最优产量上进行生产，最终结果为利润为 0，由短期利润函数得，当且仅当 $p^* = 2\sqrt{2}$ 时厂商利润为 0。当市场重新达到出清时，假设此时有 J' 个厂商，每个厂商的资本投入为 k'，此时有：

$$\frac{96}{p} = \frac{pk'J'}{4}$$

将 $p = 2\sqrt{2}$ 带入，可得：$k'J' = 48$。

因此，只要市场中的厂商规模和厂商数量满足上式，厂商利润即为 0。

5.1.6 完全竞争市场下的社会福利

在一个单一商品市场中，参与者是消费者和生产者，消费者的净所得由消费者剩余衡量，生产者的净所得为净利润，定义完全竞争市场的福利为消费者剩余和生产者净利润之和，即：给定某一市场，假设有 J 家企业，在市场价格为 p 的条件下，短期社会福利为：

$$W(p) = \mathrm{CS}(p) + \sum_{j=1}^{J} \mathrm{PS}(p)$$

在长期，由于生产者固定成本为 0，生产者剩余等于厂商利润，此时社会福利为：

$$W(p) = \mathrm{CS}(p) + \sum_{j=1}^{J} \pi_j(p)$$

而完全竞争市场结构下其社会福利最大化的条件即为市场均衡。

为了说明这一点，这里仅用一个简单的例子加以说明。

【例 5.6】假设生产成本为 c，市场需求为 $P(Q) = a - bq$，其中 $b > 0$，$a > c$，则市场需求曲线和边际成本曲线如图 5.1 所示。

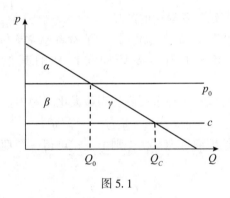

图 5.1

当市场价格 $p = p_0$ 时，市场的交易量为 Q_0，此时可以看到，消费者剩余为 α，生产者剩余为 β，社会福利 $W(p) = \alpha + \beta$。

市场价格下降至 $p = c$ 的过程中，α 变大，消费者剩余增加；β 最后在变小，生产者剩余下降，但是最终社会福利增加。

当 $p = c$ 时，消费者剩余为 $\alpha + \beta + \gamma$，生产者剩余为 0，社会福利为 $W(p) = \alpha + \beta + \gamma$。

当市场价格继续下降时，尽管消费者剩余依然增加，但是生产者剩余的下降速度开始快于消费者剩余的增加的速度，社会福利开始下降。

综上，当价格等于边际成本时，即 $p = c$ 时，完全竞争市场社会福利达到最大。

现在，我们对此进行解释：$p = c$ 中，市场价格 p 表示的是消费者多消费一单位产品愿意支付的报酬为 p，c 表示厂商多生产一单位产品所投入的成本，当多生产出一单位产品产生的社会效用 p 大于所投入的社会成本 c 时，那么此时生产这额外的一单位产品就会使全社会福利增加，此时社会福利不可能达到最大；相反的，当多生产出一单位产品产生的社会效用 p 小于所投入的社会成本 c 时，此时生产这额外的一单位产品会使全社会福利减小，此时社会福利也一定不是最大。

5.2　垄断竞争市场

这一章，我们来讨论垄断竞争市场，我们知道这是一种介于完全竞争和垄断之间的市场结构，其具有以下特征：① 市场上有许多厂商；② 产品存在差别；③ 在长期，企业能够自由进入和退出。其中，实行产品差异化对厂商来说有以下好处：① 有助于垄断厂商在实施价格歧视时识别不同类型的消费者和降低套利机会；② 有助于完全竞争厂商获得正的利润。

在本节中，我们首先介绍垄断竞争市场的短期和长期均衡，并对其进行福利分析，最后会就一个经典的垄断竞争市场模型进行分析。

5.2.1　垄断竞争市场的均衡和福利分析

5.2.1.1　垄断竞争市场的短期均衡

（1）假设 n 个垄断厂商销售差异化的产品。

（2）消费者反需求函数为 $p_i(q_i, q_{-i})$。即，消费者愿意支付的价格不仅取决于厂商 i 的产出水平，也取决于市场上所有生产同类产品的其他厂商的产出水平 $q_{-i} = (q_1 \cdots q_{i-1}, q_{i+1} \cdots q_n)$。

根据以上两个条件，可以写出每个厂商利润最大化问题为：

$$\max p_i(q_i, q_{-i}) q_i - C_i(q_i)$$

若每个厂商都认为其他厂商行为不变，则由上式可得，厂商的产出水平 q_i^* 符合下列条件：

$$p_i(q_i^*, q_{-i}) + \frac{\partial p_i(q_i^*, q_{-i})}{\partial q_i} q_i^* - C_i'(q_i^*) \leqslant 0$$

令所有厂商的最优产出水平记为 $q = (q_1, \cdots, q_n)$，对于厂商 i 来说，存在一个最优产出水平 $Q_i(q_{-i})$。

为了保证市场处于均衡状态，每个厂商对其他厂商行为的预测必须与其他厂商实际的行为一致，也就是说均衡时满足 $q_i^* = Q_i(q_{-i}^*)$

对于每个厂商来说，给定其他厂商的行为，厂商的最优选择为边际成本等于其边际收益时。图 5.2、图 5.3 为短期垄断竞争均衡。

5.2.1.2　垄断竞争的长期均衡

在长期，垄断竞争厂商可以自由进出市场，因此垄断竞争厂商的长期利润为 0，也就是说在长期对于生产厂商来说：

$$p_i^* q_i^* - C_i(q_i^*) = 0$$

此时，$p_i^* = \mathrm{AC}_i(q_i^*)$，但 $p_i^* > \mathrm{MC}_i(q_i^*)$，此时厂商并未在最优生产规模上生产，行业存在生产能力过剩现象。

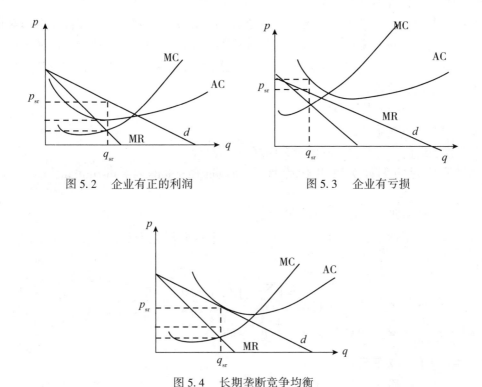

图 5.2　企业有正的利润　　　　图 5.3　企业有亏损

图 5.4　长期垄断竞争均衡

5.2.1.3　垄断竞争市场的福利分析

由于垄断竞争市场处于完全竞争市场和垄断市场之间的一种市场，它同时具有竞争和垄断的特征，完全竞争的市场是有效率的，社会福利达到既定条件下的最大值，而垄断市场存在社会的无所谓损失。接下来，我们来讨论垄断竞争市场的福利。

一方面，与完全竞争相比，垄断竞争的均衡价格高于边际成本，这就会导致社会福利的损失。另一方面，市场上可能有过多或者过少的企业进入，每一个厂商在进入市场时都会带来一种新产品，同时要带来两种外部效应：一是产品多样化外部性；二是抢走业务的外部性。两种反方向的外部性效应彼此作用，垄断竞争市场的产品可能过多也可能过少，这取决于哪一种外部性更大。

5.3　考虑产品种类的垄断竞争模型

迪克西特(A. K. Dixit) 和斯蒂格利茨在 1977 年所发表的《垄断竞争和最优产品的多样性》一文中提出了考虑产品种类的垄断竞争模型(Dixit-Stiglitz Model，简称 D-S 模型)。迪克西特和斯蒂格利茨在论文中指出，经济学中的一个基本问题是：一个市场解能否导致社会最优的产品数量和产品种类？分配不公、外部效应和规模经济都是导致不完全市场结构、并使得市场均衡解偏离社会最优解的原因。他们的主要目的，是对其中的(内部) 规模经济情形进行分析。他们首先构造了著名的迪克西特 - 斯蒂格利茨效用函数（D-S 效用函数，后被引申为 D-S 生产函数），然后依次在效用函数是不变弹性、可变弹性和非对称性的情形下求出其市场均衡解，并分别在每种情形下对市场均衡解和社会最优解进行了比较。迪克西特 - 斯蒂格利茨模型在很大程度上助推了新贸易理论和新增长理论的产生和发展。扼要阐述该模型如下：

首先给出该模型的基本假设：

a. 消费者的相关假设：

（1）代表性消费者假设，且消费者偏好多样化产品；

（2）消费者的偏好为常替代弹性（Constant-Elasticity-of-Substitution，CES）效用函数；

（3）代表性消费者收入 I 是外生给定的。

根据以上三个假设，我们可以得到：令 q_l 表示多样化产品，L 为产品种类，由此可得：

$$U = \Big(\sum_{l=1}^{L} q_l^{\rho} \Big)^{\frac{1}{\rho}}, \ \rho \leqslant 1$$

以及 $\lim\limits_{q_l \to 0} \dfrac{\partial U}{\partial q_l} \to \infty$，预算约束为：$\sum\limits_{l=1}^{L} p_l q_l \leqslant I$。

b. 生产者的相关假设：

（1）每种厂商都只生产一种产品；

（2）产品成本有固定成本和边际成本两部分构成，且假设全部是由劳动力成本构成。

c. 关于市场的假设，假定为该市场为垄断竞争市场，因此，满足垄断竞争市场的全部特征。

下面在 a、b、c 的假设前提下对参与者的行为进行分别分析：

同样，首先看消费者，对消费者来说，收入和市场价格是既定的，消费者通过选择消费数量来实现效用最大化：

$$\max_{q_0, \ q_1, \ \cdots, \ q_L} \Big(\sum_{l=1}^{L} q_l^{\rho} \Big)^{\frac{1}{\rho}}$$
$$\text{s. t.} \quad \sum_{l=1}^{L} p_l q_l = I$$

其拉格朗日函数为：

$$L = \Big(\sum_{l=1}^{L} q_l^{\rho} \Big)^{\frac{1}{\rho}} - \lambda \Big(\sum_{l=1}^{L} p_l q_l - I \Big)$$

一阶条件为：

$$\Big(\sum_{l=1}^{L} q_l^{\rho} \Big)^{\frac{1-\rho}{\rho}} q_l^{\rho-1} = \lambda p_l, \ l = 1, \ \cdots, \ L$$
$$\sum_{l=1}^{L} p_l q_l = I$$

化简可得：

$$\lambda = \frac{\left(\sum_{l=1}^{L} q_l^\rho\right)^{\frac{1}{\rho}}}{I}, \quad q_l = \left(\frac{p_l}{I}\right)^{\frac{1}{\rho-1}} \left(\sum_{l=1}^{L} q_l^\rho\right)^{\frac{1}{\rho-1}} \tag{5.5}$$

现在，我们对厂商行为进行分析，厂商选择价格或者产量来实现利润最大化：

$$\max_{p_l} p_l(q_l)q_l - cq_l(p_l) - f$$

一阶条件为：

$$p_l = \frac{c}{1 - \frac{1}{\eta}} = \frac{c}{\rho} \tag{5.6}$$

利用对称性可得：

$$q_l = q = \frac{I}{Lp_l} = \frac{I\rho}{Lc} \tag{5.7}$$

最后，根据垄断竞争市场均衡的条件，我们可以得到：

$$p_l(q_l)q_l - cq_l(p_l) - f = 0$$

于是，联立 (5.6) 式可以得出：$\quad q_l = \frac{f}{c}\frac{\rho}{1-\rho} \tag{5.8}$

同时，再联立 (5.7) 式可以得出：$L = \dfrac{I(1-\rho)}{f} \tag{5.9}$

【例 5.7】 接下来，用具体的例子，当 $\rho = 1/2$ 时的情况对模型进行说明。

首先对消费者进行分析：

由 $\rho = 1/2$ 可得，其效用函数形式为：$U = \left(\sum_{l=1}^{L} q_l^{1/2}\right)^2$，可以看到，$\forall l = 1, 2, \cdots,$

L，均有 $\lim\limits_{q_l \to 0} \dfrac{\partial U}{\partial q_l} \to \infty$，同时可以写出其预算约束为：$\sum_{l=1}^{L} p_l q_l \leqslant I$。这样，由 (5.5) 式可得：

$$\lambda = \frac{\left(\sum_{l=1}^{L} q_l^{1/2}\right)^2}{I}, \quad q_l = \left(\frac{p_l}{I}\right)^{-2} \left(\sum_{l=1}^{L} q_l^{1/2}\right)^{-2}$$

我们应该记住的是，这里对消费者来说收入和市场价格是给定的。

接下来，对生产者进行分析：

将 $\rho = 1/2$ 代入 (5.6)、(5.8)、(5.9) 式中可得：

$$p_l = 2c, \quad q_l = \frac{f}{c}, \quad L = \frac{I}{2f}$$

D-S 模型的主要贡献是为考虑产品种类的垄断竞争模型提供了简洁的分析框架。正如迪克西特和斯蒂格利茨在论文引言部分所指出的，尽管兰开斯特的产品特性法、霍特林的空间模型法、以及均方差资产选择模型也对产品种类进行了模型化，但这些间接的方法较为复杂，难以进行一般均衡分析和进一步应用。我们可以看到，在新贸易理论以及保罗·罗默 (1987，1990) 和格罗斯曼与赫尔普曼等人的新增长理论中，D-S 模型构成了其基本的逻辑起点。

第6章　垄断市场

我们已经提到过，根据市场势力的不同，市场结构可以划分为完全竞争市场（perfectly competitive market）、垄断市场、垄断竞争市场和寡头垄断市场，这其中，完全竞争市场可以说是一个极端，而与之对应的另一个极端则是垄断。在垄断市场中只有一个卖方或者买方。

在具体研究垄断市场的产量和定价之前，我们先来了解一下垄断厂商出现的原因：(1) 规模经济导致的自然垄断，例如一些公共事业和通信业；(2) 企业控制了稀有生产要素(包括关键性资源和技术)；(3) 政府的特许生产或经营，例如我国的烟草行业。

在这一章，首先讲垄断产品市场，再讲差异定价。①

6.1　垄断产品市场

6.1.1　垄断厂商的产量选择

厂商的产量选择取决于厂商的成本函数。

这里，首先假设要素市场是完全竞争的，则要素价格外生给定，从而成本函数可以表示为厂商产出的函数，同样用 $c(q)$ 表示。

于是，与完全竞争市场相同，我们可以写出垄断厂商利润最大化问题的数学表示：

$$\max_q p(q)q - c(q)$$

其中，由于垄断厂商决定市场价格，市场价格 p 由市场需求函数决定，为了方便计算，这里考虑反需求函数 $p(q)$。

利润最大化的一阶条件为边际收益等于边际成本：

$$p(q) + p'(q)q = c'(q)$$

即在垄断厂商选择的产出水平上，其边际收益等于边际成本。也就是说，如果垄断厂商的边际收益大于边际成本，垄断者会增加其产量；而如果边际收益小于边际成本，垄断者会降低产量，直至边际收益等于边际成本。

对于上述一阶条件，等式左边表示垄断厂商的边际收益，其中，$p(q)$ 的经济含义为：垄断厂商每多生产一单位产出，销售商品所获得的收益会增加 $p(q)$；$p'(q)q$ 的经济含义为：市场需求量增加而导致价格下降引起的收益的降低，两方面的作用结果最终形成

---

① 垄断市场拟从垄断产品市场和垄断要素市场两个维度展开，鉴于前述章节中已经讲过垄断要素市场，为避免重复，本章节只讲垄断产品市场。

边际收益。

6.1.2 单一产品的定价：逆弹性法则

假设厂商只生产一种产品，接上述的利润最大化一阶条件，我们对其做以下变换：

$$p(q) + p'(q)q = p(q)\left[1 + \frac{\mathrm{d}p(q)}{\mathrm{d}q}\frac{q}{p(q)}\right] = c'(q)$$

又，给定产品的需求价格弹性 $\varepsilon = \frac{\mathrm{d}q(p)}{\mathrm{d}p}\frac{p}{q(p)}$，将其代入上式可得：

$$p(q) + p'(q)q = p(q)\left[1 + \frac{1}{\varepsilon}\right] = c'(q)$$

进一步可以得到：

$$L = -\frac{1}{\varepsilon} = \frac{p - c'(q)}{p}$$

这个式子即为衡量垄断程度的勒纳指数（Lerner index），由该式可知，假设边际成本不变，则有：

（1）如果需求价格弹性较低，即，当 $|\varepsilon| < 1$ 时，垄断指数较大，垄断程度较高，提高价格可以增加利润

（2）如果需求价格弹性较高，即，当 $|\varepsilon| > 1$ 时，垄断指数较小，垄断程度较低，降低价格可以增加利润

（3）如果需求价格弹性较低，即，当 $|\varepsilon| = 1$ 时，需求弹性与价格相互独立，此时垄断厂商的定价规则为"拇指规则"，即根据上式来调整价格。

另外，当 $|\varepsilon| = \infty$ 时，垄断指数为 0，市场变为完全竞争市场，厂商的定价规则为 $p = c'(q)$。

接着，我们对上式做进一步改写：

$$p(q) = \frac{c'(q)}{1 + \frac{1}{\varepsilon}}$$

这样，我们就得到了最为一般且更具体的定价规则。

6.1.3 多产品定价原则

放松厂商只生产一种产品的假设，假设厂商同时生产多种产品，相当于假设所有产品之间的价格相互独立，第 i 种产品的需求函数为 $q_i = Q(p_i)$，并假设其需求弹性为负，即 $\varepsilon_{ii} < 0$，则生产多产品的厂商的利润最大化问题可以表示为：

$$\max_{p_i} \sum_{i=1}^{n} p_i q_i - c(q_1, q_2, \cdots, q_n)$$

求一阶条件可得：

$$q_i + p_i\frac{\partial q_i}{\partial p_i} + \sum_{j \neq i}^{n} \frac{\partial q_j}{\partial p_i}p_j = \sum_{j \neq i}^{n} \frac{\partial c}{\partial q_j}\frac{\partial q_j}{\partial p_i}$$

进一步地，我们分两种情况进行讨论：

情况一：当多种产品的需求相关且其成本可分离时有：

$$c(q_1, q_2, \cdots, q_n) = \sum_{i=1}^{n} c(q_i)$$

则，将其带入一阶条件可得：

$$L = \frac{p_i - c_i'}{p_i} = \frac{1}{\varepsilon_{ii}} - \sum_{j \neq i}^{n} \frac{(p_i - c_j')q_i \varepsilon_{ij}}{p_i q_j \varepsilon_{ii}}$$

从上式可得，当其他产品都与第 i 种产品的需求是相互替代关系时，即 $\varepsilon_{ij} < 0$，$L > \frac{1}{\varepsilon_{ii}}$ 时，其他任何产品的价格上升，以及第 i 种产品价格的下降都会使得第 i 种产品垄断利润提高。而当其他产品都与第 i 种产品的需求是互补关系时，即 $\varepsilon_{ij} > 0$，$L < \frac{1}{\varepsilon_{ii}}$ 时，至少会有一种产品会以低于边际成本的价格出售以提高其他商品的需求。

情况二：当多种产品的需求相互独立且其成本相互关联时有：

$$q_i = Q_i(p_i)$$

此时，假设企业生产分为两期，第一期的成本为 $c_1(q_1)$，第二期的成本为 $c_2(q_1, q_2)$，且 $\frac{\partial c_2(q_1, q_2)}{\partial q_1} < 0$，则垄断厂商利润最大化问题可以写成：

$$\max_{q_1, q_2} p_1 q_1 - c_1(q_1) + \delta[p_2 q_2 - c_2(q_1, q_2)]$$

其一阶条件为：

$$\begin{cases} p_1 + q_1' = c_1' q_1' + c_2' q_1' \\ p_2 + q_2' = c_2' q_2' \end{cases}$$

因为边际收益为凹函数，由上式可知：

$$MR_1 < MC_1$$

也就是说，在这种情况下，厂商会通过降低第一期的垄断价格进而使得第二期的成本下降，从而获得最大利润。

6.1.4　耐用品的定价

根据产品的使用寿命，可以将产品划分为易耗品和耐用品(durable goods)。现实生活中耐用品的例子有很多，例如电视机、电冰箱、洗衣机、手机、书籍等。由于这些产品特殊的寿命特征，它们一般存在若干个时期，因而存在跨期需求的问题，而跨期需求会产生一个动态的博弈结构，在这个博弈中，消费者不仅考虑当期产品的价格，理性消费者还会预期产品以后各期的价格，并因此可能改变其消费决策；相应的，厂商不仅考虑当期产品的市场需求，同时也会考虑以后各期产品市场的需求。这一部分，我们主要解决两个问题：一是耐用品的出售与出租的问题，另一个是科斯猜想及其对策。

首先看耐用品的出售与出租的问题，我们首先给出一个一般的结论，并举例论证。这个结论是说：垄断厂商更希望出租而不是销售产品。

我们考虑某种两期耐用品。如果厂商决定销售该产品：由于该产品可使用两期，那么第一期销售的产品会使第二期的产品需求下降，为了刺激第二期的产品需求，厂商会在第二期降低价格，产生跨期价格歧视，而理性消费者会预期到这一点，只要其等待成本小于降价带来的效用，消费者就会选择在第二期消费，从而限制了厂商的定价。如果厂商选择出租该产品，则：第一期末厂商收回该产品并于第二期重新出租，于是，避免了跨时期的信用问题，将耐用品转化为"易耗品"，第二期不必降低其产品的价格，从而提高了垄断的总利润。

为了更具体地说明上述结论，首先，我们给出以下假设：

（1）假设耐用品为两期耐用品，时间折现因子为 δ；

（2）假设消费者具有理性预期，并假设对产品具有单位需求，即消费者最多只购买一单位产品。

我们将消费者人数标准化为 1，同时，为了简化计算，假设消费者对每一期产品的价值的评价 θ 为 $[0, 1]$ 上的均匀分布，并假设生产成本为 0。

于是我们得到以下博弈：

初始时，垄断者选择出售或者出租。

如果垄断厂商选择出租，则不存在跨期替代的问题，其产量决策与易耗品相同，两阶段的出租价格相同，都为 p，又由于消费者对每一期产品价值的评价 θ 为 $[0, 1]$ 上的均匀分布，因此，两阶段的需求也相同，都为 $q = 1 - p$，这样垄断厂商利润最大化目标可以写为：

$$\max_p \pi = p(1 - p)$$

于是得到最优出租价格为 $p^{\mathrm{rent}} = \dfrac{1}{2}$，总利润 $\pi^{\mathrm{rent}} = \dfrac{1 + \delta}{4}$

如果垄断厂商选择出售。假设第一期销售价格为 p_1，第二期的销售价格为 p_2。

当消费者对每一期产品价值的评价为 $\hat{\theta}$ 时，其在第一期购买与在第二期购买无差异，也就是说：

$$\hat{\theta} - p_1 = \delta(\hat{\theta} - p_2)$$

化简得：

$$\hat{\theta} = \frac{p_1 - \delta p_2}{1 - \delta}$$

于是，我们得出当 $\theta > \hat{\theta}$ 时，消费者在第一期购买；当 $\theta < \hat{\theta}$ 且 $\theta > p_2$ 时，消费者会选择在第二期购买。于是，我们得到第一期的需求为 $q_1 = 1 - \hat{\theta}$；第二期的需求 $q_2 = \hat{\theta} - p_2$。这样我们得到博弈双方各期收益分别为：$U_1 = \theta - p_1$，$U_2 = \delta(\theta - p_2)$；$\pi_1 = p_1(1 - \hat{\theta})$，$\pi_2 = p_2(\hat{\theta} - p_2)$。

接下来，用逆向归纳法分析上述博弈：

首先看第二期，第二期对厂商来说，p_1 已经给定，其最大化目标为：

$$\max_{p_2} \pi_2 = p_2(\hat{\theta} - p_2)$$

由其一阶条件可得：

$$p_2^{\text{sell}} = \frac{p_1}{2}$$

下面考虑第一期，厂商选择 p_1 以获得最大垄断利润，其最大化目标可写为：

$$\max_{p_1} \pi = \pi_1 + \delta\pi_2$$

将 $\pi_1 = p_1(1 - \hat{\theta})$、$\pi_2 = p_2(\hat{\theta} - p_2)$、$p_2^{\text{sell}} = \frac{p_1}{2}$ 代入，可得其最大化目标为：

$$\max_{p_1} \pi = p_1(1 - \hat{\theta}) + \delta\frac{p_1}{2}\left(\hat{\theta} - \frac{p_1}{2}\right)$$

一阶条件化简可得：

$$p_1^{\text{sell}} = \frac{2(1 - \delta)}{4 - 3\delta}$$

由此可得垄断利润为：

$$\pi^{\text{sell}} = \frac{1 - \delta}{4 - 3\delta}$$

我们知道，时间折现因子 $0 \leq \delta \leq 1$，因此 $\pi^{\text{rent}} > \pi^{\text{sell}}$。

从上述分析我们可以看到在厂商的跨时期价格歧视情况下，消费者的理性预期会使得垄断厂商的利润下降。更极端的情形是，科斯（Coase，1972）考虑到连续时间情况下的耐用品定价问题，由此提出了科斯猜想：当耐用品垄断者的价格调整非常频繁时，垄断利润趋于 0。下面是依照 Hart-Tirole（1998）的思路对科斯猜想的证明。

接上述例子，我们假设耐用品不再是两期，而是无限期的，则垄断者的利润最大化目标可以写成：

$$\max_{p_2} \pi = \sum_{t}^{\infty} \delta^t p_t q_t$$

观察这个博弈我们发现，给定任意一期 t，对每一期产品价值的评价小于 θ_t 的消费者都没有购买，因此，只要将区间 $[0, \theta_t]$ 看作原区间 $[0, 1]$ 乘以 θ_t 即可，那么，第 t 期的定价规则与第一期没有任何差别，也就是说，这个博弈中任何一个时点以前的部分删去后剩下的部分与原博弈结构相同，于是我们知道，只要求出任意一期的纳什均衡就能得到整个博弈的子博弈完美纳什均衡。

6.1.5 长期垄断

在完全竞争市场中我们知道要素投入的变动（包括技术的变动）以及生产者进入变动会使厂商的长期和短期行为不一致，这里我们仍从这两个角度来分析。

要素投入变动造成的结果是垄断者选择固定要素水平以最大化长期利润，将在边际收益等于边际成本处生产。

而进入变动在垄断市场来说几乎是没有的，因为垄断市场一定存在着进入壁垒以确保其垄断地位，否则，一旦有新的厂商进入市场，市场结构将会发生改变。

另外，需要指出的是，垄断厂商并不存在垄断供给曲线，理由如下：

在完全竞争市场中，长期供给曲线是通过移动需求曲线并得到一系列均衡时的价格 -

数量的组合而得到的，但是，显然这种方式并不适用于垄断市场。以单一产品市场为例，对于给定的一个需求曲线，垄断厂商的定价只与需求曲线的弹性有关，由此得到的"供给曲线"是一个使得 MR = MC 的价格 - 数量的组合，而不是一条曲线，而当需求曲线移动时，边际收益曲线也将移动，从而产生新的最优产出，由此产生的一系列均衡点的组合取决于市场需求曲线的弹性的变化，因此，并没有什么意义。

6.1.6 垄断的福利分析

这一部分我们分析垄断市场的社会福利。在具体分析之前，我们首先给出评价的标准：帕累托有效。在福利经济学中，帕累托有效是这样一种状态：不存在任何一种方式可以在不降低其他个体福利的情况下使某一个个体的福利得到改善。尽管帕累托效率与福利最大化不同，但是它们彼此之间存在着联系：若一个配置实现了社会福利最大化，那么它一定是帕累托最优的。这也告诉我们完全竞争市场的配置是帕累托最优的一种情形。

我们首先从图形上来分析垄断的福利。如图 6.1 所示，当市场为完全竞争市场时，厂商在 p = MC = AC 处进行生产，于是得到产出为 q_c，均衡价格为 p_c；而当市场为垄断市场时，厂商在 MR = MC 处生产，于是得到垄断市场产量为 q_m，垄断价格为 p_m。

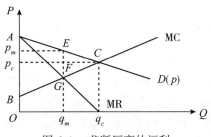

图 6.1　垄断厂商的福利

在垄断产量上，如果厂商再多生产 Δq 单位产品，消费者将支付 $p(\Delta q + q_m)$，厂商的额外成本为 $\mathrm{MC}(q)$，此时消费者的状况不会恶化，又由于厂商以高于生产成本的卖出价格卖出额外的产品，因此厂商的福利得到改善，假设厂商进行价格歧视定价，即先以 p_m 价格出售 q_m 产品，再以较低的价格出售额外的 Δq 单位产品，上述厂商福利的改善将持续至产出达到完全竞争时。在图 6.1 中，垄断价格 p_m 下，消费者剩余为三角形 AEp_m 的面积，垄断利润为梯形 p_mEGB 的面积，总的社会福利为梯形 $AEGB$ 的面积；而完全竞争市场中，消费者剩余为 ACp_c 的面积，厂商利润为 p_cCB 的面积，总的社会福利为三角形 ABC 的面积，由此可得，垄断带来的社会福利损失为三角形 ECG 的面积。

下面，根据上述分析，假定需求为线性需求，我们对垄断的社会福利净损失进行数学上的证明：

给定市场需求函数 $P(q)$、垄断企业的产量 q_m、企业的边际成本曲线 $\mathrm{MC}(q)$，则社会福利可以写为：

$$W = \mathrm{CS} + \mathrm{PS} = \int_0^{q_m} P(q) - P(q_m)\,\mathrm{d}q + \int_0^{q_m} P(q_m) - \mathrm{MC}(q)\,\mathrm{d}q = \int_0^{q_m} P(q) - \mathrm{MC}(q)\,\mathrm{d}q$$

比较完全竞争市场和垄断市场，垄断市场的社会福利净损失可表示为：

$$DWL = W(q_c) - W(q_m)$$

$$= \int_0^{q_c} P(q) - MC(q)\,dq - \int_0^{q_m} P(q) - MC(q)\,dq$$

$$= \int_{q_m}^{q_c} P(q) - MC(q)\,dq$$

假设市场需求近似于线性函数，且 MC 为常数等于 c，那么：

$$DWL \approx -\frac{1}{2}dpdq = \frac{1}{2}(p_m - c)(q_c - q_m)$$

考虑 $\varepsilon = \dfrac{dq(p)}{dp}\dfrac{p}{q(p)}$，勒纳指数 $L = \dfrac{p - MC}{p}$，我们可以将 DWL 转化为以下形式：

$$DWL = -\frac{1}{2}\varepsilon p_m q_m L^2$$

又 $L = -\dfrac{1}{\varepsilon}$，可得：

$$DWL = \frac{1}{2}p_m q_m L = \frac{1}{2}\frac{p_m - c}{p_m}p_m q_m = \frac{1}{2}\pi_m$$

另外，除了这种完全由市场结构带来的损失外，有些学者认为，垄断市场还存在以下两种损失：成本扭曲和寻租行为。成本扭曲是说因为没有竞争压力，垄断企业内部管理和成本控制相对松懈产生 X 非效率问题进而使社会福利损失。寻租行为是说垄断企业为了确保其垄断地位而发生的战略性或管理性的支出，因此使垄断利润降低，进而损害社会福利。

6.2　差别定价

6.2.1　价格歧视的原理及其条件

前面我们讨论的垄断定价都是假设厂商定价为单一定价，在这一部分我们将放松这一假设，认为厂商可以实行差别定价，即价格歧视。价格歧视是指企业对同一产品的不同客户收取不同的价格，即产品的成本相同但价格不同，或者产品的价格相同但成本不同。差别定价的前提是消费者采购时存在消费者剩余，厂商实行差别定价是为了进一步获得消费者剩余进而扩大利润。

现实生活中价格歧视的例子有很多，常见的有以下几种形式：

第一种：两阶段收费。收费包括基本费和从量费，比如电话的月租费和附加费，又比如旅游景区的门票和景区内的项目收费。

第二种：数量折扣。对不同数量的产品设置不同的单价，比如销售中的团购价。

第三种：搭配销售。比如购买手机时要同时购买厂商的充电器。

第四种：质量歧视。比如机票分为头等舱、商务舱和经济舱。

但是，并非每个不同定价的行为都是价格歧视，例如，有些厂商会将大宗订单带来的成本的节省返还给购买者。

垄断厂商增加一单位销量所带来的收益增量是两个方面的效果：一是以价格 p 多销售一个单位产品所带来的收益增量 p；二是由价格降低导致的全部销量的收益减少为 $Q\Delta p$。这样，当总收益为 $p(Q)Q$ 时，其边际收益为 $p(Q) + Q\dfrac{\mathrm{d}p(Q)}{\mathrm{d}Q}$。但是，如果厂商只对多销售的一单位销量降低价格，那么垄断厂商增加一单位销量所带来的收益增量只有以价格 p 多销售一个单位产品所带来的收益增量 p，这样垄断厂商就通过差别定价赚取了额外利润。

价格歧视的发生必须满足以下三个条件：

（1）企业拥有一定的垄断力量。因为厂商必须能够向消费者索取高于市场价格的价格。

（2）厂商需要知道消费者的支付意愿的概率分布。

（3）消费者不能套利。

价格歧视可以分为以下三种情况：

（1）一级价格歧视，也叫完全价格歧视，是指厂商对每一件产品设置不同的价格，使其能获得全部的消费者剩余。

（2）二级价格歧视是指按消费者购买的数量来进行差别定价。

（3）三级价格歧视将市场分为两个或多个群体，分别进行定价。

其中，二级价格歧视和三级价格歧视的区别在于三级价格歧视可以依据消费类型将市场划分为多个独立的市场，同时在不同市场上实行差别定价，但是二级价格歧视的厂商无法观察到消费者的类型，因此只能通过设定不同的价格，并且利用不同的价格让消费者自我选择，从而进行价格歧视。

6.2.2 一级价格歧视

一级价格歧视实施的前提是厂商能够掌握所有消费者的支付意愿，我们根据消费者的不同情形来分析一级价格歧视。

第一种情形，也是最简单的情况，假设消费者是同质的，且消费者对产品具有单位需求特性。此时厂商的定价策略是将价格等于消费者的保留价格即可，即让 $p = v$，这样，厂商获得全部的消费者剩余，这也是一级价格歧视又被称为完全价格歧视的原因：消费者剩余完全被垄断厂商占有。

第一种情形的扩展情况是，假设存在 n 类消费者，且消费者对产品具有单位需求特性。这样厂商的定价策略是根据每类消费者的保留价格分别定价，即让 $p_i = v_i$，这样，厂商仍获得全部的消费者剩余。

第二种情形是一种稍微复杂的情况：假设有 n 个消费者，且他们的需求函数均相同，厂商也知道这一情况并知道他们的需求函数。于是我们可以得到单个消费者的需求函数为

$$q = \frac{D(p)}{n}。$$

为了方便说明完全价格歧视的社会福利情况，我们首先看一下完全竞争市场、统一垄断价格情况下的福利状况。

结合图6.2，我们可以知道，完全竞争市场下消费者剩余为三角形 ACp_c 的面积，厂商的生产者剩余为三角形 BCp_c 的面积，整个社会的福利为三角形 ABC 的面积，用函数式表示为：

$$W_c = \int_0^{q_c} D(p) - MC(q)\,dq$$

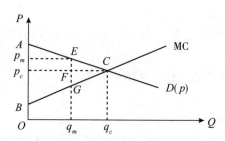

图6.2 完全竞争市场局部均衡的福利

再看统一定价的社会福利，由前面的分析我们可以看到，统一定价时垄断厂商的定价为 $p(q) = \dfrac{MC(q)}{1 + \dfrac{1}{\varepsilon}}$，垄断利润为 $\pi_m = p_m q_m - C(q_m)$，垄断厂商在占有一部分消费者剩余的同时损失一部分垄断利润，特别的，当市场需求近似于线性函数，且 MC 为常数等于 c 时，社会总福利相对于完全竞争市场而言损失 $\dfrac{1}{2}\pi_m$，即此时社会的无所谓损失为 $\dfrac{1}{2}\pi_m$。

最后，我们来分析实施一级价格歧视时的情况，此时，垄断者的最优方案是采用两部定价的方法以实现一级价格歧视，具体的定价过程为：

首先，厂商两部定价形式时其价格为：$T(q) = A + pq$。

当采取竞争性价格时，其价格为：$T(q) = p_c q$，消费者剩余为：$S_c = \int_0^{q_c} p(q) - p_c\,dq$，单个消费者的消费者剩余为：$\dfrac{S_c}{n}$。

此时，如果我们令 $A = \dfrac{S_c}{n}$，$p = p_c$，于是有 $T(q) = \dfrac{S_c}{n} + p_c q$。可以看到，此时的价格是使得消费者买与不买都可以的价格，即此时的消费者剩余全部被垄断厂商获取，垄断利润为最优时的社会福利，显然高于采取统一定价时的社会福利，且与完全市场时的社会福利相等。在图6.2中表现为，完全竞争市场时消费者剩余(三角形 ACp_c 的面积) 全部归垄断厂商，社会总福利与完全竞争市场时一样，都为三角形 ABC 的面积。

现在，扩展第二种情形：假设存在 n 类消费者，每类消费者的需求函数分别为 $D^i(p)$，于是我们可以将市场划分为 n 个市场，每个市场都满足"有 n 个消费者，且他们的需求函数均相同"，厂商即可根据针对每个市场不同需求函数采取两部收费的方法制定不同的收费标准。

从上述分析我们可以看到，不论市场上的消费者具有怎样的特性，只要能够完全获取消费者的需求信息，厂商都可以采用两部收费的方式获得全部的消费者剩余，具体做法是收取边际成本价格的同时针对每个人的保留价格收取固定费用，从而使消费者剩余为 0。

6.2.3 三级价格歧视

从前面的分析可以看到，尽管只要给出消费者的需求曲线，厂商就能实施完全价格歧视，但这也意味着完全价格歧视对信息要求很高，它要求厂商拥有完全的消费者需求信息，而这在现实生活中很少存在。更多的情况则是厂商只拥有消费者群体的信息，在这种情况下，厂商可以进行三级价格歧视以获取最高的垄断利润。下面来分析其定价方式。

假设厂商拥有 m 个市场的需求曲线信息，并在每个市场中实行统一定价，则厂商所有市场的需求可以表示为：

$$\{D^1(p_1), \cdots, D^i(p_i), \cdots, D^m(p_m)\}$$

于是，垄断厂商最大化目标可以表示为：

$$\max \sum_{i=1}^{m} p_i D^i(p_i) - C\left(\sum_{i=1}^{m} D^i(p_i)\right)$$

求其一阶条件，并化简可得：

$$\frac{p_i - \mathrm{MC}}{p_i} = \frac{1}{\varepsilon_i}$$

可以看到，三级价格歧视将市场分为多个群体，分别进行统一定价，也就是说厂商根据消费者的信息把总需求分为若干个市场，厂商知道这若干个市场的市场需求曲线，这样，根据每个市场的需求曲线分别进行统一定价，统一定价的原则满足逆弹性定价原则。

另外，由逆弹性定价原则可以知道，当边际成本相同时，需求弹性越大的消费者能接受的价格越低，需求弹性较小的消费者能接受的价格越高。于是三级价格歧视中的垄断厂商在需求弹性高的市场收取较低的费用，在需求弹性低的市场收取较高的费用以获取更多的消费者剩余，从而获得更高的垄断利润。

进一步地，我们来分析三级价格歧视下的社会福利问题。首先我们可以明确的是，统一定价方式对于高需求弹性的消费者来说提高了他们的福利，而对于低弹性消费者来说则降低了他们的福利，这样，两方面的作用效果使得最终社会福利的变化并不确定。下面我们用一个例子来说明。

仍然假设厂商拥有 m 个市场的需求曲线信息，第 i 个市场的市场需求为：$q_i = D^i(p_i)$，对应的消费者剩余为 $S^i(p_i)$；同时，我们假设厂商的边际成本不变为 c。

由前面的分析我们可以得到实施三级价格歧视时，厂商在每个市场的定价为 p_i，厂商

利润为 $\sum_{i=1}^{m}(p_i-c)q_i$，消费者剩余为 $\sum_{i=1}^{m}S^i(p_i)$，于是实施三级价格歧视时，社会总福利为：

$$W_d = \sum_{i=1}^{m}(p_i-c)q_i + \sum_{i=1}^{m}S^i(p_i)$$

为了方便比较，我们再给出垄断者对所有市场制定统一价格的情况，我们令这个价格为 $\bar{p}$，此时第 i 个市场的消费者剩余为 $S^i(\bar{p})$，垄断利润为 $(\bar{p}-c)\bar{q_i}$。于是我们得到实施统一定价时消费者剩余为 $\sum_{i=1}^{m}S^i(\bar{p})$，厂商利润为 $(\bar{p}-c)\sum_{i=1}^{m}\bar{q_i}$，社会总福利为：

$$W_s = (\bar{p}-c)\sum_{i=1}^{m}\bar{q_i} + \sum_{i=1}^{m}S^i(\bar{p})$$

于是，实施三级价格歧视后，社会福利变化为：

$$\Delta W = W_d - W_s = \sum_{i=1}^{m}S^i(p_i) - S^i(\bar{p}) + \sum_{i=1}^{m}(p_i-c)q_i - (\bar{p}-c)\bar{q_i}$$

我们知道消费者剩余 $S(p) = \int_{p}^{\hat{p}}D(\theta)\mathrm{d}\theta$，其中 $D(\hat{p})=0$。于是有：

$$S'(p) = -D(p) < 0,\ S''(p) = -D'(p) > 0$$

由此可得：如果需求函数为凸函数，则 $S(p)$ 为凸函数。于是有：

$$S^i(p_i) - S^i(\bar{p}) \geqslant S'(\bar{p})(p_i-\bar{p})$$
$$S^i(p_i) - S^i(\bar{p}) \leqslant S'(p_i)(p_i-\bar{p})$$

将上述两式代入 ΔW 中可得：

$$\sum_{i=1}^{m}(p_i-c)\Delta q_i \leqslant \Delta W \leqslant (\bar{p}-c)\sum_{i=1}^{m}\Delta q_i$$

其中，$\Delta q_i = q_i - \bar{q_i}$。

如果 $\forall i$，有 $\Delta q_i \geqslant 0$，则 $\Delta W \geqslant 0$；若 $\sum_{i=1}^{m}\Delta q_i \leqslant 0$，则 $\Delta W \leqslant 0$。因此，无法确定三级价格歧视下的社会福利变化方向，这取决于实施价格歧视后厂商销量的变化。

6.2.4　二级价格歧视

一级价格歧视中要求厂商拥有完全的消费者需求信息，三级价格歧视要求厂商能够获得消费者的类型或群体信息，进一步地，我们放松对信息的要求，假设厂商无法获得消费者类型或群体的全部信息，只能获取消费者群体分布的概率，在这种情况下，厂商仍能通过设计各种消费组合让消费者自行选择从而实现价格歧视。

假设市场上有两类消费者，消费者的商品价值为 $\theta_i V(q)$，θ_i 表示的是第 i 类消费者对商品的偏好参数，由于对分析并不影响，不妨设 $\theta_2 > \theta_1$，第一种消费者所占比例为 λ。同时我们假设厂商不能识别消费者类型，其边际成本为 c，市场价格为 p，他们的最大化问题为：

$$\max\ \theta_i V(q) - pq$$

其一阶条件为：

$$\theta_i V'(q) = p$$

进一步，假设 $V(q) = \dfrac{1 - (1 - q)^2}{2}$，代入上式可得：

$$\theta_i(1 - q) = p$$

即，第 i 类消费者的需求函数为：

$$D^i(p) = 1 - \frac{p}{\theta_i}$$

第 i 类消费者的消费者剩余为：

$$S^i(p) = \frac{(\theta_i - p)^2}{2\theta_i}$$

市场需求函数为：

$$D(p) = \lambda D^1(p) + (1 - \lambda)D^1(p) = 1 - \frac{p}{\theta}$$

其中 $\theta = \dfrac{\lambda}{\theta_1} + \dfrac{1 - \lambda}{\theta_2}$。

下面先以两部定价来说明二级价格歧视如何定价，为了方便比较，与前面三级价格歧视一样，我们同时写出一级价格歧视和统一垄断价格的定价。

由前面的分析我们知道，一级价格歧视中如果采取两部定价方式，对第 i 类消费者的定价为 $T_i(q) = A_i + cq$，其中 $A_i = S^i(c)$，垄断者获得所有的消费者剩余，垄断利润为：

$$\pi_{fd} = \lambda \frac{(\theta_1 - c)^2}{2\theta_1} + (1 - \lambda)\frac{(\theta_2 - c)^2}{2\theta_2}$$

当采取统一垄断价格时，此时垄断只能采取线性价格形式，$T(q) = pq$，垄断厂商的最优化问题可以表示为：

$$\max\left(1 - \frac{p}{\theta}\right)(p - c)$$

由此可得垄断价格为 $p_m = \dfrac{c + \theta}{2}$，垄断利润为 $\pi_m = \dfrac{(\theta - c)^2}{4\theta}$。

接下来讨论二级价格歧视的情形。

当采用单一两部定价方式时，$T(q) = A + pq$。

当价格 p 能使第一类消费者购买产品时，厂商可以对其收取固定费用 $A = S^1(p)$ 来获取其全部的消费者剩余，由于 $S^2(p) > S^1(p)$，但此时第二类消费者仍有剩余，于是给定价格 p，最优的固定费用为 $S^1(p)$。这样我们可以将垄断厂商利润最大化问题写为：

$$\max_p S^1(p) + (p - c)D(p)$$

于是可以表示为：

$$\max_p \frac{(\theta_1 - c)^2}{2\theta_1} + (p - c)\left(1 - \frac{p}{\theta}\right)$$

其一阶条件为：

$$-\frac{\theta_1 - p}{\theta_1} + 1 - \frac{p}{\theta} - \frac{p - c}{\theta} = 0$$

由此可得二级价格歧视下厂商的最优定价为 $p_{sd} = \dfrac{c}{\dfrac{2 - \theta}{\theta_1}}$。

显然有 $c < p_{sd} < p_{fd}$，且 $\pi_{fd} \geqslant \pi_{sd} \geqslant \pi_m$。

接下来讨论非线性定价的形式，并证明其要优于单一的两部定价。

假设，厂商针对第 i 类消费者设计的定价组合为 (q_i, T_i)，且当 $i \neq j$ 时，$(q_i, T_i) \neq (q_j, T_j)$。满足参与约束条件：第 i 类消费者选择定价组合 (q_i, T_i) 时消费者剩余大于等于零。激励相容约束条件：第 i 类消费者选择定价组合 (q_i, T_i) 的消费者效用高于其选择 (q_j, T_j) 时的效用。于是我们得到：

垄断厂商最大化目标为：

$$\max_{(q_i, T_i)} \lambda(T_1 - cq_1) + (1 - \lambda)(T_2 - cq_2)$$

参与约束 (IR) 为：

$$\theta_1 V(q_1) - T_1 \geqslant 0$$
$$\theta_2 V(q_2) - T_2 \geqslant 0$$

激励相容约束：

$$\theta_1 V(q_1) - T_1 \geqslant \theta_1 V(q_2) - T_2$$
$$\theta_2 V(q_2) - T_2 \geqslant \theta_2 V(q_1) - T_1$$

显然，最优时有 $\theta_1 V(q_1) - T_1 \geqslant 0$ 和 $\theta_2 V(q_2) - T_2 \geqslant \theta_2 V(q_1) - T_1$ 取等号，而 $\theta_2 V(q_2) - T_2 \geqslant 0$ 和 $\theta_1 V(q_1) - T_1 \geqslant \theta_1 V(q_2) - T_2$ 取严格不等号。

于是可得：

$$T_1 = \theta_1 V(q_1)$$
$$\theta_2 V(q_2) - T_2 = \theta_2 V(q_1) - T_1 = (\theta_2 - \theta_1) V(q_1)$$

将其代入目标函数，求一阶条件可得：

$$\theta_1 V'(q_1) = \frac{c}{1 - \dfrac{1 - \lambda}{\lambda} \dfrac{\theta_2 - \theta_1}{\theta_1}}$$

$$\theta_1 V'(q_2) = c$$

又，假设 $V(q) = \dfrac{1 - (1 - q)^2}{2}$，于是有

$$q_1 = 1 - \frac{c}{\theta_1 - \dfrac{1 - \lambda}{\lambda}(\theta_2 - \theta_1)}$$

$$q_2 = 1 - \frac{c}{\theta_2}$$

这样一来：低类消费者 (θ_1) 剩余为零，高类消费者 (θ_2) 剩余为正，即企业理论中所谓的"高端不扭曲"；低类消费者消费低于社会最优数量，高类消费者消费等于社会最优数量(边际成本等于边际效用)。

第 7 章　　寡头垄断市场

寡头（oligopoly）市场也称为寡头垄断市场，是指产业内一种商品的生产和销售主要由少数企业主导的市场结构。寡头市场存在较高的进入门槛，这也是寡头市场形成的主要原因。由于只有少数企业占据市场，某一家企业作出决策时，往往对其他企业或者整个市场产生不可忽略的影响，因此，寡头市场中的企业存在一定的相互依存、相互影响的关系。即每一个寡头的策略性行为会引起其他寡头的策略变化，或者说，每一个寡头在进行决策时都要考虑其他寡头对该策略的反应。

本章主要介绍了寡头市场结构的主要特征，分析了根据不同的基本条件，如企业生产产品是否同质，企业的战略选择是否同时进行，以及企业间属于价格竞争还是产量竞争等构成的寡头市场的几个基本模型。本章第一节说明了产品同质的价格竞争和产量竞争模型，第二节讨论了产品具有差异化的价格竞争模型，第三节论述了纵向产品差异化的模型，第四节讲述了动态价格竞争以及企业合谋的问题。

7.1　产品同质的价格竞争和产量竞争模型

我们将不同条件下的竞争格局归纳如下（见表 7.1）：涉及产量竞争和价格竞争是基于产品同质的前提，而差异化竞争涉及产品不同质，因此，我们将首先顺次分析古诺模型、斯塔克博格模型、伯兰特模型和价格领导模型，下一节再考虑产品差异引入后的霍特林模型。

表 7.1

	静态	动态
产量	古诺模型	斯塔克博格模型
价格	伯兰特模型	价格领导模型
差异化	霍特林模型 I	霍特林模型 II

7.1.1　古诺模型

古诺模型是由法国经济学家安东尼·奥古斯丁·库尔诺于 1838 年提出的。它是一个只有两个寡头厂商的简单模型，该模型也称作"双寡头模型"。它阐述了相互竞争而没有相互协调的厂商的产量决策是如何相互影响的，从而产生一个位于完全竞争和完全垄断之间的均衡结果。

我们先给出一个一般性描述，再结合具体函数形式分析。

基本假设：

（1）市场上只有两个企业，且追求各自利润最大化。

（2）两企业生产的产品是同质的、无差别的，且生产产品的成本为零。

（3）两企业皆采取相同的价格，且产品的需求函数为已知。

（4）两企业都选择产量作为决策变量，每个企业都对方的产量作为既定的变量，以此来调节自己的产量水平。

利润函数：
$$(q_{ij}, q) = qP(q_{ij} + q_j) - C_i(q_i) \tag{7.1}$$

反应函数：（FOC）：$\Pi^i = P(q_i + q_j) - C'_i(q_i) + q_i P'(q_i + q_j) = 0 \tag{7.2}$

经济含义：式(7.2)前两项代表边际利润，第三项代表产量对边际收益的影响。记住，$P' > 0$，因此第三项实际上表示产出增加导致的边际收益减少的程度。在完全竞争市场，单个企业无法影响产量，因此第三项为 0；在垄断市场，q_i 代表全行业的产量。从博弈的角度看，第三项表明，企业之间存在负的外部性。每个企业都不考虑自身产量对行业的影响，因此导致超过了从全行业来看是最佳的产量。表现为，寡头价格比垄断价格低，寡头利润比垄断利润少。

继续检验二阶条件：
$$\Pi^i_{ii} = 2P' + q_i P'' - C''_i \tag{7.3}$$
$$\Pi^i_{ii} = P' + q_i P'' \tag{7.4}$$

要满足二阶条件为负，需要成本函数为凸（$C''_i > 0$）和逆需求函数为凹（$P'' < 0$）。显然，线性需求函数满足上述性质。

为了分析企业成本与利润的关系以及福利后果，令 $L_i \equiv \dfrac{P - C'_i}{P}$, $d_i \equiv \dfrac{q_i}{Q}$, $\varepsilon \equiv -\dfrac{P'}{P}Q$。

则根据式(7.2)，我们有：
$$L_i = \frac{d_i}{\varepsilon} \tag{7.5}$$

此即勒纳指数的表达式，它反映了垄断程度。该指数严格为正，说明价格严格偏离了边际成本，因此会造成福利损失（除非完全价格歧视）。

为了更清晰地观察成本和产量之间的关系，不妨将式(7.5)改写为：
$$\frac{P - C'_i}{P} = \frac{\dfrac{q_i}{q_i + q_j}}{\varepsilon} \tag{7.6}$$

式(7.6)表明，由于两个企业面临共同的价格和需求弹性，因此边际成本越低的企业，占有的市场份额越高。换言之，两个寡头企业进行古诺竞争时，成本低的企业产量高，成本高的企业产量低（注意：由于需求函数和成本函数不同，这里不再是本科教科书上的所谓"每个企业各占 1/3"）。

【例7.1】求当需求函数为 $P(Q) = 1 - Q$ 和边际成本恒为 c 时的两个同质企业的古诺均衡产出和利润。

解：

利润函数：$\Pi_i = q_i[(1 - q_i - q_j) - c]$

反应函数（FOC）：$q_i = \dfrac{1}{2}(1 - q_j - c)$，$q_j = \dfrac{1}{2}(1 - q_i - c)$（对称）

联立两个反应函数，解得：$q_i = \dfrac{1}{3}(1 - c)$

利润为：$\Pi_i = \dfrac{1}{9}(1 - c)^2$

上述结果可以直接推广到 n 个企业的情况。在对称的情况下，每个企业的产出为

$$q = \frac{1 - c}{n + 1}$$

利润为：

$$\Pi = \frac{(1 - c)^2}{(n + 1)^2}$$

问：如果两个企业成本不同，伯兰特均衡是否瓦解了古诺均衡？

如果企业之间直接进行价格战，那么边际成本低的企业将获得全部市场份额，只要它将价格定在略低于另一家企业的边际成本的水平上。既然低成本企业可以获得整个市场，那么为什么有激励进行产量竞争而不是进行价格竞争呢？

有一种可能是，双方的成本是私人信息，但是需求量是共同知识，因此企业不会贸然进行价格战。另外，当边际成本接近于0时，企业也只能进行产量战（如银行卡发行）。更全面的分析是，第一阶段进行产量竞争，而第二阶段进行价格竞争。

7.1.2　斯塔克博格模型

基本假设：

(1) 市场上只有两个追求各自利润最大化的厂商，两个厂商在市场中的地位是有差异的，假设厂商1为产量领导者，厂商2为跟随者。

(2) 两厂商生产的产品是同质的、无差别的，且生产产品的成本为零。

(3) 市场需求函数为已知。

(4) 两个厂商都选择产量作为决策变量，而产品的市场价格 p 是两个厂商总产量的函数。

先看一个具体的例子。仿照 Stackelberg(1934)，假设企业1、企业2先后选择产量 q_i，逆需求函数为 $p(Q) = 1 - Q$，边际成本固定为 c。求斯塔克博格均衡。

解题思路：该模型是采用完全信息动态博弈，可使用逆向归纳法求解。

解：

运用逆向归纳法，先考虑企业2的最佳反应 $R_2(q_1)$。

$$\max_{q_1 \geq 0} \pi_1(q_1, R_2(q_1)) = \max_{q_1 \geq 0} q_1(1 - q_1 - R_2(q_1) - c)$$

解得 $q_2 \equiv R_2(q_1) = \dfrac{1 - q_1 - c}{2}$。

企业 1 的问题是：

$$\max_{q_1 \geq 0} \pi_1(q_1, R_2(q_1)) = \max_{q_1 \geq 0} q_1(1 - q_1 - R_2(q_1) - c)$$

将 $R_2(q_1)$ 代入，解得 $q_1^* = \dfrac{1 - c}{2}$，$R_2(q_1^*) = \dfrac{1 - c}{4}$；$\pi_1 = \dfrac{(1 - c)^2}{8}$，$\pi_2 = \dfrac{(1 - c)^2}{16}$。

我们将古诺模型的结果和斯塔克伯格模型的均衡对比一下，如表 7.2 所示。

变量	古诺模型		斯塔克伯格	
企业	企业 1	企业 2	企业 1	企业 2
产量	$q_1^* = \dfrac{1 - c}{3}$	$q_2^* = \dfrac{1 - c}{3}$	$q_1^* = \dfrac{1 - c}{2}$	$q_2^* = \dfrac{1 - c}{4}$
利润	$\pi_1 = \dfrac{(1 - c)^2}{9}$	$\pi_2 = \dfrac{(1 - c)^2}{9}$	$\pi_1 = \dfrac{(1 - c)^2}{8}$	$\pi_2 = \dfrac{(1 - c)^2}{16}$

与古诺均衡相比，领导企业的产量提高了，而跟随企业的产量降低了，同时总产量提高了，从而总利润降低了。进一步考虑一个稍微复杂的环境。假定跟随企业 2 不能观察到企业 1 的确定结果，或者对结果没有完美记忆能力，而只能从概率上判断企业 1 的类型，那么这便是一个不完全信息动态博弈。

7.1.3　价格竞争：伯特兰悖论(Bertrand paradox)

基本假设：

(1) 市场上只有两个追求各自利润最大化的同质厂商。

(2) 两厂商生产的产品是同质的、无差别的，且生产产品的成本为零。

(3) 市场需求函数为已知。

(4) 两个厂商都选择产量作为决策变量，厂商 1、厂商 2 的定价不同。

Bertrand(1883) 在对古诺的书评中认为古诺的结论具有误导性，认为价格竞争更稳定，而结果也完全不同。形象的表述：两家成本相同的企业打价格战，导致双方的经济利润为 0。严肃的问题：如何严格证明一个结论？

证明：显然，这是一个完全信息静态博弈：双方同时行动，策略集是价格，赢利取决于共同面对的需求曲线。这是一个典型的囚徒困境。假定两个企业以同样的边际成本 c 和 0 固定成本生产同样的商品(生产函数)。市场的需求函数为：

$q = D(p)$。企业的利润函数为 $\Pi^i(p_i, p_j) = (p_i - c)D_i(p_i, p_j)^i$。

其中，D_i 由下式决定：

$$D_i(p_i, p_j) = \begin{cases} D(p_i) & , \text{ if } p_i < p_j \\ \dfrac{1}{2}D(p_i) & , \text{ if } p_i = p_j \\ 0 & , \text{ if } p_i > p_j \end{cases}$$

博弈的均衡是一对价格(p_i^*, p_j^*)，满足$\Pi^i(p_i^*, p_j^*) \geq \Pi^i(p_i, p_j^*)$。

我们顺次考虑五种情况（参数空间划分法）：

Case 1：$p_1^* > p_2^* > c$

此时，企业 1 没有需求，利润为 0。如果它定价$p_1 = p_2^* - \varepsilon$，则可以得到整个市场。因此，$p_1^*$不是一个最佳策略。对称地，企业 2 也不会索取一个高于对手的价格。

Case 2：$p_1^* = p_2^* > c$

此时，企业 1 的利润为$\Pi_1^1 = D(p_1^*)(p_1^* - c)/2$。但是如果它稍微把价格降低到$p_1^* - \varepsilon$，其利润为$\Pi_1^2 = D(p_1^* - \varepsilon)(p_1^* - c - \varepsilon)$。显然，对于足够小的$\varepsilon$，$\Pi_1^2 = \Pi_1^1$。

Case 3：$p_1^* > p_2^* = c$

此时，企业 2 只要稍微提高一点价格到$c + \varepsilon$，那么就可以获得整个市场。可见，高于对方价格且高于成本的价格不是最佳策略。

Case 4：$p_1^* = p_2^* = c$

这不是最后一种情况。容易证明，没有企业愿意偏离这一均衡路径。

Case 5：$p_1^* = p_2^* < c$

显然，没有企业愿意亏本生产。

结论：

(1) 在寡头市场上，企业按照边际成本定价；

(2) 企业利润为 0。

事实上，上述结论可以扩展到存在多个乃至无数企业的情况，后一种情况即完全竞争市场。

启示：(1) 寡头市场的结果与完全竞争市场的结果是一样的。这与我们观察到的事实不符，因为集中度高的行业通常利润率更高，故谓之"悖论"。(2) 如果结论正确，那么企业企业为什么要进入已经有在位企业的市场？如果是固定成本影响平均成本，那么市场上应该只存在一家企业，因此一个典型的市场应该是完全垄断的。这也与事实不符。

解决伯兰特悖论通常存在如下三种方法：

7.1.3.1 生产能力约束

Edgeworth(1897) 采用了生产能力约束条件来解开伯川德悖论。假定没有任何一家企业具有完全满足需求$D(c)$的生产能力。那么，$(p_1^*, p_2^*) = (c, c)$就不再是一个均衡了。此时，如果第一家企业令价格等于边际成本，那么第二家企业就会获得其余的消费者，并且可以制定一个高于边际成本的价格，从而获得正利润。

实际上，第二家企业就是一个垄断者了。如果预见到这种情况，第一家企业一开始就不会制定等于边际成本的价格，而是也制定一个高于边际成本的垄断价格。最后的均衡取决于两个企业之间的决策与产能分配。第二家企业可能安于占领剩余市场，也可能通过制定低于对方垄断价格的价格来侵占部分市场。

7.1.3.2　时间维度

古典博弈论假设所有的决策和收益在瞬间完成，时间只有逻辑上的区别，没有物理上的区别。

再考察 **Case 2**：$p_1^* > p_2^* = c$。前面的分析表明这不是一种均衡，因为任何一家企业都可以通过将价格稍微降低 ε 而获得整个市场。但是，假如消费者对价格的反应需要一定的时间，那么定价相对较高的企业仍然可以获得一定利润。依此类推，由于时滞的存在，每一方都可以短暂地享受高价格带来的正利润，直到都索取边际成本价格。如果企业考虑短期降价的好处和长期价格战的损失，那么合谋可能是一个均衡。

假如去掉只进行一期的假定，即这两家企业在市场上存在多期博弈，且每一次都按照伯特兰模型进行，那么企业追求的将是整个最终利润的最大化，此时，均衡结果可能大不相同。比如，在第一期，两家企业可能都会适当降低先前按照伯特兰模型的定价，以获取更多的利润，那么下一期，可能两家企业直接定价为边际成本，均获得 0 利润，当然，也可能定在高于边际成本的某个相同价格。可以看到，在多期博弈情况下，即引入时间维度，伯特兰均衡可能并不是企业的最终选择。

7.1.3.3　产品差异化

如果产品之间是有一定差异的，那么价格压力就不是充分的。例如，不在同一地点的两家企业销售同样的商品。企业 1 的价格是 $p_1 = c$，而企业 2 的价格可以是 $p_2 = c + \varepsilon$，因为它总可以留住附近的顾客——条件是顾客的搜寻成本或运输成本不小于 ε。我们在下一节将具体分析这种差异化竞争。

7.1.4　价格领导模型

在该模型中，领导企业制定一个价格，跟随企业只能被动地接受该价格。跟随企业不能偏离该价格，只能在给定价格下选择最大化利润的产量。领导企业预见到跟随企业的行为，占有剩下的产量并最大化自己的利润。

我们将前面的具体例子稍作修改来说明。

【例 7.2】市场上有两个寡头厂商，假定厂商 1 先确定价格 P，厂商 2 接受该价格，然后两个厂商同时决定产量 q_1、q_2。逆需求函数为 $P(Q) = 1 - Q$，其中 $Q = q_1 + q_2$。厂商 1 的成本函数为 $C_1(q_1) = aq_1\left(\text{其中 } a < \dfrac{1}{2}\right)$，厂商 2 的成本函数为 $C_2(q_2) = \dfrac{q_2^2}{2}$。求两个厂商的均衡价格和产量。

解：

假定领导厂商确定了均衡价格 P，那么先考虑跟随厂商的供给函数。因为跟随厂商是价格接受者，所以其边际收益等于价格（相当于完全竞争性厂商），即 $MR = MC = P$，我们有 $MC_2 = q_2 = P$。

注意，$P = q_2$ 也是跟随厂商的供给曲线。根据逆需求函数，领导厂商面临的剩余需求为 $q_1 = 1 - P - P = 1 - 2P$。故厂商 1 制定的价格为 $P = \dfrac{1 - q_1}{2}$。

将价格代入领导厂商的利润函数，得到：$q_1 = \dfrac{1 - 2a}{2}$，$P = \dfrac{1 + 2a}{4}$，$q_2 = \dfrac{1 + 2a}{4}$。显然，$q_1 > q_2$，$\pi_1 > \pi_2$。

7.2 产品差异化的价格竞争模型

上节介绍的伯川德价格竞争模型的关键假设是产品是同质的，但是现实中，绝大多数产品都不是完全同质的。对于理论家而言，真正的问题在于如何模型化产品差异。差异太小，趋于完全竞争或伯川德竞争；差异太大，不构成一个"行业"。因此，问题的关键是使差异化程度足够大到企业之间不是单纯的价格竞争，足够小到企业仍属于同一个市场。

本节中，我们将放松上节关于产品同质的假设，研究差异化产品市场结构下的企业行为与经济绩效。我们假定市场上的产品仅在一维概念上有差别，即出售产品的商店的地址，消费者偏好于临近厂商出售的产品，并愿意为这些偏好产品支付溢价。我们研究这种差异化市场结构的目的是：第一，考察差异化市场结构导致市场绩效的变化；第二，分析厂商如何利用差异化战略取得市场优势。本节主要介绍两个模型。在一个线形城市模型中，厂商先决定产品(地址)，再决定价格；在一个圆形城市模型中，厂商先决定是否进入，再决定价格。概括地说，本节的模型是差异化基础上的动态模型。

7.2.1 线形城市模型

这是一个经典的空间竞争模型 —— 霍特林(Hotelling)模型。霍特林模型又称霍特林选址模型或霍特林空间模型，是霍特林 1929 年提出，用来解释厂商选择和定价行为的模型。在产品完全统治的条件下，消费者对不同厂商提供的产品的偏好相同，决定其选择哪家厂商的唯一因素就是产品的价格。如果不同厂商的产品存在一定的差异性，消费者对不同产品存在不同的偏好，那也就意味着价格不是消费者选择产品的唯一变量。霍特林模型说明，在存在产品差异的情况下，寡头市场的均衡价格不等于边际成本。

1. 基本假设

(1) 长度为 1 的"线形城市"里有密度为 1、均匀分布的消费者。
(2) 城市中有两家企业，销售同样的产品。
(3) 单位成本为 c。
(4) 一个典型消费者的位置为 x，消费者承担的单位运输费用为 t，消费者购买产品的运输成本与其离企业的距离成正比。按此推论，一个住在 x 处的消费者如果到企业 1 购买产品，所花费的运输成本为 tx；到企业 2 购买则花费 $t(1 - x)$ 的运输成本。
(5) 消费者具有单位需求，即要么消费 1 单位，要么不消费。

2. 价格竞争

我们先考虑这样一种情况：企业的位置是给定的，从而产品的差异程度是给定的，企业在此基础上进行价格竞争。假定企业的运输成本为二次型，不存在剩余需求，且价格对于消费者剩余而言不太高。我们分别考虑两个企业的三种代表性位置。

第一种情形：两个企业在城市的两个端点。

如图 7.1 所示。消费者的位置代表企业 1 面临的需求，即 $x = D_1(p_1, p_2)$。背后的经济含义是，若 x 处的消费者愿意购买企业 1 的产品，那么显然在他左边的所有消费者都会去购买企业 1 的产品，从而企业 2 面临的需求就是 $1 - x$。

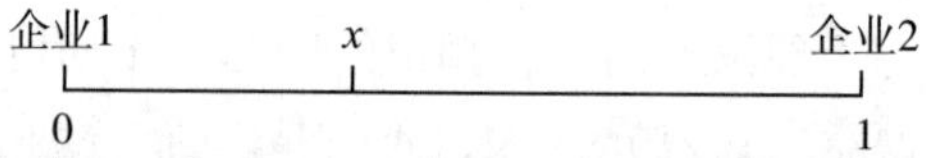

图 7.1

消费者的最优决策应使得他在购买企业 1 或企业 2 的产品之间没有差别，即：
$$p_1 + tx = p_2 + t(1 - x)$$
我们在此设消费者对产品的有效保留价格为 v，则有：
$$v - p_1 - tx = v - p_2 - (1 - x)t$$
可以解得：
$$x = \frac{p_2 - p_1 + t}{2t}$$
由消费者均衡得到两个企业面临的需求函数为：
$$\begin{cases} D_1(p_1, p_2) = x = \dfrac{p_2 - p_1 - t}{2t} \\ D_2(p_1, p_2) = 1 - x = \dfrac{p_1 - p_2 - t}{2t} \end{cases}$$
企业 i 的利润函数为：
$$\prod{}^i(p_i, p_j) = (p_i - c)\frac{p_i - p_j + t}{2t}$$
企业选择自己的价格 p 来求得最大化利润，两个一阶条件为：
$$\begin{cases} \dfrac{\partial \pi_1}{\partial p_1} = \dfrac{1}{2t}(p_2 + c + t - 2p_1) = 0 \\ \dfrac{\partial \pi_2}{\partial p_2} = \dfrac{1}{2t}(p_1 + c + t - 2p_2) = 0 \end{cases}$$
FOC(反应函数) 为：
$$p_i = \frac{p_j + c + t}{2}$$

因为这是一个对称均衡，所以我们有：

$$p_j = \frac{p_i + c + t}{2}$$

联立求解反应函数，我们得到：

$$p_i^* = p_j^* = c + t \tag{7.7}$$

$$\Pi^1 = \Pi^2 = \frac{t}{2} \tag{7.8}$$

上面两个式子说明：（1）运输费用或产品差异化程度越高，企业的价格越高，意味着企业对附近消费者的"垄断权力"越大。（2）企业的利润与产品差异化程度正相关。（3）$t = 0$ 时，回到伯川德竞争均衡。

说明：如果成本为线性的，那么结论也是一样的。

第二种情形：两个企业在城市的同一地点。

如果说 case1 表示了最大程度的差异化，那么 case2 则表示了最小程度的差异化。此时情况如何呢？

直觉告诉我们，应该回到伯兰特均衡。

证明：

假设两个企业都位于 x_0，那么一个典型消费者的均衡策略使 $p_i + t(x - x_0) = p_j + t(x - x_0)$ 化简为 $p_i = p_j$。根据上一节的结果，均衡为：

$$p_i^* = p_j^* = c \tag{7.9}$$

$$\Pi^1 = \Pi^2 = \frac{t}{2} \tag{7.10}$$

说明：如果成本为线性的，那么结论也是一样的。

第三种情形：两个企业在城市的不同地点。

上述两种情况都属于特殊情况，事实上，两个厂商处于不同的位置，会导致不同的均衡，现在考虑更一般化的情况，我们考察两场上可以处在线性城市的任何一点时的均衡，如图 7.2 所示。

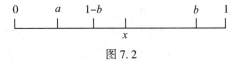

图 7.2

假定企业 1 位于 $a \geq 0$，企业 2 位于 $1 - b$，其 $b > 0$，且 $1 - b - a \geq 0$（这意味着企业 1 在企业 2 的左边；$a = b = 0$ 表示两个企业在两个端点；$a + b = 1$ 则表示两个企业在同一地点）。此时，线性成本函数会导致没有纯策略，因为需求函数不再是连续的。例如，假定 $x \geq 1 - b > a$。

一个典型消费者的均衡策略使处于 x 位置的消费者到两企业购买产品所花费的成本是相等的。

$$p_1 + t(x - a) = p_2 + (x - (1 - b))$$

$$\Rightarrow p_1 = p_2 - t(1 - a - b) \tag{7.11}$$

可见只要企业 1 稍微将价格降低到 $p_1 - \varepsilon$，那么就可以吸引所有在企业 2 右侧的消费者。这意味着需求函数是非连续的，从而将导致利润函数的非连续性和非凹性，即没有纯策略。

让我们使用二次型成本函数，那么一个典型消费者的均衡策略使：

$$p_1 + t(x - a)^2 = p_2 + t(x - (1 - b))^2$$

解得需求函数为：

$$D_1(p_1,\ p_2) = x = \frac{1 - b - a}{2} + \frac{p_2 - p_1}{2t(1 - a - b)} \tag{7.12}$$

$$D_2(p_1,\ p_2) = 1 - x = \frac{1 - a + b}{2} + \frac{p_1 - p_2}{2t(1 - a - b)} \tag{7.13}$$

利润函数为：

$$\prod{}^{1} = (p_1 - c)D_1(p_1,\ p_2)$$
$$\prod{}^{2} = (p_2 - c)D_1(p_1,\ p_2)$$

联立求解反应函数方程组，解得：

$$p_1(a,\ b) = c + t(1 - a - b)\left(1 + \frac{a - b}{3}\right) \tag{7.14}$$

$$p_2(a,\ b) = c + t(1 - a - b)\left(1 + \frac{b - a}{3}\right) \tag{7.15}$$

容易验证，当 $a = b = 0$，得到第一种均衡；当 $a + b = 1$，则得到第二种均衡(伯川德均衡)。

3. 两阶段博弈

我们假设每个企业只允许选择一个地址，那么(1) 两企业同时选择地址，相当于企业 1 选择了 a；(2) 地址给定之后，两企业同时选择价格，企业 1 的需求相当于 a 的变化。

考虑之前的利润方程：

$$\pi_i = p_i D_i$$
$$\pi_i = [p_1^*(a,\ b) - c]D_1[a,\ b,\ p_1^*(a,\ b),\ p_2^*(a,\ b)]$$

第一阶段的均衡及企业 1、企业 2 的利润分别相对 a、b 最大化。

对于一次成本的均衡，我们有：

$$\frac{\partial \pi_1}{\partial a} = p_1\left(\frac{\partial D_1}{\partial a} + \frac{\partial D_1}{\partial p_2}\frac{\partial p_2^*}{\partial a}\right) = p_1\left(-\frac{1}{2} + \frac{1}{c} \times \frac{c}{3}\right) = -\frac{1}{6}p_1 < 0$$

说明 a 越小，利润越大，即企业向两边分散取得差异化的趋势，这是直接效应。

又有：

$$D_1 = a + x = a + \frac{1}{2}\left[1 - a - b - \frac{2}{3}(a - b)\right] = \frac{1}{2}\left(1 + \frac{1}{3}a - \frac{1}{3}b\right)$$

所以，二阶段效应即策略效应为：

$$\frac{\partial D_1}{\partial a} = \frac{1}{6} > 0$$

我们可以判断 $\frac{\partial \pi_1}{\partial a}$ 小于 0，即在第一阶段位置选择上，左边的企业 1 总想往左边移动，右边的企业 2 总想往右边移动，说明在位置选择上两者尽量扩大差异化。在第二阶段的价格竞争时，如果 a 在左边，则企业 1 尽量往中心移动，以增加市场份额，而企业 2 也尽量往中心移动，这样，差异化下降。而研究结果表明，价格竞争的效果起支配作用，即在企业进入的时候，它会选择具有差异化的产品，在第二次的价格博弈过程中，企业 1 有往中心靠近的趋势，根据对称性，企业 2 也有这个趋势，也即两个企业在下阶段的博弈中也会具有某种趋同性。

7.2.2　圆形城市模型

在前面，我们讨论了双寡头在特定的先行城市的差别化竞争均衡问题，其理论含义是，差别化导致市场势力。但线性城市模型对于讨论进入问题等具有局限性，或者说它只能用于讨论寡头尤其是双寡头面对的问题。而对于存在大量的进入，尤其是垄断竞争市场结构问题，就具有局限性。因为它有两个端点，企业的选择具有局限性。

塞罗普(1979)创立的圆形城市模型，有助于分析进入问题和垄断竞争均衡。垄断竞争市场结构的主要特征是：(1) 各厂商提供的产品之间具有高度替代性但非完全性替代，即产品属于同类产品但具有差异性。(2) 厂商进入或退出市场是完全自由的。

该方法也是对差别产品建模的一种方式，可以设想居民环圆形湖边居住，企业也环湖边设厂假定城市为一单位圆，消费者均匀分布在单位圆周边，企业可以在单位圆周围上任意设厂。我们将讨论均衡的特征及其福利含义。

1. 企业

假定是垄断竞争市场；企业数目是内生决定的；每个企业只生产一种品牌的产品，其数量表示为 q_i。N 个企业生产 N 种品牌，在 N 个企业中，每两个企业间距离相等，每两个企业间距离为 $1/N$，每个企业拥有相同的成本结构：

$$\prod_i (q_i) = (P_i - C)q_i - F$$

2. 消费者

消费者均匀地分布在单位圆周上，用 τ 表示消费者的单位距离的交通费。

每个消费者购买一单位某企业品牌商品，购买该品牌商品使得消费者支付的价格与交通费的加总最小化。

图 7.3 描述了企业 1 相对于企业 2 与企业 N 的位置。

假定企业 2 与企业 N 收取相同的价格。

假定某消费者位于 $\hat{x}$ 处，他对于在企业 1 购买或者在企业 2 购买是无差别的，则有：

$$P_1 + \tau \hat{x} = P + \tau \left(\frac{1}{N} - \hat{x} \right) \Rightarrow \hat{x} = \frac{P - P_1}{2\tau} + \frac{1}{2N}$$

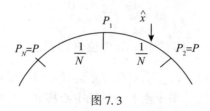

图 7.3

由于企业 1 左右两端都有顾客，因此企业 1 所面临的需求是：

$$q_1(P_1,\ P) = 2\hat{x} = \frac{P - P_1}{\tau} + \frac{1}{N}$$

3. 均衡

定义：若 ① 在给定 $P_j = P^0(j \neq i)$ 的条件下，企业选择 P_i，求 $\prod_i(P_i,\ P^0)$ 最大；② 企业自由进入，因此导致 $\prod_i(P^0) = 0$（对所有的 $i = 1,\ 2,\ \cdots,\ N$），则 $\{N^0,\ P^0,\ q^0\}$ 是一个均衡解。

解的结果如下：

$$\underset{P_i}{\text{Max}} \prod_i(P_i,\ P^0) = P_i q_i(P_i) - (F + c q_i(P_i)) = (P_i - c)\left(\frac{P^0 - P_i}{\tau} + \frac{1}{N}\right) - F$$

FOC：
$$\frac{\partial \prod_i}{\partial P_i} = \left(\frac{P^0 - 2P_i + c}{\tau} + \frac{1}{N}\right) = 0$$

$$P_i = \frac{P^0 + c}{2} + \frac{\tau}{2N}$$

在对称均衡条件下，$P_i = P^0 \Rightarrow P^0 = c + \frac{\tau}{N}$，$\left(\frac{P^0}{2} = \frac{c}{2} + \frac{\tau}{2N} \Rightarrow P^0 = c + \frac{\tau}{N}\right)$。

代入利润函数，由 $\prod_i = (P_i - c)\left(\frac{P^0 - P_i}{\tau} + \frac{1}{N}\right) - F$，得到：

$$\prod_i = \frac{\tau}{N^2} - F = 0 \Rightarrow N^0 = \sqrt{\frac{\tau}{F}} \quad P^0 = c + \sqrt{\tau F} \quad q^0 = \frac{1}{N} = \sqrt{\frac{F}{\tau}}$$

4. 福利分析

我们探讨企业的"自由进入"所导致的均衡品牌数目是否为最优数目。我们从社会成本角度探讨福利问题。社会最优品牌数目是使社会成本最小的品牌数目。这里成本包括两部分，一是交通费（运输成本），二是固定成本。

定义社会损失函数：
$$L(F,\ \tau,\ N) = NF + T(N)$$

$T(N)$ 为总运输成本：

$$T(N) = 2N\tau \left(\int_0^{\frac{1}{2N}} x \mathrm{d}x \right) = 2N\tau \left[\frac{x^2}{2} \right] \Bigg|_0^{\frac{1}{2N}} = \frac{\tau}{4N}$$

就社会损失函数对 N 求最小 $\min_N L = (F, \tau, N) = NF + \tau/4N$。

假定二阶条件满足:

$$\text{FOC:} \quad F + \frac{\tau}{4}\left(-\frac{1}{N^2} \right) = 0 \Rightarrow 4N^2 = \frac{\tau}{F} \quad N^* = \frac{1}{2}\sqrt{\frac{\tau}{F}} < N^0$$

因此,在自由进入的条件下,生产的品牌数目太多。

7.3　纵向产品差异化模型

7.3.1　双寡头竞争模型

首先考虑双寡头竞争模型。在纵向差异化产品空间中,消费者对于所涉及的大多数特性组合基本是一致的,如大多数人都偏好于高质量产品。对于具有 N 个不同偏好的消费者的纵向产品差异化市场假定每个消费者最多购买一个单位的产品。设市场上有两个企业,企业 H 生产单一的高质量产品,企业 L 生产单一的低质量产品。用 s 表示产品的质量参数,s_1 表示高质量,s_2 表示低质量,其中 $0 < s_2 < s_1$,且 s_1,s_2 是固定的。消费者的效用函数可定义为:

$$U = \begin{cases} \theta s - p & , \text{ 若购买质量 } s \text{ 价格为 } p \text{ 的产品} \\ 0 & , \text{ 若不购买任何产品} \end{cases} \tag{7.16}$$

其中 p 表示 s 类产品的价格,θ 为正实数,它表示消费者的偏好参数,且服从区间 $(0, 1]$ 上的均匀分布,即对于任意 $s \in (0, 1]$,偏好参数为 $\theta(\theta \leqslant x)$ 的消费者人数为 x_N。产品 1 和产品 2 的产量分别为 q_1、q_2,产品 1 和产品 2 的价格分别为 p_1、$p_2 (p_1 > p_2)$,它们的边际成本不变,分别为 C_1、$C_2 (C_1 > C_2)$。设 θ_0 表示消费者对消费低质量产品和不消费任何产品无差异时的偏好参数,则 $\theta_0 s_2 - p_2 = 0$;

从而 $$\theta_0 = \frac{p_2}{s_2}$$

设 θ_1 表示消费者对消费高质量和低质量产品无差异时的偏好参数,则有:

$$\theta_1 s_1 - p_1 = \theta_1 s_2 - p_2$$

解得 $\theta_1 = \dfrac{p_1 - p_2}{s_1 - s_2}(p_1 > p_2, 1 > s_1 > s_2 > 0)$。

从而可得高质量产品和低质量产品的需求函数分别为:

$$D_1(p_1, p_2) = \left(1 - \frac{p_1 - p_2}{s_1 - s_2} \right) N \tag{7.17}$$

$$D_2(p_1, p_2) = \left(\frac{p_1 - p_2}{s_1 - s_2} - \frac{p_2}{s_2} \right) N \tag{7.18}$$

容易得到两种产品的逆需求函数为:

$$P_1(q_1,\ q_2) = q_1 \left(\frac{Ns_1 - s_1 q_1 - s_2 q_2}{N} - C_1 \right) \tag{7.19}$$

$$P_2(q_1,\ q_2) = q_2 \left(\frac{Ns_2 - s_2 q_1 - s_2 q_2}{N} - C_2 \right) \tag{7.20}$$

两个企业的成本函数分别为 $C_1(q_1) = C_1 q_1$，$C_2(q_2) = C_2 q_2$。则在 Cournot 模型假设下两个企业的利润函数分别为：

$$R_1(q_1,\ q_2) = q_1 \left(\frac{Ns_1 - s_1 q_1 - s_2 q_2}{N} - C_1 \right) \tag{7.21}$$

$$R_2(q_1,\ q_2) = q_2 \left(\frac{Ns_2 - s_2 q_1 - s_2 q_2}{N} - C_2 \right) \tag{7.22}$$

纳什均衡产量为：

$$q_1^* = \frac{N(2s_1 s_2 - s_2^2 - 2s_2 C_1 + s_2 C_2)}{4 s_1 s_2 - s_2^2} \tag{7.23}$$

$$q_2^* = \frac{N(s_1 s_2 + C_1 s_2 - 2 s_1 C_2)}{4 s_1 s_2 - s_2^2} \tag{7.24}$$

两企业在均衡点的利润分别为：

$$R_1(q_1^*,\ q_2^*) = \frac{N s_1 (2 s_1 - s_2 - 2 C_1 + C_2)^2}{(4 s_1 - s_2)^2} \tag{7.25}$$

$$R_2(q_1^*,\ q_2^*) = \frac{N(s_1 s_2 + C_1 s_2 - 2 C_2 s_1)^2}{(4 s_1 - s_2)^2 s_2} \tag{7.26}$$

7.3.2　进入者的策略

1. 质量策略

由于进入者不如在位者知名，因此消费者对进入者产品每单位质量所产生的享受效用要低于在位者。所以我们对于进入者的产品质量乘上折扣因子 λ。即 $s_0 = \lambda s_3$。s_0 是消费者的有效的享用质量。为了方便讨论，记 $\alpha_i = \dfrac{p_i}{s_i}$，$\theta_{ij} = \dfrac{p_j - p_i}{s_j - s_i}$。

(1) 进入者以中档产品进入市场的策略研究，即 $s_2 < s_0 < s_1$。此时，新产品的价格 P_0 满足 $P_2 < P_0 < P_1$。下面分三种情况讨论：

① $\alpha_2 < \alpha_0$，s_2 被 s_0 主导，而 s_0 不被 s_1 主导时，三种产品的市场需求分别为：$D_1 = (1 - F(\theta_{01}))N$，$D_2 = 0$，$D_0 = (F(\theta_{01}) - F(\alpha_0))N$，方案可行。

② $\alpha_2 > \alpha_0$，s_0 被 s_1 主导，三种产品的市场需求分别为：$D_1 = (1 - F(\theta_{21}))N$，$D_2 = (F(\theta_{21}) - F(\alpha_2))N$，$D_0 = 0$，方案不可行。

③ $\alpha_2 < \alpha_0 < \alpha_1$。

若 $\theta_{01} < \theta_{12}$，易知 $\theta_{21} < \theta_{20}$。

$\theta < \theta_{21}$ 时，$\max(s_0,\ s_1,\ s_2) = s_2$，$\theta > \theta_{21}$ 时，$\max(s_0,\ s_1,\ s_2) = s_1$，三种产品的市场

需求分别为：$D_1 = (1 - F(\theta_{21}))N$，$D_2 = (F(\theta_{21}) - F(\alpha_2))N$，$D_0 = 0$，方案不可行。

若 $\theta_{01} > \theta_{21}$，易知 $\theta_{20} > \theta_{21}$。如上分析可得三种产品的市场需求分别为：$D_1 = (1 - F(\theta_{01}))N$，$D_2 = (F(\theta_{20}) - F(\alpha_2))N$，$D_0 = (F(\theta_{01}) - F(\theta_{20}))$，方案可行。

（2）进入者以低档产品进入市场的策略，即 $s_0 < s_2 < s_1$。

①$\alpha_0 > \alpha_2$，s_0 被 s_2 主导时，三种产品的市场需求分别为：$D_1 = (1 - F(\theta_{21}))N$，$D_2 = (F(\theta_{21}) - F(\alpha_2))N$，$D_0 = 0$，方案不可行。

②$\alpha_0 < \alpha_2$。

若 $\theta_{21} < \theta_{01}$，易知 $\theta_{01} < \theta_{02}$。三种产品的市场需求分别为：$D_1 = (1 - F(\theta_{01}))N$，$D_2 = 0$，$D_0 = (F(\theta_{01}) - F(\alpha_0))N$，方案可行。

若 $\theta_{21} > \theta_{01}$，易知 $\theta_{01} > \theta_{02}$。三种产品的市场需求分别为：$D_1 = (1 - F(\theta_{01}))N$，$D_2 = (F(\theta_{01}) - F(\alpha_0))N$，$D_0 = (F(\theta_{02}) - F(\alpha_0))N$，方案可行。

（3）进入者以高档产品进入市场的策略研究，即 $s_2 < s_1 < s_0$。

①$\alpha_0 < \alpha_1$，s_0 被 s_1 主导，三种产品的市场需求分别为：$D_1 = (1 - F(\theta_{21}))N$，$D_2 = (F(\theta_{01}) - F(\alpha_2))N$，$D_0 = 0$，方案不可行。

②$\alpha_0 > \alpha_1$。

若 $\theta_{10} < \theta_{20}$，易知 $\theta_{20} < \theta_{21}$。三种产品的市场需求分别为：$D_1 = 0$，$D_2 = (F(\theta_{20}) - F(\alpha_2))N$，$D_0 = (1 - F(\theta_{20}))N$，方案可行。

若 $\theta_{10} < \theta_{20}$，易知 $\theta_{20} > \theta_{21}$，三种产品的市场需求分别为：$D_1 = (F(\theta_{21}) - F(\alpha_2))N$，$D_2 = (F(\theta_{21}) - F(\alpha_2))N$，$D_0 = (1 - F(\theta_{10}))N$，方案可行。

2. 价格策略

（1）中档产品的需求为高时进入者的质量的设计。当中档产品的市场需求为高时，我们对新产品有两种价格和质量的设计使得新产品能够占领一定的市场份额。

① 当 $s_0 = \lambda s_3$，$s_2 < s_0 < s_1$，$\alpha_2 < \alpha_0$ 时，$D_0 = (F(\theta_{01}) - F(\alpha_0))N$。

由于 s 是质量（服务）带给消费者的质量效用，不妨认为，s 是 q 的正比例函数，即 $s(q) = kq$。因此，新产品质量 s_3 和价格 p_0 满足 $\frac{p_0}{\lambda p_2}s_2 < s_3 < \frac{1}{\lambda}s_1$，新产品的需求为 $D_0 = (F(\theta_{01}) - F(\alpha_0))N$。

② 当 $s_0 = \lambda s_3$，$s_2 < s_0 < s_1$，$\alpha_2 < \alpha_0 < \alpha_1$，$\theta_{01} > \theta_{21}$ 时，$D_0 = (F(\theta_{01}) - F(\theta_{20}))N$。

由此可得，当新产品质量 s_3 和价格 p_0 满足 $\frac{1}{\lambda}\left(\frac{p_0 - p_2}{p_1 - p_2}s_1 + \frac{p_1 - p_0}{p_1 - p_2}s_2\right) < s_3 < \frac{1}{\lambda}s_1$，

$\frac{p_0}{\lambda p_1}s_1 < s_3 < \frac{p_0}{\lambda p_2}s_2$ 关系时，新产品的需求为 $D_0 = (F(\theta_{01}) - F(\theta_{20}))N$。

第一种设计是薄利多销的思路。虽然能够占有较大的市场份额，但是边际利润偏低，因此总利润不见得高于第二种设计。当然，它确实能够较迅速地开拓市场。至于这两种设计哪个更好，还需要根据实际情况决定。

（2）低档产品的需求为高时进入者的质量的设计。当低档产品的市场需求为高时，我们对新产品也有两种价格和质量的设计使得新产品能够占领一定的市场份额。

① 当 $s_0 = \lambda s_3$, $s_0 < s_2 < s_1$, $\alpha_0 < \alpha_2$, $\theta_{21} > \theta_{01}$ 时, $D_0 = (F(\theta_{01}) - F(\alpha_0))N$。

不难得出,当新产品质量 s_3 和价格 p_0 满足 $\dfrac{p_0}{\lambda p_2}s_2 < s_3 < \dfrac{1}{\lambda}s_2, s_3 > \dfrac{(p_1 - p_0)s_2 - (p_2 - p_0)s_1}{\lambda p_2(p_1 - p_2)}$ 关系时,新产品的需求为 $D_0 = (F(\theta_{01}) - F(\alpha_0))N$。

② 当 $s_0 = \lambda s_3$, $s_0 < s_2 < s_1$, $\alpha_0 < \alpha_2$, $\theta_{21} > \theta_{01}$ 时, $D_0 = (F(\theta_{02}) - F(\alpha_0))N$。

易知,当新产品 s_3 质量和 p_0 价格满足 $\dfrac{p_0}{\lambda p_2}s_2 < s_3 < \dfrac{1}{\lambda}s_2, s_3 > \dfrac{(p_1 - p_0)s_2 - (p_2 - p_0)s_1}{\lambda p_2(p_1 - p_2)}$ 关系时,新产品的需求为 $D_0 = (F(\theta_{02}) - F(\alpha_0))N$。

在方案一的设计下,新产品的需求明显大于方案二的需求。这种设计能够更迅速地开拓市场。

(3) 高档产品的需求为高时进入者的质量的设计。当高档产品的市场需求为高时,我们对新产品也有两种价格和质量的设计,使得新产品能够占领一定的市场份额。

① $s_2 < s_1 < s_0$, $\alpha_0 < \alpha_1$, $\theta_{10} > \theta_{20}$ 时, $D_0 = (1 - F(\theta_{01}))N$。

当新产品 s_3 质量和 p_0 价格满足 $\dfrac{(p_0 - p_2)s_1 - (p_0 - p_1)s_2}{\lambda(p_1 - p_2)} < s_3 < \dfrac{p_0}{\lambda p_1}s_1$ 关系时,新产品的需求为 $D_0 = (1 - F(\theta_{20}))N$。

② $s_2 < s_1 < s_0$, $\alpha_0 < \alpha_1$, $\theta_{10} > \theta_{20}$ 时, $D_0 = (1 - F(\theta_{01}))N$。

当新产品 s_3 质量和 p_0 价格满足 $s_3 < \dfrac{(p_0 - p_2)s_1 - (p_0 - p_1)s_2}{\lambda(p_1 - p_2)}$, $\dfrac{s_1}{\lambda} < s_3 < \dfrac{p_0 s_1}{\lambda p_1}$ 时,新产品的需求为 $D_0 = (1 - F(\theta_{10}))N$。

在方案一设计下,新产品的需求明显大于方案二的需求。这种设计能够更迅速地开拓市场。

7.3.3　广告

广告是现代经济的突出现象之一,一般被定义为提供产品和服务的价格、质量和位置的一种形式,但它与其他信息传递方式(如股票交易数据和各种指南)在以下两个方面有明显的不同:第一,这种信息是由出售产品的主题发送的;第二,买方并不总是需要为获取这些信息提供一定的支付。现实生活中广告从范围上讲是非常广泛的,几乎包含了所有的行业,但经济学家还是区分了两种类型的广告,即信息型广告和劝导型广告。

1. 信息型广告

所谓信息型广告,指的是那些描述产品的存在、特征(例如重量、尺寸、速度等)和销售条件(例如价格、融资利率等)的广告,主要描述产品的客观性质。假设企业 1 和企业 2 分别生产质量为 s_1 和 s_2 的同种产品, $s_1 > s_2$。它们同时向一群其类型 θ 在 $[0, 1]$ 上均匀分布的消费者随机地发送广告。广告含有自己产品质量 s_i 和价格 p_i 的信息 $(i = 1, 2)$。质量外生给定;企业之间彼此知道;价格由两企业自己同时决定,一方不知道另一方的定价。设 A_i 为使 x_i 比例的消费者接到企业 i 的广告,企业 i 所支付的成本(由于广告是随机发,所以 x_i 也是一个消费者至少接到企业 i 的一份广告的概率)。我们采用泰勒尔(1997)

的广告成本函数，令 $A_i = ax_i^2/2$，$a > 0$ 为常数，代表做广告的成本的相对高低。假设消费者不会主动搜寻信息，他只有在接到企业的广告后才知道产品的存在。进一步，假设消费者接到广告后一定会购买产品，且只购买一单位。

假设消费者的净效用函数为：

$$U(\theta, s_i, p_i) = \begin{cases} k + \theta s - p_i > 0(k \text{ 为一较大的常数}) & \text{若购买一单位} \\ 0 & \text{若不购买} \end{cases}$$

根据所接到的广告，可将消费者分为四类：第一类消费者只接到企业 1 的广告，其比例为 $x_1(1 - x_2)$；第二类消费者只接到企业 2 的广告，其比例为 $x_2(1 - x_1)$；第三类消费者同时接到企业 1 和企业 2 的广告，其比例为 $x_1 x_2$；第四类消费者没有接到任何广告，其比例为 $(1 - x_1)(1 - x_2)$。根据我们的假定，第一类消费者将购买企业 1 的产品，第二类消费者将购买企业 2 的产品，第四类消费者不购买，第三类消费者则要比较购买产品 1 所获得的净效用 $U(\theta, s_1, p_1)$ 与购买产品 2 所获得的净效用 $U(\theta, s_2, p_2)$ 的大小来决定去哪家企业购买。若 $U(\theta, s_1, p_1) > U(\theta, s_2, p_2)$，则类型为 θ 的消费者会购买产品 1，若 $U(\theta, s_1, p_1) < U(\theta, s_2, p_2)$，则消费者会购买产品 2，在两种产品之间无差异的消费者类型应满足 $U(\theta, s_1, p_1) = U(\theta, s_2, p_2)$，即 $k + \theta s_1 - p_1 = k + \theta s_2 - p_2$，$\bar{\theta} = (p_1 - p_2)/(s_1 - s_2)$，显然，$\theta < \bar{\theta}$ 的消费者购买产品 2，$\theta \geqslant \bar{\theta}$ 的消费者购买产品 1。

假设消费者总人数为 1，则企业 1 的需求为 $q_1 = x_1(1 - x_2) + x_1 x_2 \theta$，企业 2 的需求为 $q_2 = x_2(1 - x_1) + x_1 x_2(1 - \theta)$。为将注意力集中于广告，我们假设产品的单位生产成本为 0。于是，我们得到企业 1 的利润函数：

$$\pi_1 = p_1 q_1 - A_1 = p_1[x_1(1 - x_2) + x_1 x_2(p_1 - p_2)/(s_2 - s_1)] - ax_1^2/2 \qquad (7.27)$$

企业 2 的利润函数：

$$\pi_2 = p_2 q_2 - A_2 = p_2\{x_2(1 - x_1) + x_1 x_2[1 - (p_1 - p_2)/(s_2 - s_1)]\} - ax_2^2/2 \qquad (7.28)$$

两企业同时选择价格水平 p_i 和广告水平 x_i 来最大化各自的利润。

$$\frac{\partial \pi_1}{\partial p_1} = 1 - x_2 + x_2(p_1 - p_2)/\Delta s - p_1 x_2/\Delta s = 0 \qquad (7.29)$$

$$\frac{\partial \pi_1}{\partial x_1} = p_1[1 - x_2 + x_2(p_1 - p_2)/\Delta s] - ax_1 = 0 \qquad (7.30)$$

$$\frac{\partial \pi_2}{\partial p_2} = 1 - x_1(p_1 - p_2)/\Delta s - p_2 x_1/\Delta s = 0 \qquad (7.31)$$

$$\frac{\partial \pi_2}{\partial x_2} = p_2[1 - x_1(p_1 - p_2)/\Delta s] - ax_2 = 0 \qquad (7.32)$$

易验证二阶条件满足。

联立 (7.29) 式至 (7.32) 式求解可得出均衡时两企业的价格水平和广告水平。泰勒尔 (1997) 的横向差异化模型，由于具备对称性，所以很容易地求出了模型的解析解，并通过其解，得出结论：横向差异化程度越高，均衡时，企业价格越高，做广告越多，利润越大；做广告的成本越高，均衡时，企业做广告越少，价格越高，利润可能越大。我们这里的纵向差异化模型不具备对称性，无法求出解析解，故我们转而寻求其数值解。我们用

Matlab 软件试算了 Δs 及 a 在多个范围内的取值，都得到了相同的规律（具体测算结果不予以展开）。

2. 劝导型广告

所谓劝导型广告，指的是被设计为试图改变消费者偏好（"我们的味道更好" 等）的广告，旨在改变消费者的口味。假设没有广告之前，消费者的偏好服从 $F(\cdot)$ 分布，进行广告竞争后，消费者偏好分布变为 $G(\cdot)$，用 $\bar{\theta}^f$ 和 $\bar{\theta}^g$ 分别表示 $F(\cdot)$ 分布和 $G(\cdot)$ 分布下的无差异点。

由于企业 2 广告中占优势的情形分析与企业 2 广告占优势的情形分析完全相同，只是结论相反，所以我们只分析企业 1 广告占优势情形，即广告竞争后的分布 $G(\cdot)$ 随机占优于广告竞争前的分布 $F(\cdot)$ 的情形。由于只有相对广告才会决定最后的结果，且我们分析的是一般形式的分布，所以不考虑广告的成本，也不考虑均衡时的具体广告水平。由第一部分得企业 1 的需求 $F(\bar{\theta})$，企业 2 的需求为 $1 - F(\bar{\theta})$，所以 $\pi_1 = p_1 q_1 = p_1 F(\bar{\theta})$，$\pi_2 = p_2 q_2 = p_2[1 - F(\bar{\theta})]$，最优化一阶条件为 $\frac{\partial \pi_1}{\partial p_1} = 0$，$\frac{\partial \pi_2}{\partial p2_1} = 0$，易得 $p_1 = \frac{F(\bar{\theta})}{f(\bar{\theta})}\Delta s$，$p_2 = \frac{1 - F(\bar{\theta})}{f(\bar{\theta})}\Delta s$，$p_1 - p_2 = \frac{1 - 2F(\bar{\theta})}{f(\bar{\theta})}\Delta s$，即 $\bar{\theta} = \frac{1 - 2F(\bar{\theta})}{f(\bar{\theta})}$。

分别用 $g(\theta)$、$f(\theta)$ 代表 $G(\cdot)$ 分布和 $F(\cdot)$ 分布下的密度函数，令 $\lambda(\theta) = \frac{g(\theta)}{f(\theta)}$ 为似然率。假设 $\lambda(\theta)$ 递增，即 $\lambda'(\theta) > 0$。令 $h(\theta) = 1 - 2G(\theta) - \lambda(\theta)[1 - 2F(\theta)]$，则：
$$h'(\theta) = -2g(\theta) - \lambda'(\theta)[1 - 2F(\theta)] - \lambda(\theta)[-2f(\theta)] = -\lambda'(\theta)[1 - 2F(\theta)]$$

因为 $\lambda'(\theta) > 0$，所以当 $F(\theta) < \frac{1}{2}$ 时，$h'(\theta) < 0$，θ 越大，$h(\theta)$ 越小。当 $F(\theta) > \frac{1}{2}$ 时，$h'(\theta) > 0$，θ 越大，$h(\theta)$ 越大，当 $F(\theta^*) = \frac{1}{2}$ 时，$h(\theta)$ 取最小值，$h(\theta^*) = 1 - 2G(\theta^*)$。

又因为 $G(\theta^*) \leqslant F(\theta^*) = \frac{1}{2}$，所以 $h(\theta^*) \geqslant 0$，即对 $\forall \theta \in [0, 1]$ 都有 $h(\theta) \geqslant 0$，

$h(\theta) = 1 - 2G(\theta) - \lambda(\theta)[1 - 2F(\theta)] \geqslant 0$，$\frac{1 - 2F(\theta)}{f(\theta)} \leqslant \frac{1 - 2G(\theta)}{g(\theta)}$，令

$j(\theta) = \frac{1 - 2G(\theta)}{g(\theta)} - \theta$，显然 $j(\theta)$ 是 θ 的递减函数，而 $j(\bar{\theta}^f) = \frac{1 - 2G(\bar{\theta}^f)}{g(\bar{\theta}^f)} - \bar{\theta}^f \geqslant \frac{1 - 2F(\bar{\theta}^f)}{f(\bar{\theta}^f)} - \bar{\theta}^f = 0 = j(\bar{\theta}^g)$，所以 $\bar{\theta}^f \leqslant \bar{\theta}^g$。

结论：若高质量产品的广告占优势，那么均衡时，无差异点将向右移动。

7.4　动态价格竞争和企业合谋

上文提到的有关寡头市场中的企业决策是建立在企业之间没有勾结或者合作的基础上进行分析，但是正如开头提到的，企业间的关系是相互依存的，而企业本身可能也意识到这个情况，于是容易存在企业之间的相互勾结。这样做对于寡头市场的企业无疑是有好处的，首先，它能为企业带来更高的利润；其次，也可以防止其他企业的进入，进而分享总利润。但这种勾结可能是公开的，也可能是秘密进行的。本节主要讲述了静态与动态价格竞争的比较、重复博弈的基本方法、竞争与合谋以及卡特尔。

7.4.1　静态与动态价格竞争的比较

在动态博弈工具发明以前，早期的相关研究都是静态框架下进行的。所谓静态竞争，是指在寡头垄断市场上，各竞争参与人只竞争一次，同时作出决策且对各参与人可能有的策略和相应的得益完全了解的竞争模式。典型的是所谓的扭结需求曲线模型。假定两个企业的边际成本均为 c。如果两个企业一开始实行垄断定价 p^m，那么每个企业得到利润 $\Pi^m/2$。企业对其对手的反应有如下推测：如果对手价格在 p^m 以上，仍然收取 p^m 价格；如果它削价，那么也削价，直到价格为 c。因为任何 $\Pi(p)/2 \leqslant \Pi^m/2$，所以实行垄断定价构成一个均衡。更一般地，我们可以找到一个聚点价格 p^f，使得默契合谋成立。

但是上述静态模型有一些缺陷。在静态竞争的情况下，寡头们同时作出决策并且不知道对方的选择；而在现实中，更多的情况是参与竞争者的行动是有先后的，且后行动者一般能在自己的行动之前或多或少地观察到竞争对手在此之前的行动信息，并以此为依据来修正自己的决策，所以这种竞争情况的模型必须用动态博弈的语言来描述。成功的合谋必须解决以下三个问题：（1）时间滞后。不是所有的秘密削价都可以被观察到，而且一旦面临大客户冲击，卡特尔瓦解的概率很高。现实中，由于距离、折扣等方式可能给秘密削价带来便利，这也许可以通过建立行业协会、转售价格维持以及代表性价格等方式来解决。（2）非对称成本。此时，不存在一个所谓的聚点价格。（3）多重均衡。从理论上讲，任何 $p^f \in [c, p^m]$ 都是均衡，但这对理论家而言不是一个有多大预测价值的观点。

重要的是，静态模型使某个博弈者无法根据其他博弈者的历史行为做出反应，而这恰恰是重复博弈的核心。在动态博弈中，各博弈方在关于博弈进程方面的信息是不对称的，后行动者有更多的信息来帮助自己作出选择。一般来说，这是后行动者的有利条件，此即所谓后动优势或后发制人；但有时先行动者能够利用后行动者的"理性"，采取一些行动并发出一定的信号让后行动者知晓，迫使后行动者不得不作出一些在不知道这些信号前不会作出的选择，此即先动优势或先发制人。因此，我们仍然必须主要诉诸重复博弈框架。

7.4.2　重复博弈方法

1. 基本模型

假设两个企业以边际成本 c 生产同样的产品，伯川德价格竞争持续 $T+1$ 次。T 可能是有限的，也可能是无限的。阶段博弈的利润为 $\varPi^i(p_{it}, p_{jt})$。阶段博弈重复 T 次，构成一个重复博弈，或超级博弈(supergame)。因此，每个企业利润的净现值为：

$$\sum_0^T \delta^t \prod{}^i(p_{it}, p_{it})$$

其中，$\delta = e^{-rt}$ 表示连续时间下的贴现因子。当 T 足够大时，可以将离散情况转化为连续情况。通常，$\delta \in [0, 1]$ 越大，表示越有耐心。

$$\left[\lim_{m\to\infty}\left(1 + \frac{1}{m}\right)^m = e, \lim_{m\to\infty}\left(1 + \frac{r}{m}\right)^{mt} = e^{rt}\right]$$

一般地，阶段博弈之间不存在"物质的"联系。但是，价格策略 p_{it} 依赖于历史：

$$H_t \equiv (p_{10}, p_{20}, \cdots, p_{1, t-1}, p_{2, t-1})$$

① 当 $T < +\infty$，即 T 是有限的时，这是一个完全信息动态博弈，因此我们使用逆向归纳法。给定博弈的历史 H_t，最后一期的利润不受历史的影响。因此，囚徒困境博弈的结果必然是伯川德均衡，即 $p_{1T} = p_{2T} = c$。

以此类推，$T + 1$ 期博弈的结果是重复伯川德均衡 $T + 1$ 次。【实际上，根据博弈论的有关知识，若阶段博弈有唯一的纳什均衡，那么有限博弈的均衡也是这唯一的纳什均衡。】

② 当 $T = +\infty$ 时，在无限重复博弈下，我们通常不能使用逆向归纳法。易见，伯川德均衡肯定是均衡之一。但是，该博弈还有其他 N 多均衡。我们考虑一种触发策略：$p_{i0} = p^m$；若 $p_{j, t-1} = p^m$，则 $p_{i, t} = p^m$，否则 $p_{i, t} = c$。垄断价格成为均衡价格的条件为：

$$\frac{\prod{}^m}{2}(1 + \delta + \delta^2 + \cdots +) \geqslant \prod{}^m(1 + 0 + 0 \cdots 0) \Rightarrow \frac{1}{1-\delta} \geqslant 2 \Rightarrow \delta \geqslant \frac{1}{2}$$

因此，如果重复博弈的概率足够大，或者博弈双方足够有耐心，那么维持一种默契合谋就是可能的。如静态模型的多重均衡一样，容易证明任何 $p \in [c, p^m]$ 都可以构成一个均衡。证明的逻辑与上面如出一辙，默契合谋的 IC 条件为：

$$\frac{\prod(p)}{2}(1 + \delta + \delta^2 + \cdots +) \geqslant \prod(p) \Rightarrow \delta \geqslant \frac{1}{2}$$

实际上，在一个无限重复博弈中，只要贴现因子足够大，那么任何满足个人理性的赢利都可以通过某个特定的方法来实现，此即著名的无名氏定理。在这种情境下，企业 i 的阶段赢利为：

$$(1 - \delta)\sum_0^T \delta^t \prod{}^i(p_{it}, p_{it}) = \prod{}^i$$

其中，$1 - \delta$ 表示平均贴现因子。

2. 模型应用

第一个应用涉及合谋对企业数目的敏感性。Bain(1956) 认为，高集中度与合谋正相关。意即企业在数目较少时更容易维持合谋。假设有 n 个企业。合谋的结果是每个企业都索取垄断价格，并共享市场。这时，每个企业的平均利润为 $\varPi^m/n$。如果一家企业违约，略微降价，得到的额外收益为 $\Pi^m(1 - 1/n) - \varepsilon$。遵守价格联盟的收益是企业数目 n 的减函数，而违约的收益是 n 的增函数。两相比较，证明企业数量越多，就越是不容易维持合谋。这一观点在 Stigler(1951) 中也提到，类似"寡头政治铁律"(Michels，1915)。

第二个应用涉及观察时滞问题。时滞对合谋瓦解的途径有两条：第一，不经常的相互作用，比如企业的订单都很大，跨期很长。模型化这一思想很简单，就是让 δ 减小(例如 $\alpha\delta$)。第二，秘密削价总是延后被发现。模型化这种思想有点困难，除非你能确定地知道"延后"的期数。勉强地假设单个厂商的秘密削价总是延后两期被发现，那么这要求企业的贴现因子更高，因为 IC 条件改为：

$$\frac{\Pi^m}{2}(1 + \delta + \delta^2 + \cdots +) \geq \Pi^m(1 + \delta) \Rightarrow \delta \geq \frac{1}{\sqrt{2}}$$

我们也可以考虑更一般化的事实，即秘密削价。在需求随机波动时，价格下降可能是因为对手削价，也可能是因为需求冲击(不景气)。因此，削价行为实际上是秘密的。在这种情境下，如果企业采取某种最佳的惩罚方式——比如，一个企业只要观察到低利润，就在某些时期制定低价，对手也如此。惩罚阶段结束后，双方又开始价格合谋，直到下一次削价战争。这就是说，不对称信息会导致周期性的价格战。上述模型可以解释，为什么中国移动和中国联通不时爆发价格战。

考虑引入需求波动的情况。大致的结论是，在经济繁荣时期，企业更有动力削价；而在经济不景气时期，企业更可能维持价格同盟。这一理论可以解释"为什么共患难易而同享福难"这一经典权力斗争现象，或许对改革阵痛的承受周期亦有启发。

7.4.3　竞争与合谋

到现在为止，我们在前面所讨论的模型都是非合作博弈的例子。每个厂商在最大化其利润时所作的决策是独立于其他厂商的。如果厂商相互协调其行动，结果会将如何呢？由于默契合谋的存在，面对给定的价格水平，我们如何在经验上识别它是竞争的结果还是合谋的结果呢？

识别策略：对于两种近似的竞争产品而言，在竞争时价格应该接近于边际成本，而在合谋时它们的利润边际($P - MC$)与产品是由本厂商还是竞争对手生产无关。这一结论可以推导出价格或产量对需求价格弹性的比较静态学，从而在边际成本不可观测时也能进行检验。这就把合谋均衡和伯川德竞争均衡区分开了。

例如，假设甲厂生产型号为 A1、A2 的两种近似性能的汽车以及 A3 这种差异较大的汽车，而乙厂和丙厂分别生产 A1、A2 汽车。当合谋时，A1、A2 两种车的利润会较高，而竞争时利润会显著下降。但是，A3 这种车在从合谋变成竞争时利润只会稍微下降。因此，如果某一年近似品牌的车的利润急速下降，表明这一年竞争异常激烈。

7.4.4　企业合谋(卡特尔)

前面介绍了几个寡头市场的基本模型，不难看出，不管是哪个模型，最终整个行业的利润都会比垄断利润(最大可实现利润)小。即，企业在不合作的情况下不可能达到最大利润，但企业本身具有追求最大化利润的动机，这就促使企业之间可能出现用合作来代替竞争，也就是合谋。合谋总共分为两种，第一种有明确的合谋协议，称为卡特尔；第二种叫默契合谋，没有明确的协议，但是最终效果和卡特尔一致。

本节首先介绍了卡特尔的形成因素，其次说明了基本模型，再次讨论了影响卡特尔稳定的因素，最后提出了维持卡特尔稳定的策略。

1. 卡特尔的形成因素

一是提高行业价格的能力。只有在预计卡特尔会提高价格并能维持在高水平的情况下，厂商们才有动力加入卡特尔。卡特尔所面临的需求弹性越小，它就越能提高价格，从而利润越多。如果卡特尔的需求曲线是无弹性的，即是一条相对垂直的曲线，则提高价格会使利润显著上升；相反，如果潜在的卡特尔面临的是一条有弹性的需求曲线，提高价格会将使利益下降。

二是对严厉惩罚的较低预期。由于在一些国家将合谋操纵价格的行为视为非法，因而，一旦发现有合谋行为，将实施法律制裁。只有当成员预期不会被发现合谋或者被发现后不致遭受到严厉处罚时，才有积极性参与卡特尔。

三是较低的组织成本。卡特尔是否能够组建并得到长期发展，要视其组织成本的高低而定。第一种组织成本是组建成本，说明越复杂，组建卡特尔的成本越高。有利于组建成本控制的因素包括：涉及的厂商数目较少，行业高度集中；所有的厂商生产的产品几乎无差异；行业协会的存在性；等等。第二种组织成本就是维护拉特尔协议的执行成本，防止卡特尔成员相互欺骗的成本。

2. 基本模型

我们先来考虑一个简单的模型，其中两个厂商同时选择产出水平 y_1 和 y_2 以最大化行业利润：

$$\max_{y_1 y_2} p(y_1 + y_2)(y_1 + y_2) - c_1(y_1) - c_2(y_2)$$

上述问题的一阶条件为：

$$p'(y_1^* + y_2^*)(y_1^* + y_2^*) + p(y_1^* + y_2^*) = c_1'(y_1^*)$$
$$p'(y_1^* + y_2^*)(y_1^* + y_2^*) + p(y_1^* + y_2^*) = c_2'(y_1^*)$$

从上述一阶条件我们容易看出，行业利润最大化意味着：$c_1'(y_1^*) = c_2'(y_2^*)$。

卡特尔均衡的问题是，如果厂商不完全合并，则它不是"稳定"的。每个厂商是有"欺骗"的动机，即比事前达成的产出水平生产更多的产出。事实上，当另一个厂商保持其产出水平不变时，我们可以将场上 1 的一阶条件重写为：

$$\frac{\partial \pi_1(y^*, y_2^*)}{\partial y_1} = p'(y_1^* + y_2^*)y_1^* + p(y_1^* + y_2^*) - c_1'(y_1^*) = -p'(y_1^* + y_2^*)y_2^* > 0 。$$

这里我们用到了需求虚线斜率为负的结果。

在卡特尔模型中，两个厂商的策略状态类似于囚徒困境：如果一个厂商认为另一个厂商会按配额生产，则该厂商可以通过生产超出配额的产出获利。如果一个厂商认为另一个厂商不按配额生产,则该厂商生产超出配额的产生将更有利可图。

3. 影响卡特尔稳定的因素

卡特尔企业的利润比非合作企业要高,但是与之伴随的是不稳定性,每个企业都有偏离的动机,即可能存在"欺骗"。以下是导致其不稳定的具体原因。

一是市场集中度与行业中厂商的数目。在厂商数目较少和市场集中度较高时,将有利于合谋的稳定性。

二是产品的同质性。卡特尔成员生产的产品如果是同质的,则有利于卡特尔的稳定,否则,就会威胁卡特尔的存在。

三是成本的不对称性。在 t 期,卡特尔成员的单位成本相同,并结成卡特尔,而在 $t+1$ 期厂商 1 的单位成本下降,那么在 $t+1$ 期如果降低价格,预期所获得的利润大于惩罚成本,厂商 1 就有动力违背卡特尔协议。

四是市场需求波动。稳定的需求是维持卡特尔合谋的基本条件之一。如果市场需求波动频繁并且波动幅度大,那么:第一,难以维持产量协议;第二,组织成本上升,需要不断调整协议。

五是订货的批量。批量越大,履行合作协议越困难。

4. 维持卡特尔稳定的策略

一是分割市场。通过分配给每一厂商一定的购买者或地理区域而成功地防止了欺骗,因为这使得欺骗很容易被发觉。

二是固定市场份额。如果能够观察到各成员市场份额的变化,一旦某成员市场份额增加,采取报复,那么,就可以采取固定市场份额的做法来防止欺骗。如果有厂商降低价格,它的市场份额将上升,其他厂商就会加以报复。所有厂商都预期到这一反应,这样就没有厂商有增加自己产量的动机,因为那样做的收益低于被报复之后的利润损失。

假设行业内有两家企业,成本和需求和古诺模型一样,现在这两家企业进行合谋,谋求利润最大化。卡特尔总需求曲线就是市场需求曲线,边际收益曲线也由其决定。边际成本曲线定义为增加一单位产量需要的总成本增加量,卡特尔总成本为企业 1、2 成本总和,为了达到利润最大化,因此要求每个产量上成本最小化,也就是说,企业 1、2 的边际成本是相同的。因此,卡特尔增加一单位产量的成本就是每一家企业的边际成本。所以企业的边际成本曲线和供给曲线一致,如图 7.4 所示。

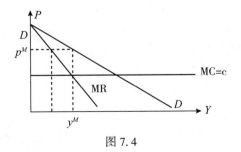

图 7.4

DD 曲线表示市场需求曲线，MR 为边际收益曲线，MC 为边际成本曲线，MC 与 MR 交点为卡特尔均衡点，价格为 P^M，产量为 Y^M。这个模型里面企业 1、企业 2 地位相同。各自配额任意数量都不会影响总的利润，只要总产量不变。

以上是理想状况下的状态，实际中，企业的边际成本往往并不相同，假设企业 1 边际成本较低，那么企业 2 产量为 0，企业 1 拥有所有配额。产量的分配原则往往是不同利益和不同实力的厂商之间协商的结果，影响力大的或者能力强的可能获得较高的配额。现实中的销售量一般根据以往的销售水平或生产能力大小进行分配，有时候还根据卡特尔成员的地理位置配额。

三是使用最惠国待遇条款。所谓销售合同中的最惠国待遇条款是指，在销售合同中向买房保证，卖方不会以更低的价格销售给其他消费者，否则向全体买方给予补偿。如果卡特尔成员通过降价以扩大销售量，它也必须对此前的所有购买者进行补偿。

四是使用相遇 - 竞争条款。所谓的相遇 - 竞争条款，是指在合同中向购买者保证，如果另一家厂商提供较低价格，销售者也将同幅度降价，并提供价格补贴。这一条款使厂商难以欺骗，因为消费者会将较低价格的信息带给卡特尔其他成员。

五是建立触发价格。所有卡特尔成员达成一致，如果市场价格降至一个水平（触发价格）以下，每一个厂商可背弃协议价格，并把其产出扩张至卡特尔之前的水平。这种情况下，削价厂商可在短期获益，但最终会受损。

第8章　一般均衡与福利

之前我们解释了每一个消费者如何使用其拥有的稀缺资源、收入和时间，形成对商品的需求以及要素的供给；生产者为了追求利润，生产供给商品，并形成对要素的需求，在完全竞争的情况下，最终达到市场均衡。在分析解释这个资源配置结果时，有两点重要假设：

其一，假设每一个微观个体，无论是消费者还是生产者都是既定价格体系的接受者，决策时价格都是外生变量即经济参数，这是竞争性市场的最主要假设特征。

其二，在解释这个既定的价格体系如何形成时，我们主要研究每一种商品市场的均衡价格形成机制，假设所有的其他商品价格为外生变量，仅考虑该种商品的价格变化对其自身需求供给的影响，换个角度来说，也就是一种商品的价格主要影响其自身市场的均衡状态，这就是马歇尔的局部均衡。

一般均衡的核心思想就是将所有商品的价格体系看作经济系统的内生变量，由经济系统本身所决定。消费者与生产者、需求与供给的共同作用决定了所有市场的均衡，包括市场均衡价格体系和商品的均衡交易数量。也就是说所有商品市场和要素市场在相互影响的情况下形成的均衡问题，即一般均衡（general equilibrium），也许称为整体（全局）均衡更准确，在这里我们还是尊重历史的翻译习惯。相对于马歇尔研究个体市场局部均衡的简单可得性，瓦尔拉的一般均衡模型一般都规模巨大异常复杂，求解整个市场体系的所有均衡价格和数量变得异常困难，因此，我们主要讨论这个均衡是否存在的问题，证明完全竞争条件下一般均衡（以下简称竞争性均衡）的存在性，这个问题瓦尔拉当年给出过简单的数理证明，更准确完善的证明来自于当代的两位杰出的经济学家阿罗和德布罗，因此竞争性均衡也称为阿罗 - 德布罗均衡模型。

本章首先简单介绍一般均衡的思想渊源，然后重点介绍瓦尔拉一般均衡模型和阿罗 - 德布罗均衡模型，这是一般均衡的实证理论部分，即分析所有市场均衡价格的形成过程，阐述市场机制对所有资源进行配置会达到的结果状态及其特点，解释一般均衡"是"什么和"会"怎样的问题；在此基础上进行一般均衡的规范分析，即对这个社会配置结果进行判断评价？回答一般均衡结果"怎么样"是否"应该"的问题，我们知道经济学的判断标准是社会总福利，所谓的最大多数人的最大福利原则，即研究一般均衡是不是能够实现社会总福利的最大化。判断一个社会结果是不是经济合意的，就看它是不是可以实现社会总福利的最大化，如果能够实现社会总福利的最大化，我们称这个结果是有效率的。因此最后，我们会对竞争性均衡进行福利经济学分析，并由此系统介绍一些相关的社会福利判断和社会选择的基本知识。

8.1　一般均衡模型

经济学的一般均衡思想可追溯到 1776 年亚当·斯密在《国富论》中论述的基本机制——看不见的手，他在下卷中最出名的论断中指出：

"每个人都力图用好它的资本，使其产出能实现最大的价值。一般来说，他既不企图增进公共福利，也不知道他能够增进多少。他所追求的仅仅是一己的安全或私利。但是，他这样做的时候，有一只看不见的手在引导着他去实现另外一种目标，尽管该目标并非他的本意。追逐个人利益的结果，是他经常地增进社会的利益，其效果要比他真的想要增进社会的利益是要好。"

1874 年，瓦尔拉把亚当·斯密的"社会利益"具体为"市场供求均衡"，把"看不见的手"解释为"价格机制"，提出经济系统的一般均衡这一重要思想。瓦尔拉提出一般均衡最重要的问题，经济系统中有许许多多的生产者和消费者，生产者追求利润最大化，消费者追求效用最大化，生产者的利润与消费者的支付能力都与市场价格体系有关。在这种所有市场相互影响相互依存的情况下，是否存在一种合适的价格体系（即所谓的一般均衡价格体系）使得在它之下经济系统获得全面均衡，即不但每个人的利益都达到最大，而且经济系统全部实现供求相等？

瓦尔拉形象的描述到市场就像一个巨大的交易所，在那里所有人都在叫价拍卖、讨价还价。这种价格探索过程必然会在最后某个时刻，让所有的人都做成了交易，此时的商品价格体系就是一般均衡价格体系。

瓦尔拉给出一般均衡价格体系的定义后，继续讨论其存在性问题，并给出了他认为正确的数学论证：他把问题表述成为一个以需求、供给和价格为未知量的联立方程组，然后声称：由于方程组中独立变量个数与独立方程个数相等，所以方程组有解，从而一般经济均衡问题有解。显然这个证明的过程和理论依据现在看来是不够准确的，但是瓦尔拉关于一般均衡思想对于经济学而言却是非常有意义的一种思想。因此，下面我们用瓦尔拉原始的一般均衡模型来介绍其思想，首先假设有：

（1）经济系统中有 m 种生产要素和 n 种产品；

（2）生产一单位产品 j，需要投入 a_{ij} 个单位的要素 $i(i = 1, 2, \cdots, m; j = 1, 2, \cdots, n)$；

（3）每种商品的市场总需求与总供给都是商品价格体系的函数；

（4）$w = (w_1, w_2 \cdots, w_m)$ 表示 m 种要素的价格体系；

（5）$p = (p_1, p_2 \cdots, p_n)$ 表示 n 种产品的价格体系；

（6）x_i 表示社会对要素 i 的需求量，产出产品向量 $y = (y_1, y_2, \cdots, y_n)$，需要投入的第 i 种生产要素的总量为 $a_{i1}y_1 + a_{i2}y_2 + \cdots + a_{in}y_n$，它就是第 i 种要素的总需求量 x_i，有：

$$x_i = \sum_{j=1}^{n} a_{ij}y_j \quad (i = 1, 2, \cdots, m)$$

（7）y_j 表示社会对产品 j 的供应量，每一种产品的价格都应该等于生产出该产品一个单位所需的成本，因此有：

$$p_j = \sum_{i=1}^{m} a_{ij} w_i \quad (j = 1, 2, \cdots, n)$$

（8）$\Psi_i(w, p)$ 表示要素 i 的供给函数；

（9）$\xi_j(w, p)$ 表示产品 j 的需求函数。

当市场均衡时，需要满足以下条件：

$$\begin{cases} x_i = \psi_i(w, p) \quad (i = 1, 2, \cdots, m) \\ y_j = \xi_j(w, p) \, (j = 1, 2, \cdots, n) \\ x_i = \sum_{j=1}^{n} a_{ij} y_j \, (i = 1, 2, \cdots, m) \\ p_j = \sum_{i=1}^{m} a_{ij} w_i \, (j = 1, 2, \cdots, n) \end{cases}$$

其中要素需求和产品供给来自于经济系统中每个单个生产者利润最大化时均衡量加总得到，要素供给和商品需求来自于每一个消费效用最大化均衡量加总得到。在以上 $2(m + n)$ 个方程组成的方程组中，有 m 个要素均衡数量$(x_1, x_2, \cdots, x_m)$ 和 n 个产品数量$(y_1, y_2, \cdots, y_n)$ 共 $m + n$ 个数量变量，和价格体系中 $m + n$ 个价格变量，即 m 个要素价格$(w_1, w_2, \cdots, w_m)$ 和 n 个商品价格$(p_1, p_2, \cdots, p_n)$，共有 $2(m + n)$ 个变量，可以将其中任意一种商品作为计价物，令其价格等于 1，这样，方程组中的待定变量就减少了一个，为 $2(m + n) - 1$ 个。

另一方面，由于消费者消费时具有均衡性，即消费者的消费支出等于其收入，而收入为向生产者提供要素获得的要素报酬，因此有：

$$\sum_{i=1}^{m} w_i x_i = \sum_{j=1}^{n} p_j y_j$$

这就是瓦尔拉定律。

因此方程组中的方程线性相关，独立方程个数也可去掉一个，为 $2(m + n) - 1$ 个，这样，方程组中独立变量个数与独立方程个数相等。瓦尔拉据此宣称，该方程组有解，从而一般均衡问题有解。

为了更清楚地表达瓦尔拉的一般均衡模型的含义，我们采取更一般的形式来表述一般均衡问题，假设：

$\varphi_i(w, p)$ 表示社会对要素 i 的需求函数$(i = 1, 2, \cdots, m)$；

$\Psi_i(w, p)$ 表示社会对要素 i 的供给函数$(i = 1, 2, \cdots, m)$；

$\xi_j(w, p)$ 表示社会对产品 j 的需求函数$(j = 1, 2, \cdots, n)$；

$\eta_j(w, p)$ 表示社会对产品 j 的供给函数$(j = 1, 2, \cdots, n)$。

一般均衡问题就是是否存在价格体系(w, p) 满足下述方程组：

$$\varphi_i(w, p) = \Psi_i(w, p), \quad (i = 1, 2, \cdots, m)$$
$$\xi_j(w, p) = \eta_j(w, p), \quad (j = 1, 2, \cdots, n)。$$

此方程组叫作一般均衡方程，其解(w, p) 叫作一般均衡价格体系。由于消费者用他们向生产者提供要素所得的收入来购买产品，即瓦尔拉定律：

$$\sum_{i=1}^{m} w_i \psi_i(w,\ p) = \sum_{j=1}^{n} p_j \xi_j(w,\ p)$$

生产者用他们销售产品所得的收入来支付要素报酬，即：

$$\sum_{j=1}^{n} p_j \eta_j(w,\ p) = \sum_{i=1}^{m} w_i \varphi_i(w,\ p)$$

虽然瓦尔拉对一般均衡存在性的证明不够完美，但是其对全部市场在相互影响中的全部均衡的思想却深邃精巧，对后来众多经济学家的影响很大，很多人试图努力给出更加逻辑严密的证明。最终有两位经济学家阿罗和德布罗于 1954 年共同攻克了这一经济问题的理论高地，利用布劳威尔不动点定理对一般均衡存在性问题，给出了逻辑严密的数理证明，使得整个经济理论更加逻辑自洽。德布罗与阿罗合作，经过他们一番周密、精巧的论证后，便提出了既具有合理的经济含义，又能保证一般经济均衡存在的一系列普通假设，从而建立了令人满意的一般经济均衡模型，即 Arrow-Debreu 模型，简称 AD 模型。

阿罗和德布罗描述的经济是只有消费部门和生产部门的两部门经济，这两个部门通过市场联系在一起，他们相互作用，相互影响，最后决定了经济中的资源配置。在这个经济中，每个消费者个人和生产者个人都听从市场价格的指挥；同时，消费者全体与生产者全体又共同影响和决定了市场上的价格行为。交易中，任何个人行为都接受价格机制的调节，每个人都仅仅听从价格的召唤，依据价格进行消费与生产决策。这种状况就好像交易者根本不见面一样，他们只是"背对背"地看着价格信号行事。因此，我们把这种交易称为"背对背"的交易。

在这个经济中，每个消费者和生产者都依据价格来调整方案，以使个人利益最大化。虽然价格体系确定了消费者的收入，但如果该收入不是消费者效用最大化消费，同理，如果该产量不是生产者利润最大化的生产，消费者和生产者都势必调整他们各自的方案，这就改变了商品的供求情况，从而改变了原来的经济状态；某些商品存在供不应求或供过于求的情况，交易无法做成，这就要引起价格 p 发生变动，使得原来的个人消费与生产不再是最优的，引起消费者和生产者调整方案，导致经济状态又发生变动，经济状态的变化又要引起一次价格调整，经济中的这种调整在所有人完成交易之前就这么一直进行着，直到达到均衡状态，此时，消费者实现效用最大化，生产者实现利润最大化，市场供求相等。

那么这个一般均衡是否存在呢？这个存在性问题就等同于说是否存在一个价格体系，包括所有商品和要素的价格，使得在最大化基础上得到的所有市场都处于供求相等的均衡状态。为了证明这个假设，阿罗和德布罗对瓦尔拉的问题重新进行归纳，假设所有的市场共有 n 种，p 表示其价格体系，用 $D(p)$ 表示总需求函数，$S(p)$ 表示总供给函数，并假定它们都是关于价格向量 $p(p_1,\ p_2,\ \cdots,\ p_n)$ 的连续函数，有：

$$D(p) = (D_1(p),\ D_2(p),\ \cdots,\ D_n(p))$$
$$S(p) = (S_1(p),\ S_2(p),\ \cdots,\ S_n(p))$$

根据瓦尔拉定律，对任何价格向量 p，有：

$$pD(p) = pS(p)$$

当市场均衡时，供求必然相等，因此，有一般均衡方程组：

$$D_i(p) = S_i(p) \quad i = 1,\ 2,\ \cdots,\ n$$

　　差额需求为每一种商品的需求与供给的差额，显然有差额需求映射 $Z(p) = D(p) - S(p)$。根据瓦尔拉法则有：$pD(p) = pS(p)$，即 $pZ(p) = 0$。$Z(p)$ 是零阶齐次的连续映射，这是因为需求映射 $D(p)$ 和供给映射 $S(p)$ 都是零阶齐次连续映射。当满足均衡方程 $D(p) = S(p)$ 时，此时显然 $Z(p) = 0$，因此，一般均衡是否存在就等同于差额需求函数 $Z(p) = 0$ 是否有解的问题，德布罗与阿罗利用数学中 1911 年的布劳威尔不动点定理严密地证明了这一问题。

定理 8.1　布劳威不动点定理

　　设 $f: S \to S$ 是一个连续映射，S 为紧且凸集，则在 S 中至少存在一个 f 的固定点，即至少存在一个向量 $x* \in S$，满足：

$$x* = f(x*)$$

这就是布劳威（Brouwer）不动点定理。

定理 8.2　阿罗 - 德布罗定理

　　假设对于每个消费者来说，商品可行集为下有界闭凸子集，偏好关系满足单调、连续和凸假设；对于每个生产者来说，生产可能集合为闭凸子集；满足瓦尔拉定律；满足这些假设时，则竞争均衡存在，即存在经济状态 $(x_1^*, \cdots, x_m^*, y_1^*, \cdots, y_n^*, p^*)$ 满足如下三个条件：

　　(1) x_i^* 是消费者 i 在价格 p 和收入 m 下的均衡消费；

　　(2) y_j^* 是生产者 j 在价格 p 下的均衡产量；

　　(3) $\sum_{i=1}^{m} x_i^* = \sum_{i=1}^{m} e_i + \sum_{j=1}^{n} y_j^*$

　　阿罗和德布罗在对经济系统做了非常简洁的假设下证明了竞争性一般均衡的存在性。并阐述了了竞争均衡的特点，这个可以由艾奇沃斯（F. Y. Edgeworth，1881）提出来盒状图（Box）来说明最简单的两人情况下的竞争性均衡，即瓦尔拉均衡。首先我们来看在交换条件下两个消费者消费两种商品（2 * 2）情况下，通过市场交易达到一般均衡的状态。交换条件即是指在商品的数量是既定的情况下，也就是说两种商品的初始禀赋是既定的，我们可以用长和宽分别表示两种商品数量的艾奇沃斯盒状图（edgeworth box）来说明。如图 8.1 所示，盒装图的左下角和右上角分别表示两个消费者二维商品的坐标原点，横坐标的长度等于两人拥有的 x_1 初始禀赋之和，同理纵坐标的长度等于两人拥有的 x_2 的初始禀赋之和，盒内的所有点表示了在商品数量既定的情况下所有可行的消费集合。例如图 8.1 所示的点 (x_1, x_2)，从左下角的坐标原点看，(x_{11}, x_{12}) 即消费者 A 的消费数量，从右上角的坐标原点看，(x_{21}, x_{22}) 即为消费者 B 的消费数量。因此艾奇沃斯盒状图表示了所有消费者 a，b 两位消费者在商品数量既定的情况下所有可能的消费状态。

　　同时在艾奇沃斯盒状图中我们也可以表示出两个消费者对不同消费状态的主观偏好，凸向左下角坐标原点的是消费者 A 的一系列无差异曲线，同理凸向右上角坐标原点的是消费者 B 的一系列无差异曲线，盒内的任意一点都在一条 a 的无差异曲线上同时也在一条 b 的无差异曲线上。假设初始禀赋点为 (w_1, w_2)，如果这点所在的两个消费者无差异曲线是相交的状态，也就说明两个人关于商品的边际替代率（MRS）不同，这样的情况下，两个人就会通过市场交易来实现互利。例如消费者 A 的边际替代率 $MRS_{12}^a = 1$，而消费者 b 的边际替代率 $MRS_{12}^b = 2$，此时只要 x_1 和 x_2 的交换比率大于 1 小于 2，对于两个人来说都可以通过市场交易增加福利。如图所示，两个人禀赋点所在的无差异曲线之间的类似于凸透镜形状区域中的任一点，是消费者可以通过市场交易达到的比禀赋点对两个人来说福利都更高的点，如果考虑边界点，更准确地说，另一人福利不减少的情况下至少能够使得一人的福利增加，不考虑边界点的话，两人福利都会增加。两个人互利市场交易的结果一定会达到两人无差异曲线相切的状态，此时有：

$$MRS_{12}^a = MRS_{12}^b$$

即两个消费者的边际替代率相等，此时即为市场契约曲线（contract curve），所有两人无差异曲线切点的组合，也就是交换条件下的瓦尔拉衡集合。对于具体的初始禀赋状态，两个人的交换结果必然是位于契约曲线上的某一个竞争均衡点，该点位于经济核（core）中，为了说明经济学中核的概念，引入联盟的概念来定义：

联盟：是指交易者集合的非空子集。

抵制联盟：联盟 A 叫作配置 $(x_1, x_2, \cdots, x_m)$ 的抵制联盟，是指存在可行配置 $(z_1, z_2, \cdots, z_m)$，满足以下三个条件：

(1) $x_i' \succcurlyeq_i x_i$ 对于任意 $i \in S$ 成立；

(2) $x_i' \succ_i x_i$ 至少存在一个 $i \in S$ 成立；

(3) $\sum\limits_{i \in S} x_i' = \sum\limits_{i \in S} e_i$。

核配置是指不存在抵制联盟的可行配置。核是指由一切核配置组成的集合，记作 C，或者 $C(E)$。竞争性瓦尔拉均衡必在核之中，即 $W(E) \subseteq C(E)$。

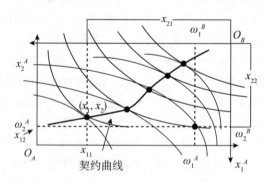

图 8.1　交换条件下的一般均衡

更一般的，在生产和交换的状态下，当生产数量不是既定的情况下，也就是说社会生产的 x_1，x_2 数量可以变化时，社会拥有的生产资源是既定，但是两种产品生产的数量不是固定的，它们之间是可以互相转换的，用生产可能性曲线来描述他们之间的替代关系。两种商品所能够达到的最大产量组合即是生产可能性曲线，其斜率为两种商品的边际转换率（Marginal Rate of Transformation，MRT），如图 8.2 所示，当生产数量为生产可能性曲线上任意一点时，我们就可以以该点的 x_1、x_2 数量来画一个艾奇沃斯盒状图，盒内两人会完成市场交易达到契约曲线，此时两个消费者的边际替代率相等，如不等于两种商品的边际转换率，则意味着调整两种商品的生产数量会增进两个消费者的效用，直至两者相等。

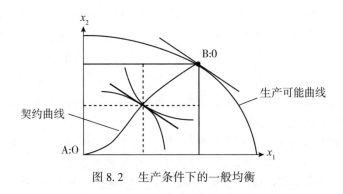

图 8.2 生产条件下的一般均衡

8.2 竞争均衡的福利分析

之前我们描述了竞争性的市场条件下一般均衡是如何实现的，是一般均衡的实证理论分析，本节是对竞争均衡的规范理论分析，要判断这个市场均衡结果怎样，评价这个结果是不是符合经济标准。首先要确定经济学判断的标准是什么？一个社会中，规范人们行为的标准主要有法律和道德标准，这些标准是随着社会的变化而变化的。根据功利主义者边沁的立法和道德标准，经济学家认为对社会配置结果进行评价的判断标准是社会总福利，是不是能够实现社会总福利的最大化，所谓的最大多数人的最大福利原则。也就是说，判断一个社会结果是不是经济合意的，就看它是不是可以实现社会总福利的最大化，如果能够实现社会总福利的最大化，我们称这个结果是有效率的，因此竞争均衡的规范分析也即为福利分析。

经济学中用来判断社会结果是否达到有效率状态的标准主要有三种：

其一为帕累托效率标准，也是用得最多最普遍的标准，如果社会配置结果达到了帕累托最佳状态，就意味着在不减少其他人福利的条件下，是不可能再增加任何一个人的福利。反过来说，如果社会已经处于帕累托最佳状态，就没有帕累托改进的可能了，或者说，这时要想增加一个社会成员福利必然会使得至少一个其他人的福利减少。除此以外，还有两个是我们在原理中已经非常熟悉的标准，价格标准和总剩余标准。

其二为价格标准，我们可以根据商品价格 P 是不是等于企业生产的边际成本 MC 来判断。因为，消费者在市场价格下愿意购买，也就表明消费者购买了商品以后，该商品给消费者带来的福利至少不低于市场价格，另一方面，多生产一个单位的产品，需要投入增加边际成本；所以，如果价格 $P >$ MC，从社会的角度来看，增加一个单位的产品，给社会带来的边际收益大于边际成本，增加产量会促进社会福利上升；反之，$P <$ MC，从社会的角度来看，增加一个单位的产品，给社会带来的边际收益小于边际成本，减少产量会促

进社会福利上升；因此 $P = MC$ 是社会福利最大化的边际条件。

　　其三为总剩余标准，我们可以用社会总剩余来衡量市场行为的社会福利，社会总剩余包括消费者剩余和生产者剩余。消费者剩余前面已经详细论述过，简言之，可以理解为消费者在消费商品的过程中所获得的能够用货币衡量的净好处（福祉），即消费商品所获得的效用减去花费的支出，可以等于消费者愿意支付的最高价和实际支付价格之间的差额，在商品连续消费的情况下，近似的等价于市场需求曲线下面，与市场均衡价格上面的这部分三角形的面积。生产者剩余是指生产者在卖出商品时所获得的收入多于他自己所愿意接受的最低价之间的部分，它所愿意接受的最低价等于边际成本，也就是供给曲线以上和市场均衡价格以下的这部分三角形面积，消费者剩余和生产者剩余实质是对市场交易行为给买卖双方所带来的福利的货币衡量。

　　类似于完全竞争市场局部均衡的福利结果，完全竞争市场的一般均衡，显然满足价格标准和总福利标准。也就是说当市场最后达到一般均衡状态时，不但市场实现了供求均衡，这个时候，每个经济活动者个人都实现了均衡，经济中的全体消费者都获得最大效用，满足 $MU = P\lambda$；生产者获得最大利润，满足 $MR = P = MC$，从社会的角度来看，满足福利最大的价格边际条件；同时，社会总剩余相对于非竞争，或者经济政策的干预等非市场均衡状态也达到最大状态。

　　下面我们重点阐述帕累托标准，他提出"集合体的效用最大化"（maximum d'utilite collective）状态，并且详细论述了实现这种状态的条件，它是在序数效用论的条件下由个人的效用（偏好）推导出社会整体的（效用）福利。当配置结果达到社会福利最大化的时候即是"帕累托最佳状态"（也称为累托最优状态，或帕累托效率，pareto optimum）。

　　帕累托这样定义最优状态标准："当某种分配标准为既定的时，我们可以遵照这种标准，研究何种状态会使集体中各个人达到最大可能的福利。让我们考虑任何一个特定的状态，并且假定在适合所包括的关系方面作一很小变动，如果这样做以后，每一个人的福利都增进了，显然新的状态对每一个人就更有利；相反，如果所有人的福利都减少了，则新的状态对于每一个人就不利。如果这种小变动使一些人福利增进，而另一些人福利减少，那么对于整个社会来说，就不能认为这种改变是有利的。因此，我们规定最大偏好状态是：在那种状态，任何微小的改变，除了某些人的偏好依然不变外，不可能使所有人的偏好全增加，或者全部减少。"

　　我们还是利用埃奇沃斯盒状图来说明一个简化的经济社会在产量既定的情况下实现社会福利的帕累托最大化的条件。前面我们已经说明了经济社会中有两位消费者、两种产品既定的情况下，消费者交换达到的市场均衡结果，或者说通过市场交易实现两人（集合体）效用最大化的条件是两人的无差异曲线相切，即两人的商品边际替代率相等时的契约曲线，如图 8.3 所示，在这种情路况下，如果要继续增加消费者 a 的福利，必然意味着沿着契约曲线向右上方移动，此时，消费者 b 的福利必然减少，在不减少 b 的福利的情况下，是无法增加 a 的福利，也就是说，在契约曲线上的人一点，都不存在帕累托改进的可能性，因此是帕累托有效率状态。

　　我们还可以利用埃奇沃斯盒状图说明生产条件的最优化条件，在两种生产要素劳动和资本既定的情况下，如果只有两家厂商分别生产两种产品，如果要实现两个厂商利益的最大化，需要满足两个厂家的等产量曲线相切，即要素的边际技术替代率相等：$MRTS_{LK}^1 = MRTS_{LK}^2$。生产最大化状态对应的就是生产可能性曲线上的某一点，此时，两种商品之间的边际转换率等于消费者的边际替代率，在此情况下，显然是帕累托有效的。因此我们可以得到福利经济学的第一定理，对竞争均衡结果进行规范判断。反之，任何帕累托改进，即不减少任何人福利的条件下，至少让一个人的福利增加，这是可以通过市场交易实现的，这就是福利经济学的第二定理。

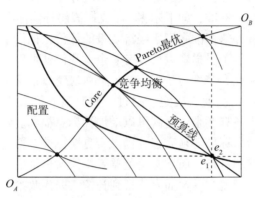

图 8.3 竞争性均衡的帕累托分析

定理 8.3 福利经济学第一定理

任何竞争性瓦尔拉均衡都是帕雷托有效的。

定理 8.4 福利经济学第二定理

每一帕雷托有效配置均能通过市场交易实现。

我们这里再强调下，经济学讲的完全竞争市场可以认为是经济学构造的理论模型，完全竞争市场的一般均衡状态通常作为经济分析的一个标准，我们可以依照这个标准来比较非完全竞争和经济政策等对社会总福利的影响。福利经济学基本定理是在严格的隐含假设条件下得到的，这些假设包括：信息完全、经济人、完全竞争、无外部性、无交易成本和规模报酬递减等。

8.3 社会福利函数

帕累托为我们评价社会福利是否最大化提供了标准，帕累托标准是建立在序数效用理论的基础上，它不仅避开了人际效用比较，还回避每一个人不同选择之间的效用差别，因此，无论是从逻辑上，还是政策结论中引起的别人质疑和反驳的机会就少很多，因此，这是目前经济学中最基本的效率标准。但是，现实中经常是在做出一个改变后，会使一些人的境况好起来，而另一些人的境况坏下去，这种改变就不能用帕累托标准。真正的帕累托改进，即在不减少任何人福利的情况下，使一些人的状况增加，在现实中很难做到。如果再考虑到人们天生的嫉妒心理，即使某人的福利没有减少，而其他人的福利都改善了，我们也很难肯定地说，某人会认为他没有受到损害。

为了解决此类问题，克服帕累托标准的局限性，后来的经济学家提出了其他的标准，如果某项政策有人福利受到损害，有人福利增加，通过引入受益者和受损者之间的假设补偿来拓展该原则的适用范围，因此都涉及补偿问题，也被称为补偿标准。

通过向受益者征税等方式进行收入的转移对受损者进行补偿的思想出现较早，但是，用这种补偿的标准作为判断社会福利的标准则是出现在帕累托的条件提出以后，遵循不同的补偿原则主要有三种福利标准，即卡尔多‐希克斯假想补偿标准，西托夫斯基双重标准和李特尔三重标准。这些补偿标准多用于经济政策的评价，他们都是经过假设或实际的补偿以后，如果受益者在补偿了受损者以后还有剩余，我们就可以认为社会总福利增加，那么这种变动(经济政策)就是增加了效益，或者说改变以前未达到效率状态。卡尔多(Kaldor，1939)提出可以由受益者决定、通过税收政策或价格政策，使那些受益者补偿受损者，补偿完以后如果还有剩余，这就可以增加社会总福利。希克斯对于卡尔多的标准是非常赞赏的，他认为这个标准还须完善，提出希克斯标准。希克斯同卡尔多不同的是，他认为补偿可以自然而然的进行，而不必由受益者补偿，也就说，政策可能会改变分配，使某些人受损，但下次可能就会受益而自然得到补偿，因为政策的影响是具有偶然性的。

美籍匈牙利经济学家西托夫斯基(Tibor Scitovsky，1941)利用埃奇沃斯盒状图和社会无差异曲线说明卡尔多—希克斯的福利标准会产生一种矛盾。在一定的情况下，卡尔多标准会认为一项变革是一种进步，但是它只考虑原来的收入分配，变革以后的补偿又不需要实际支付，改变以后的收入分配就会不同，这样，变革以后，回到变革以前原来状态也会是一种改进。也就是说，根据卡尔多标准可以建议进行某种变革，根据同一个卡尔多标准，由可以建议相反的回到原状态的变化，这个标准包含了这种逻辑的矛盾。鉴于此，西托夫斯基提出福利检验的双重标准，既要满足卡尔多‐希克斯标准，其次反转的过程也要进行补偿标准的检验。也就说，只有当我们把一种变革作为社会的改进，而其逆过程不是一种社会改进的时候，这才是社会的改进。英国福利经济学家李特尔(Little，1952，1957，1963)对卡尔多‐希克斯、西托夫斯基的标准进行补充和修正。针对希克斯的"在经过一个相当长的时间以后，几乎所有的人都会好起来"的说法，李特尔指出："如果相当长的时间是一个长时间的话，那么大多数居民都会死掉(尽管境况变得好些)。"李特尔反对卡尔多‐希克斯和西托夫斯基的假象补偿标准，提出实际的补偿是必须予以考虑的。看起来李特尔的标准是对于社会福利的较为完善的判断，但是李特尔标准无论是从理论上的逻辑分析还是在实际操作中都存在问题，例如"有益的再分配"指的是什么，如何判断，实际的补偿标准如何确定。有人将"有益的再分配"理解为"趋于较为均等的分配"，认为这同庇古论述的经济福利增加的两个方面很类似，但李特尔对此却予以否认。

我们看到，希望根据补偿的原理，能够建立一个社会福利大小的普遍的判断标准，从理论上根本解决社会衡量的问题，是异常艰难的。从帕累托到李特尔，甚至到 20 世纪 60 年代，关于何为社会福利增加的标准一直争论得很是热烈。但是，社会福利在主观序数效用论下如何量化，其实质就是如何由个体的偏好(效用)得到社会福利，一直是经济学家有意无意回避的难题。对基本概念的精确定义是建立严格的理论分析的基础，建立在序数效用基础上的伯格森、萨缪尔森的福利函数，就是要回答这一难题。他们认为效用无法计量但可以排序，且具有可比较性和传递性，由这些假设就可以得到社会福利函数，并可以规定其基本特征。

社会福利的概念源于庇古的"总福利"和"经济福利"，经济福利被认为是能与货币尺度建立联系的满足和不满足。对于社会福利衡量、如何由个体福利得到社会总福利的理论探讨、怎样才能够在不是一种极端的资源配置状态下实现社会福利的最大化，等等问题的研究形成了随后20世纪30—40年代福利理论研究的热潮，出现了伯格森、萨缪尔森的社会福利理论，以及在后来的阿罗和森的研究。帕累托放弃了效用的可衡量性和人际可比性后，社会总福利如何由个人福利加总就变得困难重重，如何由个体福利（偏好）得到社会福利（偏好），帕累托未能充分论述，是从美国伯格森（Bergson，1938）开始的，他反对新福利经济学家接收罗宾斯教授的观点，对社会选择理论祛伦理化的现象。他强调只有组成了一系列"明确的价值判断"，并把它们结合到社会福利函数中去，才可以对社会改进进行判断。他提出研究社会福利应从社会福利函数的角度进行分析，按照函数数值进行经济政策等的判断。这种理论后由新古典的保罗·萨缪尔森（1947）予以发展，形成了现在所谓的伯格森-萨缪尔森社会福利函数（Bergson-Samuelson Social Welfare Function，SWF）。

伯格森首先给社会福利函数（SWF）作了严格定义，他认为社会福利函数可以用一个以所有社会成员的效用水平为自变量的实值函数来表示。萨缪尔森明确强调了个人效用是序数性质的，将社会福利函数抽象为一个定义在个人效用空间上的理性偏好关系的保序函数（ordering preserving function），如果我们真能得到社会福利函数的具体形式，那么在任何一个公共选项的集合上得到一个理性的社会偏好就变得非常简单，而进一步的，通过这个理性的社会偏好关系或者相应的社会效用函数，就可以指导一个社会进行选择，不再需要担心无法处理公共决策过程中存在的福祉变化的人际冲突问题。但是，关于社会福利函数的"存在性"问题一直备受怀疑。阿罗（Arrow，1952，1963）开创性地把主要研究投票选举的集体选择理论引入到对社会福利的研究中来。他自己首先意识到，进而影响经济学界开始达到这样的共识，经济学家所关注的社会福利的各种问题，以及将其作为经济政策和立法等涉及公共利益的行动的标准时，其实质是一个社会或集体的选择行为，这种社会选择依赖于其成员的偏好，这就是社会选择理论中的"个人主义"或者"非强制性"的社会选择行为。

8.4 社 会 选 择

阿罗（1963）的社会福利函数建立在已知社会所有成员的个人偏好次序的情况下，建立映射法则把各种各样的个人偏好次序归纳成为单一的社会偏好次序，相应的建立社会福利函数。由此，我们看到，阿罗的社会福利函数是建立在消费者的效用函数之上的，是一个泛函数。为了和伯格森的社会福祉函数相区别，人们通常将其称作社会福利泛函，这样就可以从社会偏好次序中确定最优社会选择。关于函数的性质，阿罗认为理性社会的福利函数（社会偏好）应该具有一些大多数人都能够认同的基本原则，也就是合理的社会福利函数应该具有一些最基本的性质。

因此，阿罗作了以下假设，社会福利函数应该满足这些条件：

（1）社会福利函数被定义为适合于所有子集合。即作为一种集体选择规则必须具有广泛的适用性，适用于所有可能的个人理性偏好组合，即任意性(free triple)或广泛性。

（2）如果所有社会成员都认为 x 严格比 y 好的时候，社会应当认为 x 严格比 y 好，即社会福祉泛函应当满足某种帕雷托标准。

（3）一个社会福利函数在任意两个公共选项之间所决定的社会偏好关系，应当仅仅和社会成员在这两个方案上偏好关系有关。即无关独立性条件(independence of irrelevant alternatives)。

（4）社会排序不是由单个人的偏好决定，即社会福利函数必须满足非独裁原则(non-dictatorship)。

阿罗正是在证明社会福利函数应该具有这几个基本特征的时候，称为阿罗一般可能性定理(general possibility theorem)，发现同时满足以上条件的社会选择机制是不可能存在的，即著名的阿罗不可能性定理(arrow's impossibility theorem)。

定理 8.5 阿罗不可能性定理

当集体选择对象的数目不少于 3 个时，那么任何一个社会福利函数不可能同时满足这四个条件：任意性、帕雷托标准、无关独立性和非独裁民主性。

阿罗以严格的逻辑推导出的不可能性定理，其实质说明我们在分析个体利益最大化时所使用的方法，以符合"完备性"和"递推性"的个人偏好或排序说明我们对不同状态所做的主观评价，进而来说明我们的个人选择，这种方法如果类推到多人的集体选择时，无法得到满足以上四点最起码的要求的函数。该定理揭示出社会福利函数理论存在着逻辑的缺陷，它的局限性决定了在此框架下所能够得到的结论必然是理性的社会选择的不可能性。我们不仅无法给出确定的唯一的社会福利函数具体的形式，其存在性可以通过逻辑证明是不可能的。它说明在考虑每个个体主观选择的前提下，避免个体利益大小的比较，得到一个普遍使用的全体利益最大化的方法是不存在的。

阿罗将福利经济学的研究主题转向集体选择理论，阿罗悲观的结论仿佛是此类研究的理论终结，希望在个人偏好的基础上得到社会福利的一般性方法的各种尝试在理论上被证明了是行不通的。阿罗之后的经济学家在研究社会福利问题的时候有两种基本思路，一是李特尔和萨缪尔森等论证阿罗的不可能定理是在各种严格的假设条件下的结论，他并不影响实际的社会福利判断；第二种思路是由森等所作的修正，分析阿罗论证不可能得到社会偏好的原因，如果改变这些条件，还是可以完成由个体偏好推导出社会偏好的。

阿罗在分析社会选择行为的时候，假设每个社会成员对所有公共选项都能够做出完备的排序，即每个人在公共选项的集合上有一个理性的偏好关系，并且社会选择要依赖于每个个体的这种偏好关系；如果所有社会成员都认为 x 严格比 y 好的时候，社会应当认为 x 严格比 y 好，也就是说社会福利函数是每个个体福利函数的增函数，这也是帕累托已经解决的问题；如果有个体对 x、y 的评价存在严格的差异，例如，不妨设两个成员 A 和 B 对两个具体的社会状态 x 和 y 的偏好存在严格的差异：其中一个成员将严格偏好 x 甚于 y，而另一个成员则严格偏好 y 甚于 x，那么在 x 和 y 之间做出选择，必然会引起福祉变化的人际冲突，想确定选择的标准不可避免地要进行人际间的福利比较。

这也是各种烦琐累赘的福利标准要解决的但总是解决得不那么好的问题；伯格森提出社会福利函数本可以避开这些难题，但是，阿罗证明了一般性社会偏好是不存在的。问题的关键在于序数效用条件下，我们只能看到福祉是增加或减少，只有偏好的排序，我们无法看到增加与减少的数量，没有偏好的强度，民主的合理决策机制是很难形成的。

可能有人会辩解到，社会选择中最常见的解决机制是投票机制，投票机制的决策标准是集体中的人数最大化，而不是集体福利最大化。概括起来，阿罗不可能性定理说明民主的集体决策不可能实现社会福利的最大化。

李特尔(1952)和萨缪尔森(1966)认为阿罗的结果是围绕一个适用于所有可能的个人偏好组合的社会福利函数得到的问题，他否认的是那种必须适用于所有可能的个人偏好组合的集体选择机制的存在性。如果仅仅考虑某个给定的个人偏好组合，会存在一个与之对应的"社会福利函数"。对应于一个新的个人排序组合，就会相应有一个新的社会偏好。遗憾的是这个观点后来被肯普和黄(Kemp & Ng, 1976)和帕克斯(Parks, 1976)这两项独立的研究所推翻。他们证明，即便是仅仅为一个给定的个人偏好组合所设计的"加总"机制，在非常一般的情形下，也依然不能同时满足一些类似于阿罗不可能定理所要求的温和的条件。黄有光等人为阿罗不可能定理之所以成立，是因为该定律定理的条件中，排除了对偏好的强度的考虑，排序只提供序数偏好的信息，没有提供有关偏好的强度的信息。即使有了对偏好的强度信息，也还不够，还需要偏好的强度的人际比较。

在所有试图破解阿罗不可能难题的努力中，有一系列优秀的经济学家，例如纳什(John F. Nash, 1950, 1953)利用新的分析工具博弈论论证社会选择问题。由于阿罗认为序数效用基础上的社会福利函数不存在，使得许多经济学家重拾基数效用理论，诺贝尔经济学奖获得者中就有1994年的获奖者、海萨尼(John C. Harsanyi, 1955)，1996年的米尔利斯(James A. Mirrlees)，1998年的获奖者森(Amartya K. Sen)，还有2002年获奖的卡尼曼(Daniel Kahneman, 1997, 2004)。

在这里我们主要介绍阿马蒂亚·森对社会福利和社会选择理论所作的贡献。他对以伯格森、萨缪尔森为代表的社会福利函数理论，以及"福利主义"(welfarism)思想提出了尖锐批评。他认为这些思想单纯用个人效用指标来衡量社会福利存在着缺陷，他们认为个人与社会的福利水平可以通过商品数量来进行衡量。如果不可能获得对于个人福利的完全信息，仅仅通过对收入、财富、商品等的比较，做出对个人和社会福利准确的判断，这无疑是福利主义和功利主义狭隘的观点。森提出了个人幸福的"能力"(capability)中心观，他认为个人的幸福是他所能做的各种事情的函数，而不是传统效用函数中他所支配或消费的商品组合的函数。

森反对福利主义价值免谈的原则，这使得一些非经济方面的社会基本价值判断如反对虐待、奴役等被排除在社会福利函数之外不予考虑，也使得对社会福利的判断往往极不全面甚至出现许多错误。因此，福利经济学应该摆脱福利主义的狭隘范围，把基本价值判断(Basic Value Judgment)引入研究领域根据道德和政治等多方面因素来评价福利水平及其变化。基本价值判断是指在任何条件下都被认为是正确的价值判断，如追求自由、反对虐待等，只有满足了基本价值判断，经济福利的改进才能被视为社会福利的增加。森的社会福利理论因为加进了伦理判断，也被人们称为"伦理偏好"模型。

森(1970)、豪尔绍尼(Harsanyi，1955)和黄(1975)等人都证明了即便是用了基数效用函数从而考虑了偏好强度问题，如果维持其他条件不变，阿罗不可能定理依然成立。效用的人际比较包括效用水平的人际比较和偏好强度的人际比较，前一种人际比较可以使用序数效用，而后一种人际比较则必须要以基数效用为前提。豪尔绍尼(1955)与黄(1975)证明了如果偏好强度的人际比较是可行的，那么阿罗不可能定理也将不再成立。森在"伦理偏好"模型中，以基数效用函数代替偏好关系，以描述个体的福利信息，并且引进效用单位的人际比较，这样偏好强度就可以进行人际比较。在这样一些人际比较假设下，社会福利函数的是可以存在的。他还开创性地给出了效用人际比较概念的严格定义，这样，森就通过考虑效用在不同的人际比较的假设，论证了社会福利函数的存在性，摆脱了阿罗不可能性的理论对于福利经济学发展的桎梏。

阿马蒂亚·森对阿罗"不可能性定理"理论所作的修正主要表现在两个方面，一是使用"社会选择函数"(social choice function)放松对社会偏好集合的广泛性要求，不要求社会选择函数能够对所有的社会排序进行比较，而只对有限的、感兴趣的社会选择进行比较。第二个方面是利用了允许使用更多个人效用信息的基数效用函数，如前所述，加入效用的可度量性和人际可比性，这样，在阿罗看来很多无法做出集体选择的问题就迎刃而解了。

简单地说，森认为在一定的公共可选集下，我们可以运用更多的个人效用信息，遵循最基本的价值判断，这样我们利用福利原则对于各种经济政策、社会变革还是可以做出各种判断，并且也必须做出各种判断，因为经济学家在这一领域拥有某些优势。

总之，阿马蒂亚·森将经济学又重新驶进了我们尽力想摆脱的基数效用，价值判断等旧地。这样，经济学在很多领域又重拾话语权。我们知道，早期的基数效用是含有价值判断的，经济学一开始诞生于近代显学伦理学，从斯密、穆勒到埃奇沃斯和庇古，都有很浓厚的伦理含义。20世纪30年代在希克斯、罗宾斯等的倡导下出现的叙述效用论逐渐"祛伦理化"。森主张现代经济学重回到伦理学的传统，阿罗形象地称森为"经济学的良心"，这仅仅是经济学"伦理无涉"后的一种自然回归。对于大多数经济学家，主流的经济学教材，还是强调经济学的实证性质和序数效用理论。并且，关于伦理色彩，很多判断仅仅是主观判断，而不是价值判断；森的基本价值判断和功利主义的伦理原则比较起来也是非常弱的伦理含义。

除此之外，很多经济学家和其他学科的学者也从不同的角度，利用不同的理论背景研究了社会选择和社会状态的评价标准问题。例如美国政治哲学家罗尔斯在《正义论》(1988)中力图以新的价值标准正义(justice)来判断社会状态，认为社会福利等于全体社会成员中福利水平最低者的数值，追求社会福利最大化就应该实现最小福利者的福利最大化。

建立公平主义的所谓的最大最小或罗尔斯社会福利函数(Maximin or Rawlsian SWF)。即：

$$W = \text{Min}\{U_1,\ U_2,\ \cdots,\ U_i,\ \cdots,\ U_n\}$$

冯·诺依曼与摩根斯坦(von Neumann & Morgenstern，1947)研究了不确定条件下消费者的风险态度，提出预期效用函数，证明了其存在性，并且认为消费者在风险状态下应该追求其最大化。维克利（W. Vickrey，1975）和海萨尼（1977）在预期效用函数的基础上提出不确定条件下的功利主义社会福利函数，被称为新功利主义效用函数（Neo Utilitarianism SWF），函数为：

$$W = \sum \pi_i U_i$$

其中 U_i 表示第 i 可能的效用水平，π_i 表示相应的概率。也可以表示为：

$$W = \sum_{i=1}^{n} \frac{1}{N} U^i(x)$$

即是在每个人的初始地位未知，也就是说会机会均等的处于社会中的任一位置时的 VNM 效用函数。也可以看作在概率条件下的罗尔斯社会福利函数，他认同最大最小化原则；同时它还是标准的功利主义社会福利函数，融合了功利主义（休谟、边沁、斯密、穆勒）和契约主义（洛克、卢梭和康德）两大传统。

第三部分　　策略性行为

博弈的思想源远流长，2000 多年前我国古代的"齐威王田忌赛马"，1500 多年前巴比伦犹太教法典"婚姻合同问题"等都体现了博弈思想的早期运用。但博弈论作为一门学科的初步形成还只是 20 世纪 40 年代的事情。1944 年数学家冯·诺依曼(von Neumann)和经济学家摩根斯坦恩(Morgensterm)合作，出版了《博弈论与经济行为》(*The Theory of Games and Economic Behaviour*) 一书，为博弈论搭建了一般的研究框架、概念术语和表述方式，使博弈论找到了经济学这块最好的用武之地。在 1950 年、1951 年纳什(John Nash)提出"纳什均衡"(Nash equilibrium)概念并证明了纳什定理，为非合作博弈论奠定了理论基础。塞尔腾(Selten)1965 年提出"子博弈完美纳什均衡"(subgame perfect Nash equilibrium)，1975 年提出"颤抖手均衡"(Trembling hand perfect equilibrium)概念。海萨尼(Harsanyi)1967—1968 年的三篇不完全信息(incomplete inforrmation)的系列论文，提出了"贝叶斯纳什均衡"(Bayesian Nash equilibrium)的概念，并为不完全信息博弈问题提供了标准分析方法。1982 年，克瑞普斯(David M. kreps)和威尔逊(Robert Wilson)提出"序列均衡"(Sequential equilibria)，1991 年，弗得伯格(D. Fudenberg)和泰勒尔(J. Tirole)提出了"完美贝叶斯均衡"(Perfext Bayesian equilibrium)的概念。这些学者都在非合作博弈领域作出了杰出的贡献。

进入 21 世纪之后，合作博弈越来越受到理论界的重视。合作博弈关注可以用有约束力的协议来得到可行的结果，通过考察联盟怎样形成、哪些联盟可以形成以及形成的联盟怎样分配他们的得益 …… 来得到所期望的结果。而非合作博弈则不允许存在一个具有约束力协议的博弈，它关心的是策略(strategy)，研究的是参与人在博弈中如何做出决策，各方策略相互作用下的最优稳定结果。2005 年诺贝尔经济学奖获得者奥曼(Robert J. Aumann)认为，合作和非合作方法不应当被看作在分析不同类型的博弈；相反，它们是看待同一个博弈的不同方式，合作和非合作博弈只是对博弈思想进行刻画的不同工具而已。

本书限于篇幅只介绍非合作博弈的四种类型：完全信息的静态博弈，完全信息的动态博弈，不完全信息的静态博弈，不完全信息的动态博弈。

第9章 完全信息的静态博弈

完全信息的静态博弈，是指参与人同时选择行动，或虽非同时行动但后行动者不知道先行动者采取什么具体行动，且每个参与人对其他参与人的特征、战略空间及支付没有不确定性的博弈。在完全信息的静态博弈中，每个参与人只做一次决策。完全信息静态博弈的规范性描述包含三个要素：参与人、每位参与人的战略集合以及每位参与人对战略组合的偏好或支付（效用）函数，通常用三元组 $G = < \Gamma; (S_i); (u_i) >$ 表示，其中 Γ 表示参与人的集合，S_i 是参与人 i 的战略集合，u_i 是参与人 i 的支付函数或效用函数。这种表示博弈的方法称为博弈的战略式描述。

9.1 占优均衡

在博弈分析中，理性人总是尽量避免对自己不利的选择，努力使自己的利益最大化。

例 9.1 在图 9.1 给出的"囚徒困境"博弈的战略式描述中，作为理性的参与人，选择"坦白"总是优于"不坦白"。因为若对方选择"不坦白"，自己选择"坦白"的支付是 0，大于选择"不坦白"的支付 – 1；若对方选择"坦白"，自己选择"坦白"的支付是 – 8，大于选择"不坦白"的支付 – 10。不管对手选择什么战略，选择"坦白"总是有利于参与人，这种类型的战略被称为占优战略。

囚徒 2

		坦白	不坦白
囚徒 1	坦白	– 8, – 8	0, – 10
	不坦白	– 10, 0	– 1, – 1

图 9.1 两罪犯的支付矩阵

定义 9.1 占优战略

在 n 人博弈中，如果对所有其他参与人的选择 s_{-i}，s_i^* 都是参与人 i 的最优选择，即

$$\forall s_i \in S_i (s_i \neq s_i^*), \quad \forall s_{-i} \in \prod_{\substack{j=1 \\ j \neq i}}^{n} S_j, \text{ 有 } u_i(s_i^*, s_{-i}) > u_i(s_i, s_{-i}), \text{ 则称 } s_i^* \text{ 为参与人 } i \text{ 的占}$$

优战略。如果大于号改为大于等于号，那么这种战略称为弱占优战略。占优战略意味着，不管其他博弈方选择什么战略，该博弈方选择占优战略给他带来的支付始终高于其他的战略。囚徒困境中的"坦白"是两囚徒的占优战略。

定义 9.2　占优战略均衡

在博弈中，如果对所有参与人 $i(i = 1，2，3，\cdots，n)$ 都存在占优战略 s_i^*，则占优战略组合 $s^* = (s_1^*，s_2^*，\cdots，s_n^*)$ 称为占优战略均衡。

在囚徒困境博弈中，占优战略均衡为(坦白，坦白)。在一个博弈中，如果所有参与人都有占优战略，那么占优战略均衡就是唯一的所有参与人可以预测到的博弈结果。一个博弈的某个战略组合中的所有战略都是各个博弈方各自的占优策略，必然是该博弈比较稳定的结果。但在大多数博弈问题中，参与人的占优战略并不存在，占优均衡在博弈分析中的作用具有局限性。

9.2　重复剔除的占优均衡

在某些博弈中，参与人 i 在对自己的战略比较时，可能会出现这样的情况：存在两个战略 s_i' 和 $s_i''(s_i'，s_i'' \in S_i)$，在任何情况下选择 s_i'' 的所得都大于 s_i' 的所得，在这种情况下，虽然不知道理性参与人 i 最终会选择什么战略，但可以肯定的是，理性的参与人 i 绝对不会选择战略 s_i'。

定义 9.3　劣战略

在 n 人博弈中，如果对于参与人 i，存在战略 $s_i'，s_i'' \in S_i$，对 $\forall s_{-i} \in \prod\limits_{\substack{j=1 \\ j \neq i}}^{n} S_j$，有 $u_i(s_i''，s_{-i}) > u_i(s_i'，s_{-i})$ 则称战略 s_i' 为参与人 i 的劣战略，或者说战略 s_i'' 相对战略 s_i' 占优。

在战略式博弈 $G = <\Gamma；S_1，S_2，\cdots，S_n；u_1，u_2，\cdots，u_n>$ 中，如果 s_i' 是参与人的劣战略，那么参与人 i 会在去除 s_i' 的战略集 $S_i' = S_i' \setminus \{s_i'\}$ 中选择自己的战略，这种选择行为我们称之为剔除劣战略行为。此时，构造一个新的战略式博弈 $G' = <\Gamma；S_1，\cdots，S_i'，\cdots，S_n；u_1，\cdots，u_i，\cdots，u_n>$，对战略式博弈 G 的求解问题就可转化为对 G' 的求解。

定义 9.4　重复剔除的占优均衡

若重复剔除劣战略的过程一直可持续到只剩下唯一的战略组合，那么该战略组合即为重复剔除的占优均衡。剔除劣战略行为是理性参与人选择行为的基本特征之一，是求解博弈结果的基本方法。

例 9.2　在图 9.2 的战略式博弈中，参与人 1 有两个战略 —— 上和下，参与人 2 有三个战略 —— 左、中和右。

参与人 2

参与人 1		左	中	右
	上	1, 0	1, 3	0, 1
	下	0, 4	0, 2	2, 0

图 9.2　战略式博弈

从图 9.2 可知：参与人 2 的战略"中"相对于战略"右"占优，"右"是参与人 2 的劣战略，在参与人 2 的战略"右"被剔除之后的博弈中，参与人 1 的战略"下"是相对于"上"的劣战略，在参与人 1 的战略"下"剔除之后的博弈中，参与人 2 的战略"左"是相对于战略"中"的劣战略，剔除参与人 2 的战略"左"之后，得到的唯一的战略组合(上，中)即为重复剔除的占优均衡。

在每一次剔除中都要求参与人的理性是共同信息，即每个参与人都知道自己的每一次剔除是理性的，而且每个参与人都知道其他参与人的剔除是理性的，并且每个参与人都知道其他参与人知道自己是理性的，依次类推。

定义 9.5 弱劣战略

在 n 人博弈中，如果对于参与人 i，存在战略 s'_i，$s''_i \in S_i$ 对 $\forall s_{-i} \in \prod\limits_{\substack{j=1\\j\neq i}}^{n} S_j$ 有 $u_i(s''_i, s_{-i}) \geqslant u_i(s'_i, s_{-i})$ 且 $\exists s'_i \in \prod\limits_{j=1,\,j\neq i}^{n} S_j$ 使得 $u_i(s''_i, s'_{-i}) > u_i(s'_i, s'_{-i})$，则称战略 s'_i 为参与人 i 的弱劣战略，或者说战略 s''_i 相对于战略 s'_i 弱占优。

在战略式博弈中，弱劣战略不可以剔除。如果弱劣战略可以剔除，不同的剔除顺序会得到不同的结果。

9.3 纳什均衡

在大多数博弈中，参与人的占优战略是不存在的，而且所有参与人同时选择占优战略的情形就更少；剔除劣战略虽然可以在一定程度上简化博弈问题的求解，但在相当多的博弈中无法使用重复剔除劣战略的方法求解博弈问题。为了完全解决完全信息博弈的求解问题，需要寻找新的方法和定义新的博弈解。

定义 9.6 纳什均衡

在一个给定的 n 人战略式博弈 $G = <\Gamma; S_1, S_2, \cdots, S_n; u_1, u_2, \cdots, u_n>$ 中，战略组合 $s^* = (s_1^*, \cdots, s_i^*, \cdots, s_n^*)$ 是一个纳什均衡，当且仅当 $\forall i \in \Gamma$，$\forall s_i \in S_i$ 时，有 $u_i(s_i^*, s_{-i}^*) \geqslant u_i(s_i, s_{-i}^*)$ 或者 $\forall i \in \Gamma$，$s_i^* \in \arg\underset{s_i \in S_i}{\mathrm{Max}} u_i(s_i, s_{-i}^*)$。

上述给出的纳什均衡定义是弱纳什均衡概念。一个强纳什均衡概念，是指如果给定其他参与人的战略，每个参与人的最优选择是唯一的，即 $s^* = (s_1^*, \cdots, s_i^*, \cdots, s_n^*)$ 是一个强纳什均衡，当且仅当对于参与人 i，$s'_i \neq s_i^*$，$u_i(s_i^*, s_{-i}^*) > u_i(s'_i, s_{-i}^*)$。

纳什均衡是参与人将如何博弈的"一致性"预测。如果一个博弈的所有博弈方都预测博弈结果是某个纳什均衡，那么由于纳什均衡组合中各博弈方的战略都是对其他博弈方战略、战略组合的最优选择，因此任一博弈方都不会单独改变战略，因此纳什均衡就会成为博弈的最终结果。纳什均衡的一致预测性并不意味着纳什均衡是一个好的预测，它只表明参与人仅采取与自己预测的纳什均衡一致的战略，当一个博弈有多个纳什均衡时，哪个纳什均衡会出现并不能预测。

关于纳什均衡还可以这样理解：假如 n 个参与人在博弈之前就博弈的结果进行协商并达成一个协议，规定每个参与人选择一个特定战略 s_i^*，$s^* = (s_1^*, \cdots, s_n^*)$ 代表这个协议，如果要使协议自动得到实施，就必须使协议成为纳什均衡。可以设想，如果 s^* 不是纳什均衡，那么至少有一个参与人就会偏离协议 s^* 所规定的战略，使得 s^* 无法实施。因此，一种制度或机制要在实际中能够自动发生效力，就必须使这种制度或机制所带来的结果是一种纳什均衡。

例 9.3(智猪博弈)　一猪圈里圈养两头猪，一头大、一头小。猪圈的一端有一个猪食槽，另一头安装一个按钮，控制着猪食的供应，按一下按钮会有 10 个单位的猪食进槽，但谁按按钮就需要付出 2 个单位的成本且比对方晚到食槽。若大猪先到食槽，大猪吃 9 的单位，小猪只能吃一个单位；若同时到，大猪吃 7 个单位小猪吃 3 个单位；若小猪先到，大猪吃 6 个单位，小猪吃 4 个单位。图 9.3 给出了智猪博弈的战略式描述。

在这个例子中，对小猪而言，"等待"是严格占优战略，"按"是严格劣战略。反观大猪，已知小猪不会"按"，"按"总比"等待"要好。重复剔除占优均衡和纳什均衡是，大猪"按"、小猪"等待"，即(按，等待)。智猪博弈在现实中有许多运用。比如，在股份公司中，通常大股东担当收集信息、监督经理的责任，小股东则搭大股东的便车；在市场中，大企业进行研究开发，为产品做广告，而小企业把精力花在模仿上。

对于参与人数少，战略空间小的博弈，根据纳什均衡的定义就能判断，比如，囚徒困境博弈的纳什均衡为(坦白，坦白)，智猪博弈的纳什均衡为(大猪按，小猪等待)。但是，大多数博弈根据定义就不易判断，目前人们尚未找到一种对所有博弈都适用的方法。不过对于两人有限博弈，可以采用比较简单的"划线法"和"箭头法"来求解。

"划线法"是利用每个博弈方对其他博弈方每个战略或战略组合的最佳战略对应的支付下划线，最后所有得益数组都有线的战略组合就为纳什均衡。"划线法"体现了纳什均衡的相对最优思想。图 9.3 用划线法得到纳什均衡(大猪按，小猪等待)。

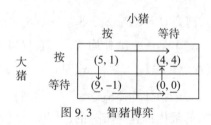

图 9.3　智猪博弈

"箭头法"是考察在每个战略组合处各个博弈方能否通过单独改变自己的战略而增加得益，如能，则从所分析的战略组合对应的得益数组引一箭头到改变战略后战略组合对应的得益数组，最后只有指向箭头而没有指离箭头的得益数组为博弈解。"箭头法"体现了参与人没有动机单独偏离纳什均衡战略的思想。

9.4 混合战略与混合战略纳什均衡

例 9.4(猜硬币博弈) 两人通过猜硬币的正反面赌输赢,其中一人用手盖住一枚硬币,另一人猜是正面朝上还是反面朝上,若猜对,猜者赢 1 元,盖硬币者输 1 元;否则猜者输 1 元,盖硬币者赢 1 元。图 9.4 给出了该博弈的战略式描述。

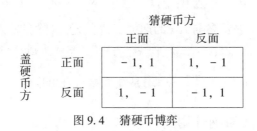

猜硬币方

		正面	反面
盖硬币方	正面	- 1, 1	1, - 1
	反面	1, - 1	- 1, 1

图 9.4 猜硬币博弈

在游戏过程中,自己会极力猜测对方如何选择,同时又不让对方猜到自己的选择。为了让对方猜不透自己的选择,往往会随机选择自己的战略,即以一定的概率分布选择正面或反面。像这种以一定的概率分布来选择自己战略的行为,称为混合战略(mixed strategy)。

定义 9.7 混合战略

在一个给定的 n 人战略式博弈 $G = <\Gamma; S_1, S_2, \cdots, S_n; u_1, u_2, \cdots, u_n>$ 中,对任一参与人 i,设 $S_i = \{s_i^1, \cdots, s_i^k\}$,则参与人 i 的一个混合战略为定义在战略集 S_i 上的一个概率分布 $\sigma_i = \{\sigma_i^1, \cdots, \sigma_i^k\}$,其中 $\sigma_i^j(j = 1, \cdots, k)$ 表示参与人 i 选择战略 s_i^j 的概率,即 σ_i^j 满足 $0 \leqslant \sigma_i^j \leqslant 1$ 且 $\sum_{j=1}^{k} \sigma_i^j = 1$。

从混合战略的定义可知,混合战略 σ_i 就是定义在纯战略集上的一个概率分布,当参与人的混合战略 σ_i 将概率以 1 付给某一纯战略 s_i^j,即 $\sigma_i = (0, \cdots, 1, \cdots, 0)$ 时,混合战略就退化为纯战略。例如在"猜硬币"博弈中,参与人 1(盖硬币方)以 1/2 的概率选择正面,以 1/2 的概率选择反面,可用混合战略 $\sigma_1 = (1/2, 1/2)$ 表示;如果参与人 1 选择纯战略正面,则可以表示为 $\sigma_1 = (1, 0)$,选择纯战略反面可表示为 $\sigma_1 = (0, 1)$。

在以后的讨论中,用 ΔS_i 表示参与人 i 的混合战略空间,其中 $\sigma_i \in \Delta S_i$,用 $\sigma = (\sigma_1, \cdots, \sigma_n)$ 表示混合战略组合,$\Delta S = \prod_{i=1}^{n} \Delta S_i = \Delta S_1 \times \cdots \Delta S_i \times \cdots \Delta S_n$,其中 $\sigma \in \Delta S$。

当参与人都采取给定的纯战略时,博弈的结果是确定的,因此其支付也是确定的。但是当参与人采取混合战略时,由于其选择的随机性使得支付具有不确定性,此时人们关心的是期望支付。

假定参与人 1 有 K 个纯战略 $S_1 = \{s_1^1, \cdots, s_1^K\}$,混合战略 $\sigma_1 = \{\sigma_1^1, \cdots, \sigma_1^K\}$;参与人 2 有 J 个纯战略 $S_2 = \{s_2^1, \cdots, s_2^J\}$,混合战略为 $\sigma_2 = \{\sigma_2^1, \cdots, \sigma_2^J\}$;参与人 1 选择纯战略

s_1^k 的期望支付 $v_1(s_1^k, \sigma_2) = \sum_{j=1}^{J} \sigma_2^j u_1(s_1^k, s_2^j)$；参与人 2 选择纯战略 s_2^j 的期望支付为 $v_2(\sigma_1,$

$s_2^j) = \sum_{k=1}^{K} \sigma_1^k u_2(s_1^k, s_2^j)$；双方都采取混合战略时参与人 1 的期望支付为 $v_1(\sigma_1, \sigma_2) =$

$\sum_{k=1}^{K} \sigma_1^k \sum_{j=1}^{J} \sigma_2^j u_1(s_1^k, s_2^j) = \sum_{k=1}^{K} \sum_{j=1}^{J} \sigma_1^k \sigma_2^j u_1(s_1^k, s_2^j)$；类似地，参与人 2 在双方都采取混合战略

时的期望支付为 $v_2(\sigma_1, \sigma_2) = \sum_{j=1}^{J} \sigma_2^j \sum_{k=1}^{K} \sigma_1^k u_2(s_1^k, s_2^j) = \sum_{k=1}^{K} \sum_{j=1}^{J} \sigma_1^k \sigma_2^j u_2(s_1^k, s_2^j)$。

我们用 $v_i(\sigma_i, \sigma_{-i})$ 表示参与人 i 的期望支付，σ_{-i} 是除参与人 i 之外的其他参与人的混合战略组合 $\sigma_{-i} = (\sigma_1, \sigma_2, \cdots, \sigma_{i-1}, \sigma_{i+1}, \cdots, \sigma_n)$，则参与人 i 的期望支付 $v_i(\sigma_i,$

$\sigma_{-i}) = \sum_{s \in S} \prod_{j=1}^{n} \sigma_j(s_j) u_i(s)$，其中 $\prod_{j=1}^{n} \sigma_j(s_j)$ 是纯战略组合出现的概率。

定义 9.8　混合战略纳什均衡

在有限 n 人战略式博弈 $G = < \Gamma; S_1, S_2, \cdots, S_n; u_1, u_2, \cdots, u_n >$ 中，混合战略组合 $\sigma^* = (\sigma_1^*, \cdots, \sigma_n^*)$ 为一个纳什均衡，当且仅当 $\forall i \in \Gamma$，$\forall \sigma_i \in \Delta S_i$ 时，有 $v_i(\sigma_i^*, \sigma_{-i}^*) \geqslant v_i(\sigma_i, \sigma_{-i}^*)$。

可以证明，如果 $\sigma_i = \{\sigma_i^1, \cdots, \sigma_i^K\}$ 是相对于 σ_{-i} 的最优混合战略，那么对于所有以正的概率 $\sigma_i^k > 0$ 进入混合战略的纯战略都是参与人 i 的最优战略，即 $v_i(\sigma_i, \sigma_{-i}) = v_i(s_i^1,$

$\sigma_{-i}) = v_i(s_i^2, \sigma_{-i}) = \cdots = v_i(s_i^k, \sigma_{-i})$，参与人 i 在所有这些纯战略之间一定是无差异的。反之，如果参与人 i 有 n 个纯战略是最优的，那么这些最优战略上的任一概率分布都是参与人 i 的最优混合战略。

如果参与人的纯战略多于二个时，混合战略可能出现选择某个纯战略的概率为 0 的情况，这时求混合战略的纳什均衡就会变得比较困难，但对于两人两战略的混合战略纳什均衡的求解较为容易。"猜硬币"博弈的混合战略纳什均衡很容易得到$((0.5, 0.5),$ $(0.5, 0.5))$。

例 9.5(社会福利博弈)　在图 9.5 中的战略式博弈中，假设政府的混合战略为 $\sigma_1 = (\theta, 1 - \theta)$（即政府以 θ 的概率选择救济，以 $(1 - \theta)$ 的概率选择不救济），流浪汉的混合战略为 $\sigma_2 = (r, 1 - r)$（即流浪汉以 r 的概率分布选择寻找工作，以 $1 - r$ 的概率分布选择流浪）。

流浪汉

		寻找工作	流浪
政府	救济	3, 2	− 1, 3
	不救济	− 1, 1	0, 0

图 9.5　社会福利博弈

那么政府选择纯战略救济的期望支付为：

$$v_1(救济,\ \sigma_2)=3r+(-1)\cdot(1-r)=4r-1$$

政府选择纯战略不救济的期望支付为：

$$v_1(不救济,\ \sigma_2)=-1r+0\cdot(1-r)=-r$$

因为 $v_1(救济,\ \sigma_2)=v_1(不救济,\ \sigma_2)$，即 $4r-1=-r$，$r^*=0.2$。

同理可得 $\theta^*=0.5$，混合战略的纳什均衡为 $((0.5,\ 0.5)(0.2,\ 0.8))$。

从求解过程可知，一个参与人选择不同纯战略的概率分布，不是由自己的支付决定的，而是由其对手的支付决定，这种方法称为"收益等值法"。

9.5　纳什均衡的精炼

在许多博弈中，存在多个纳什均衡，这使得人们不能准确预测博弈各方相互作用的结果，因此理论界出现了一些对多重纳什均衡进行精炼的方法，比如，帕累托上策均衡、风险上策均衡、聚点均衡、防共谋均衡和颤抖的手均衡等。我们着重介绍颤抖的手均衡。

诺贝尔经济学奖得主之一塞尔腾（Selten）于 1975 年提出了精炼纳什均衡的概念。其主要思想是：若一个纳什均衡是稳定的，只有当它在允许每个参与人都可能犯小小的错误时仍是所有参与人的最优战略组合时，才是一个足够稳定的均衡。

例 9.6（颤抖的手均衡）　在图 9.6 的博弈中，（D，L）和（U，R）都是纳什均衡，其中（D，L）对博弈方 1 较为有利，（U，R）对博弈方 2 较为有利，如果考虑博弈方的行为偏差，两个纳什均衡还稳定吗？

博弈方 2

博弈 1		L	R
	U	10, 0	6, 2
	D	10, 1	2, 0

图 9.6　颤抖的手均衡

假定博弈方 2 的行为偏离了 L，选择了 R，虽然选择 R 的可能性很小，（D，L）是否是稳定的？

设博弈方 2 采用 R 的概率是 ε，博弈方 1 采用 U 的期望支付为 $10-4\varepsilon$，博弈方 1 采用 D 的期望支付为 $10-8\varepsilon$，无论 ε 为多少，博弈方 1 采用 U 的得益都高于 D，所以（D，L）不具有稳定性。

（U，R）的情况就不同：首先不论博弈方 2 是否偏离 R，博弈方 1 都没有必要偏离 U；对博弈方 2 来说，博弈方 1 从 U 偏离到 D 对自己有不利影响，但只要博弈方 1 的偏离可能性小于 2/3，改变战略是不合理的。颤抖的手均衡要求均衡战略不仅是对对手战略的最佳反应，而且是对对手战略发生微小颤抖时的最佳反应。

定义 9.9　颤抖的手均衡

在战略式博弈 $G=<\Gamma;\ \Delta S_1,\ \cdots,\ \Delta S_n;\ v_1,\ \cdots,\ v_n>$ 中，纳什均衡 $(\sigma_1,\ \cdots,\ \sigma_n)$ 是

一个颤抖的手均衡，如果对于每一个参与人 i 存在一个严格混合战略序列 $\{\sigma_i^m\}$，使得下列条件满足：

（1）对于每一个 i，$\lim\limits_{m \to +\infty} \sigma_i^m = \sigma_i$；

（2）对每一个 i 和 m，σ_i 是对战略组合 $\sigma_{-i}^m = (\sigma_1^m, \cdots, \sigma_{i-1}^m, \sigma_{i+1}^m, \cdots, \sigma_n^m)$ 的最优反应，即对任何可选择的混合战略 σ_i' 有 $v_i(\sigma_i, \sigma_{-i}^m) \geqslant v_i(\sigma_i', \sigma_{-i}^m)$。

条件（1）说的是，尽管每个参与人都可能犯错误，但错误收敛于 0；条件（2）说的是，每个参与人 i 打算选择的 σ_i 不仅在其他参与人不犯错误时是最优的，而且在其他参与人错误地选择了 σ_i^m 时也是最优的。显然颤抖的手均衡不能包含任何"弱劣战略"。在图 9.6 的博弈中，(D, L) 中包含了参与人 1 的弱劣战略 D，(D, L) 不可能是颤抖的手均衡。

9.6　纳什均衡的存在性

在一个博弈中，纳什均衡是否具有广泛的存在性，直接影响了这个概念的应用。知道纳什均衡存在的条件，可以帮助我们在构建模型时避免做出徒劳无益的努力。1950 年和 1951 年纳什（Nash）在他的经典论文中首先提出了纳什均衡概念并证明了纳什均衡的存在性。

定理 9.1　纳什均衡的存在定理

在一个由 n 个博弈方的博弈 $G = <\Gamma; S_1, S_2, \cdots, S_n; u_1, u_2, \cdots, u_n>$ 中，如果 n 是有限的，且 S_i 也是有限集，则该博弈至少存在一个纳什均衡，可以是混含战略纳什均衡。（证明略）

在经济学和现实生活中有很多无限博弈，即参与人的战略有无限多或参与人的战略在一个集合中连续取值，当参与人的战略空间和支付函数满足一定条件时，可以证明纳什均衡仍然存在。

既然有限参与人的有限博弈存在纳什均衡，那么纳什均衡有多少个呢？威尔逊（Wilson）1971 年为我们证明了奇数定理，回答了这个问题。

定理 9.2　奇数定理

几乎所有有限同时博弈的纳什均衡的数目有限，并且是奇数。（证明略）

定理中的"几乎所有"是测度论中的数学术语，指的是除掉一个测度为零的集合外，其他情形定理都成立。如果一个有限博弈没有纯战略纳什均衡，则很可能有一个混合战略纳什均衡；如果一个有限博弈已发现有两个纯战略纳什均衡，则很可能有一个混合战略纳什均衡。

第10章 完全信息的动态博弈

完全信息的动态博弈是指参与人的行动具有先后顺序，且在开始博弈时没有任何不确定性，博弈树为共同信息。如果每个参与人在依次选择行动时，后行动者能够观察到先行动者所选择的行动，称为完美信息的动态博弈，否则属于不完美信息的动态博弈。完美信息要求在任一决策时点上参与人都没有不确定性，这不仅要求博弈树为共同信息，而且要求每个参与人决策时的博弈历史也是共同信息，显然完美信息包含完全信息。

由于动态博弈涉及参与人行动的时点，行动时知道什么和不知道什么，因而第9章介绍的战略式博弈虽然可以描述动态博弈问题，但无法直观地了解到博弈的动态性质。动态博弈适合用扩展式博弈来进行描述，而由节和枝构成的博弈树是扩展式博弈的直观表达。扩展式博弈包含六个要素：参与人的集合、行动的顺序、每个参与人行动时可供选择的行动方案、信息集、参与人的支付以及在不完全信息博弈时的自然选择。从博弈的结构上看，动态博弈存在两种类型：序贯博弈和重复博弈。

10.1 序 贯 博 弈

序贯博弈是指参与人在前一个阶段的行动选择决定随后的子博弈结构，从后一个决策节开始的子博弈不同于前一个决策节开始的子博弈，或者说，同样结构的子博弈只出现一次。比如，商业活动中的讨价还价，拍卖活动中的轮流竞价，资本市场上收购兼并和反收购兼并等。

10.1.1 信息集

在动态博弈中，参与人要在多个时间点做出决策，为了表达决策者在决策时所掌握的信息情况引入信息集的概念。

信息集是同一参与人在相同时点上具有相同信息的决策节点的集合。用 I_{ik} ($i = 1, 1, 2, \cdots, n$, $k = 1, 2, \cdots, r$) 表示局中人 i 的第 k 个信息集。它满足：

(1) $I_{ik} \neq \Phi$ (Φ 表示空集)

(2) 从博弈起始点到任一终点的路径至多与 I_{ik} 交于一点(同一信息集中的决策节点处于同一时点上)。

(3) 从 I_{ik} 中的任一节点出发，局中人 i 可以选择的行动集合都是相同的(因为参与人在同一信息集的不同决策节点上具有相同的信息)。

在博弈树上，将属于同一信息集的节点用虚线框在一起，或连在一起。

在图 10.1、图 10.2、图 10.3、图 10.4 所表示的博弈树中，参与人 1 有一个信息集

$I_{11}(\{x_1\})$，参与人 2 有两个信息集 $I_{21}(\{x_2\})$、$I_{22}(\{x_3\})$。参与人 3 的信息集在图 10.1 中有 4 个 $I_{31}(\{x_4\})$、$I_{32}(\{x_5\})$、$I_{33}(\{x_6\})$、$I_{34}(\{x_7\})$；在图 10.2 中，参与人 3 的信息集有一个 $I_{31}(\{x_4, x_5, x_6, x_7\})$；在图 10.3 中，参与人 3 的信息集有两个 $I_{31}(\{x_4, x_5\})$、$I_{32}(\{x_6, x_7\})$；在图 10.4 中，参与人 3 的信息集有两个 $I_{31}(\{x_4, x_6\})$、$I_{32}(\{x_5, x_7\})$。图 10.1 所表示的是完全完美信息的动态博弈，所有信息集都是单节信息集，图 10.2、图 10.3、图 10.4 所表示的博弈树是不完美信息的动态博弈。

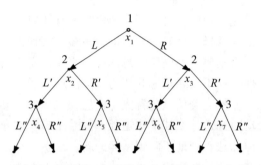

参与人 3 选择时，知道参与人 2 的选择，也知道参与人 1 的选择

图 10.1

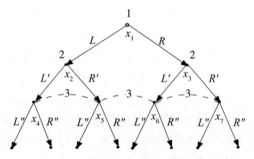

参与人 3 选择时，既不知道参与人 2 的选择，也不知道参与人 1 的选择

图 10.2

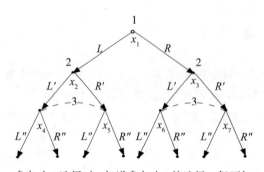

参与人 3 选择时，知道参与人 1 的选择，但不知道参与人 2 的选择

图 10.3

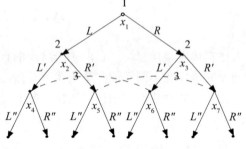

参与人 3 选择时，知道参与人 2 的选择，但不知道参与人 1 的选择的博弈情形

图 10.4

10.1.2　扩展式博弈的战略和纳什均衡

一个博弈的战略式描述给出了博弈问题的三个要素：参与人、参与人的战略以及参与人相应战略组合下的支付。一个扩展式博弈实际上已定义了博弈参与人及参与人的支付，如果能定义一个扩展式博弈的战略，那么就意味着给出了一个扩展式博弈的战略式描述，同时意味着可以由纳什均衡来描述博弈的解。

（1）战略。

表述一：参与人的战略是参与人在博弈中的行动规则，它规定了参与人在博弈中轮到自己行动时应该采取的行动。在博弈树中，信息集是参与人进行决策的时间点，因此参与人的战略是针对自己每个信息集的完整行动计划。

表述二：用 I_i 表示参与人 i 的信息集 I_{ik} 的集合，$I_i = \{I_{ik}\}$；用 $A_i(I_{ik})$ 表示参与人 i 在信息集 I_{ik} 上的行动集合，$A_i(I_i)$ 表示参与人 i 在所有信息集上的行动集合，即 $A_i(I_i) = \bigcup_{I_{ik} \in I_i} A(I_{ik})$，参与人 i 的一个纯战略 s_i 就是从信息集 I_i 到行动集 $A_i(I_i)$ 的一个映射，即 $s_i: I_i \to A_i(I_i)$。

表述三：参与人 i 的一个纯战略是参与人 i 在每个信息集 I_{ik} 上的行动集 $A_i(I_{ik})$ 的笛卡儿积，即参与人 i 在自己各个信息集上的行动组合。

例 10.1　在图 10.5 的扩展式博弈中，参与人 1 的信息集有两个 $I_{11}(\{x_1\})$ 和 $I_{12}(\{x_3\})$，在 $I_{11}(\{x_1\})$ 信息集上的行动集为 $\{A, B\}$，在 $I_{12}(\{x_3\})$ 信息集上的行动集为 $\{E, F\}$，所以参与人 1 的战略集为 $\{A, B\} \times \{E, F\}$，即 $\{(A, E), (A, F), (B, E), (B, F)\}$。参与人 2 只有一个信息集为 $I_{21}(\{x_2\})$，参与人 2 在信息集 $I_{21}(\{x_2\})$ 上的行动集为 $\{C, D\}$，战略集为 $\{C, D\}$。

在图 10.6 的扩展式博弈中，参与人 1 只有一个信息集 $I_{11}(\{1\})$，其行动集为 $\{L, M, R\}$，战略集为 $\{L, M, R\}$；参与人 2 也只有一个信息集 $I_{21}(\{2\})$，其行动集为 $\{L', R'\}$，战略集为 $\{L', R'\}$。

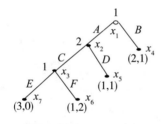

图 10.5　扩展式博弈

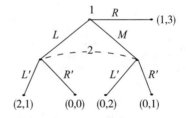

图 10.6　扩展式博弈

（2）扩展式博弈转化为战略式博弈及纳什均衡。

对于扩展式博弈，博弈中可能发生的每一事件序列都可以用博弈树中一条从初始节到终点节的枝形成的路径来表示，扩展式博弈中参与人的每个战略组合又与博弈树中的一条路径相对应。比如在图 10.5 中，战略组合 $((A, E), C)$ 对应的路径为 $x_1 \to x_2 \to x_3 \to x_7$；战略组合 $((A, F), D)$ 对应的路径为 $x_1 \to x_2 \to x_5$；战略组合 $((B, F), D)$ 对应的路径为 $x_1 \to x_4$。由以上分析可知，给定一个博弈问题的扩展式描述，可以得到参与人的战略及参与人战略组合下的支付，一个博弈问题的扩展式描述可以得到该博弈问题的战略式描述，相应可求得纳什均衡。

图 10.7 战略式博弈由图 10.5 扩展式博弈转化而来，纳什均衡为 $((B, E), D)$ 和 $((B, F), D)$。

图 10.8 战略式博弈由图 10.6 扩展式博弈转化而来，纳什均衡为 (L, L') 和 (R, R')。

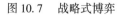

2		
	C	D
(A,E)	3,0	1,1
(A,F)	1,2	1,1
(B,E)	2,1	(2,1)
(B,F)	2,1	(2,1)

（1 在左侧标注）

图 10.7　战略式博弈

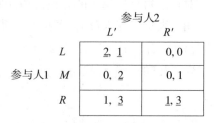

		参与人2	
		L'	R'
参与人1	L	2, 1	0,0
	M	0, 2	0,1
	R	1, 3	1, 3

图 10.8　战略式博弈

10.1.3　子博弈和子博弈精炼纳什均衡

在图 10.5 的扩展式博弈中，纳什均衡$((B,F)$，$D)$ 并不合理。参与人 1 在信息集 $I_{11}(\{x_1\})$ 采取行动 B 时博弈结束，如果博弈进行到信息集 $I_{12}(\{x_3\})$ 时，参与人 1 的最优选择是 E 而不是 F，也就是说$((B$，$F)$，$D)$ 并不稳定，存在着不可信的承诺 F。

例 10.2（市场进入博弈）　假设市场上有两家企业，在位者和潜在进入者；潜在进入者先行动，选择是否进入市场，之后在位者决定是否发动价格战；他们行动的收益如图 10.9 中的得益数组，图 10.10 是该博弈的战略式描述。

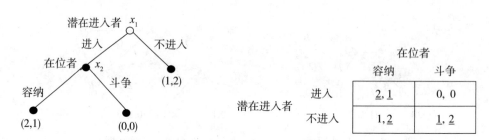

图 10.9　市场进入博弈

	在位者	
	容纳	斗争
进入	2, 1	0, 0
不进入	1, 2	1, 2

（潜在进入者 在左侧标注）

图 10.10　市场进入博弈的战略式描述

用画线法得到图 10.10 战略式博弈的纳什均衡为(进入，容纳)，(不进入，斗争)。在均衡(不进入，斗争) 中，在位者存在一个不可置信的威胁，一旦博弈进行到在位者的信息集 $I_{21}(\{x_2\})$ 时，选择斗争比容纳的收益要低，因而在位者不会选择斗争。

在动态博弈中，博弈方的战略是他们预先设定的，是针对各种情况的完整行动计划，这些战略实际上并没有强制力，在实施时，只要符合博弈方的利益，他们就会改变行动计划，也就是说，动态博弈存在"相机抉择"问题。正是由于"相机抉择"的存在，使博弈的各个阶段行动的"可信性"有了疑问，从而产生了"承诺"或"威胁"的可信性问题。

为了解决动态博弈的可信性以及纳什均衡的多重性问题，除了一些非规范的方法外，主要在纳什均衡的基础上，通过定义新的均衡概念剔除掉不合理的均衡来解决。

定义 10.1　子博弈

"子博弈"是原博弈的一部分，它始于原博弈中一个单节信息集中的决策节 x，并由决

策节 x 及其后续节共同组成。子博弈是整个博弈的一个子集，但不是任意一个子集都可以是子博弈，它必须满足以下条件：

（1）从单节信息集开始，令 x_0 是子博弈的起始决策节，子博弈包括并只包括从该决策节开始的所有后续的节点。x 属于 x_0 的子博弈，且 $x \neq x_0$，则 $x \notin I(\{x_0\})$，并且存在一个序列 $y_1, \cdots, y_n$，使得 $y_1 = x$，$y_2 = p(y_1)$，$\cdots$，$y_n = x_0 = p(y_{n-1})$，也就是说，存在一系列直接先后相连的节点序列连接 x_0 到 x。

（2）若某个决策节 x 在子博弈中，那么对所有决策节 $x' \in I(\{x\})$ 也属于该子博弈，也就说，子博弈不会切割信息集。

在图 10.11(a) 的扩展式博弈中，有三个子博弈：原博弈是子博弈，从决策节 x_2 开始包括后续节的子博弈，从 x_3 开始的子博弈。为了叙述的方便，用 $\Gamma(x_i)$ 表示博弈树中开始于决策节 x_i 的子博弈。

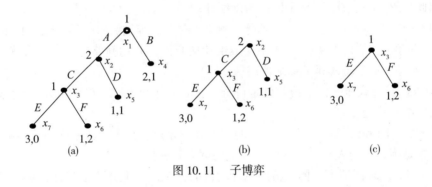

图 10.11 子博弈

图 10.12 中，虚线包含的博弈的子集都不是子博弈。图(a) 虚线包含的子集，初始节不是单节信息集；图(b) 虚线包含的子集切割了企业 2 的信息集；图(c) 虚线包含的子集，初始节点既不是从单节信息集开始，同时也切割了企业 2 的信息集。

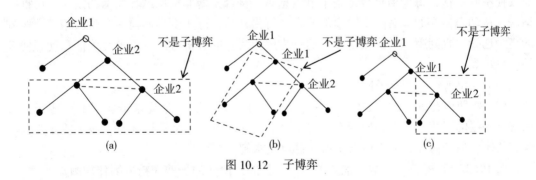

图 10.12 子博弈

定义 10.2 子博弈精炼纳什均衡

扩展式博弈的战略组合 $s^* = (s_1^*, \cdots, s_n^*)$ 是一个子博弈精炼纳什均衡，当且仅当满足以下条件：（1）它是原博弈的纳什均衡；（2）它在每一个子博弈上构成纳什均衡。

有必要强调"在每一个子博弈上构成纳什均衡"这句话。如果一个博弈有几个子博弈，一个特定的纳什均衡决定了原博弈树上唯一的一条路径，这条路径称为"均衡路径"，博弈树上的其他路径称为非均衡路径。纳什均衡只要求均衡战略在均衡路径上是最优的，"在每一个子博弈上构成纳什均衡"意味着构成子博弈精炼纳什均衡的战略不仅在均衡路径上是最优的，而且在非均衡路径上也是最优的。这是纳什均衡与子博弈精炼纳什均衡的区别所在。因为战略是参与人行动规则的完备描述，它要告诉参与人在每一种可预见的情况下选择什么行动，即使这种情况实际上并没有发生(甚至参与人并不预期它会发生)，一个战略规定的行动规则也必须在所有可能的情况下都是最优时，它才是一个合理的、可置信的战略。子博弈精炼纳什均衡就是要剔除掉那些只在特定情况下是合理的而在其他情况下并不合理的行动规则。

在图 10.5 的扩展式博弈中，原博弈的纳什均衡为 $((B, E), D)$ 和 $((B, F), D)$，其中 $((B, F), D)$ 对于子博弈 $\Gamma(x_2)$ 和 $\Gamma(x_3)$ 都不构成纳什均衡，在非均衡路径上不是最优的，因此 $((B, F), D)$ 不是子博弈精炼纳什均衡。

在图 10.9 的市场进入博弈中，纳什均衡为(进入，容纳)和(不进入，斗争)，其中(不进入，斗争)在子博弈 $\Gamma(x_2)$ 中不构成纳什均衡，在非均衡路径上不是最优的，因此(不进入，斗争)不是子博弈精炼纳什均衡。

图 10.6 的扩展式博弈，子博弈就是自身，它的纳什均衡 (L, L') 和 (R, R') 就是它的子博弈精炼纳什均衡。

定理 10.1(Kuhn 定理)　每个有限的扩展式博弈都存在子博弈精炼纳什均衡(有限的扩展式博弈是指，参与人和参与人的行动空间都有限的扩展式博弈)。

虽然 Kuhn 定理保证了子博弈精炼纳什均衡的存在性，但并不能保证扩展式博弈都只有唯一的子博弈精炼纳什均衡。

10.1.4　子博弈精炼纳什均衡的求解 —— 逆推归纳法

逆推归纳法适用于求解完美信息的博弈问题。因为完美信息的博弈在每个决策时点没有任何不确定性，每个信息集都是单节信息集，符合子博弈精炼纳什均衡的定义。逆推归纳法，从动态博弈的最后一个阶段的博弈方行为开始，逐步倒推回前一个阶段相应博弈方的行为选择，直到第一个阶段博弈方的行为选择为止的分析方法。求解完美信息动态博弈的一般步骤：

(1) 找出博弈的所有子博弈；

(2) 按照博弈进程的"反方向"逐一求解各个子博弈，即最先求最底层的子博弈，再求解上一层的子博弈，直到原博弈。也就是说，在求解每一个子博弈时，该子博弈要么不含有其他任何子博弈，要么所含子博弈都已被求解。

例 10.3　利用逆推归纳法求解图 10.13 扩展式博弈的子博弈精炼纳什均衡。

该博弈存在 5 个子博弈，$\Gamma(x_1)$、$\Gamma(x_2)$、$\Gamma(x_3)$、$\Gamma(x_4)$、$\Gamma(x_5)$，其中 $\Gamma(x_3)$、$\Gamma(x_4)$、$\Gamma(x_5)$ 为最底层的子博弈。

首先求解最底层的子博弈。$\Gamma(x_3)$ 的结果为(2, 3)，$\Gamma(x_4)$ 的结果为(3, 2)，$\Gamma(x_5)$ 的结果为(4, 1)。

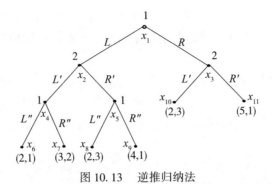

图 10.13 逆推归纳法

第二，求解上一层的子博弈。由于 $\Gamma(x_3)$ 的上一层子博弈 $\Gamma(x_1)$ 含有未求解的子博弈，此时不能直接求解 $\Gamma(x_1)$。$\Gamma(x_4)$ 和 $\Gamma(x_5)$ 上层的子博弈为 $\Gamma(x_2)$，而 $\Gamma(x_2)$ 所含的子博弈 $\Gamma(x_4)$ 和 $\Gamma(x_5)$ 都已求解，所以此时可以求解 $\Gamma(x_2)$。求解 $\Gamma(x_2)$，可以得到博弈的结果 $(3, 2)$，即在 $\Gamma(x_2)$ 开始的子博弈上纳什均衡为 $((R'', R''), L')$。

最后，由于 $\Gamma(x_1)$ 所包含的子博弈都已求解，因此此时可以求解 $\Gamma(x_1)$。求解 $\Gamma(x_1)$ 的结果 $(3, 2)$，纳什均衡为 $((L, R'', R''), (L', L'))$。

由于 $((L, R'', R''), (L', L'))$ 在整个子博弈上都构成纳什均衡，因此该纳什均衡为子博弈精炼纳什均衡。

10.1.5 子博弈精炼纳什均衡的合理性

子博弈精炼纳什均衡能够剔除纳什均衡中不合理的、不可置信的威胁或承诺，但是子博弈精炼纳什均衡的求解方法 —— 逆推归纳法存在一定的问题。首先子博弈精炼纳什均衡与人们的直觉有差异。从博弈解的特性上看，子博弈精炼纳什均衡不仅要求在博弈达到的路径上是参与人的最优选择，而且要求在博弈没有达到的路径上参与人的选择也要最优的，这与现实不大相符。其次从博弈的结果看，子博弈精炼纳什均衡所得到的预测，在某些情况下也与实际不符，从例 10.4 可以看出。

例 10.4 （蜈蚣博弈）

在一个 T 阶段博弈中，每个阶段参与人 1 先选择是否终止博弈（S 表示终止，C 表示继续）；如果参与人 1 选择博弈继续进行，则轮到参与人 2 选择是否终止博弈；如果参与人 2 选择继续进行，则博弈进入下一阶段。

当 $T = 100$ 时蜈蚣博弈的扩展式描述：

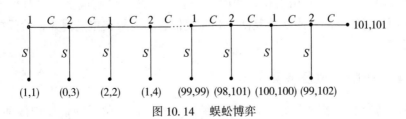

图 10.14 蜈蚣博弈

按照逆推归纳法，蜈蚣博弈的唯一子博弈精炼纳什均衡是：在博弈的任一阶段，每个参与人都选择终止博弈。因此，博弈的结果是参与人 1 在第一阶段就终止博弈，每个参与人所得支付为 1。

如果 T 较小，比如 $T=2$，子博弈精炼纳什均衡也许是博弈结果的合理预测。但是，如果 T 很大，子博弈精炼纳什均衡所给出的博弈结果似乎就与人们的直觉不太吻合。因为如果每个参与人都一直选择 C（即都让博弈继续进行），将会各得 101，远大于一开始就让博弈结束。

子博弈精炼纳什均衡不仅要求"参与人完全理性"，而且要求"参与人完全理性"为共同信息，否则就无法使用逆推归纳法求解子博弈精炼纳什均衡。逆推归纳法的逻辑推理令人信服，但逆推归纳法的应用却有局限性。

10.2　重复博弈

重复博弈是指同样结构的博弈重复多次，或者参与人之间在某种特定情形下进行的重复互动的博弈。被重复的博弈称为"阶段博弈"，阶段博弈是构成重复博弈的基础，"阶段博弈"即可以是静态博弈也可以是动态博弈。根据"阶段博弈"被重复的次数，可以将重复博弈划分为有限重复博弈和无限重复博弈。有关重复博弈的例子很多，比如家庭成员在日常生活中的重复互动，同行业的企业之间重复着一些竞争和合作的互动游戏。这种重复性的互动，相对于一次性的互动，会对人们的行为和激励产生重大影响。在一个长期相对固定的环境中，一些人可能会循规蹈矩；在一个只是偶尔停留的地方，一些人可能会变得行为乖张。这不是由于他们的行为偏好发生了变化，而是由于他们面临的环境和约束发生了变化。在一个相对固定的环境中，由于信息的充分性，惩罚和激励相对较为困难。重复博弈有下列 3 个基本特征：(1) 阶段博弈之间没有"物质上"的联系，即前一个阶段的博弈不改变后一个阶段博弈的结构；(2) 所有参与人都观察到博弈过去的历史；(3) 参与人的总支付是所有阶段博弈得益的贴现值之和或加权平均值。

影响重复博弈均衡结果的主要因素是重复的次数和信息的完备性。重复次数的重要性来自于参与人对短期和长期利益之间的权衡。当博弈只进行一次时，每个参与人只关心一次性的支付；但如果博弈重复多次，参与人可能会为了长远利益而牺牲眼前利益而采用不同的均衡战略。信息的完备性解释了，当一个参与人的支付函数不为其他人参与人所知时，该参与人可能有积极性建立一个"好"声誉以换取长远利益。这一点或许能解释为什么那些本质上并不好的人在相当长时期内干好事。本书只讨论重复次数对均衡结果的影响，主要介绍完美信息的有限次重复博弈和完美信息的无限次重复博弈，阶段博弈是静态博弈的情形。

10.2.1　有限次重复博弈

囚徒困境博弈的有限次重复，由逆推归纳法可得，每个阶段的纳什均衡都是（坦白，坦白），子博弈精炼纳什均衡为"总是坦白"。也就是说，对于原博弈只有唯一纯战略纳什

3

均衡的博弈，其有限次重复不能改变博弈的结果。其结论具有一般意义。

定理 10.2 设原博弈 G 有唯一的纯战略纳什均衡，则对任意整数 T，重复博弈 $G(T)$ 有唯一的子博弈完美纳什均衡，即各博弈方每个阶段都采用 G 的纳什均衡战略。各博弈方在 $G(T)$ 中的总支付为 G 中得益的 T 倍，平均得益等于原博弈 G 中的支付。

如果博弈存在多个纳什均衡，情况就可能变化。

例 10.5(三价博弈) 一市场有两个生产同质产品的厂商，他们的产品定价同有高、中、低三种可能。设高价时市场的总利润为 14 单位，中价时市场的总利润是 10 单位，低价时市场的总利润是 2 单位。再假设两个厂商同时决定价格，价格不同时低价者独享利润，价格相同时双方平分利润。两个厂商对价格的选择构成一个静态博弈问题，称为"三价博弈"，其支付矩阵为图 10.15。

厂商 2

		H	M	L
厂商 1	H	7, 7	0, <u>10</u>	0, 2
	M	<u>10</u>, 0	<u>5, 5</u>	0, 2
	L	2, 0	2, 0	<u>1, 1</u>

图 10.15 三价博弈

容易得出，这个博弈有两个纯战略纳什均衡 (M, M) 和 (L, L)，对应的双方得益分别是 $(5, 5)$ 和 $(1, 1)$。在这个博弈中，两博弈方的总利益最大且符合个体利益的战略组合是 (H, H)，但并不是纳什均衡。一次性博弈的结果不可能是效率最高的，那么两次重复这个博弈的结果会有改善吗？

首先可以肯定的是，重复博弈使得博弈结果出现很多可能性，两次重复博弈的纯战略路径有 $9 \times 9 = 81$ 种之多，加上带混合战略的路径可能结果数量就更大。其中，两阶段都采用原博弈同一个纯战略纳什均衡战略，轮流采用不同纯战略纳什均衡战略，两次都采用混合战略纳什均衡战略，或者混合战略均衡战略和纯战略均衡战略轮流采用，都是重复博弈的子博弈精炼纳什均衡。但是确实存在第一阶段采用 (H, H) 的子博弈精炼纳什均衡，双方战略为：

博弈方 1：第一阶段选择 H，如果第一阶段出现 (H, H)，则第二阶段选择 M；如果第一阶段结果为任何其他战略组合，则第二阶段选择 L。

博弈方 2：同博弈方 1。

用逆推归纳法可以证明，该战略组合构成子博弈精炼纳什均衡。从第二阶段开始，无论出现的是 (M, M) 还是 (L, L)，它们都是纳什均衡，哪一方也不会偏离；逆推到第一阶段，第一阶段的 (H, H) 虽不是原博弈的纳什均衡，但一方偏离采用 M 能增加 3 单位得益，但第二阶段要损失 4 单位的得益，两个阶段的总得益是 11 单位，如果双方第一阶段采取 H、第二阶段采取 M，总得益是 12 单位，显然博弈双方都不愿意在第一阶段偏离 H。

在这个例子中，双方采取的战略包含了奖励和惩罚机制，第一阶段双方合作都采取

197

H，就触发了第二阶段的奖励，如果第一阶段偏离 H 而采取 M，就触发了第二阶段的惩罚，这种战略称为触发战略。

（1）触发战略：两博弈方先试探合作，一旦发现对方不合作也用不合作报复，这种包含着奖励和惩罚机制的战略，由于害怕"触发"其他参与人的惩罚机制，所以不敢利用机会使自己在该阶段利益最大化，从而使该阶段的"合作"出现。

（2）触发战略可能存在的可信性问题。在例 10.5 中，采取触发战略可以得到效率更高的收益，但在惩罚别人的同时自己也遭受了惩罚，惩罚机制存在不可信的问题。在实际博弈中，如果存在同时奖励"合作"者和惩罚"偏离"者的条件，那么触发战略就可能克服不可信的问题。

10.2.2　无限次重复博弈

在现实中，参与人之间的博弈不可能无限进行下去，数学上所定义的无限重复可以看成是现实中参与人之间的一种长期关系，而有限重复博弈可以理解为一种短期的博弈关系。一般来讲，短期博弈（即有限重复博弈）是指那些参与人能够预测到博弈尽头（或终点），明确知道博弈什么时候将会结束的博弈情形；而长期博弈（即无限重复博弈）是指那些参与人无法预测博弈尽头（或终点），不能预知博弈什么时候将会结束的博弈情形。"囚徒困境"博弈的有限次重复使囚徒之间无法形成合作，这似乎与我们的直觉不太相符，因为现实中常常看到一些"惯偷"被抓之后，往往都会选择"抵赖"而不是"坦白"。关于这个问题，只有引入无限重复博弈才能给出合理的解释。

（1）冷酷战略。

例 10.6　考察以图 10.16 为阶段博弈的无限次重复博弈 $G(\infty)$ 的解。

构造参与人 1 和参与人 2 的如下战略 s_1，s_2。

参与人 1 的战略 s_1：第一阶段选择 D；在第 $i(i>1)$ 阶段，如果上一阶段结果为 (D, R)，则选择 D；否则以后一直选择 U。

参与人 2 的战略 s_2：第一阶段选择 R；在第 $i(i>1)$ 阶段，如果上一阶段结果为 (D, R)，则选择 R；否则以后一直选择 L。

上述触发战略具有这样的特点：如果有人合作，合作一直进行下去，一旦有人选择不合作，就会触发其后所有阶段的不合作，因此该战略也称为冷酷战略。

下面证明，只要参与人的贴现率 δ 足够接近 1，触发战略组合 (s_1, s_2) 就构成无限重复博弈的子博弈精炼纳什均衡。给定参与人 2 选择冷酷战略，当 δ 满足一定条件时，参与人 1 选择冷酷战略是最优选择。

由于无限次重复博弈无法用逆推归纳法进行求解，按照子博弈精炼纳什均衡的定义，当两参与人都采取冷酷战略时，有两类子博弈需要考虑：一类是之前出现的都是合作情形的子博弈，即在每个阶段博弈参与人 1 选择 D，参与人 2 选择 R，出现如图 10.17 中 $\Gamma(x_1)$ 和 $\Gamma(x_5)$ 开始的子博弈；另一类是之前出现了非合作情形的子博弈，即在每个阶段博弈参与人 1 偏离 D，参与人 2 偏离 R，出现如图 10.17 中 $\Gamma(x_2)$、$\Gamma(x_3)$、$\Gamma(x_4)$ 开始的子博弈。

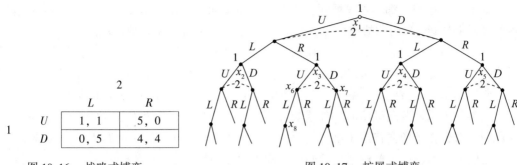

2		
	L	R
U	1, 1	5, 0
D	0, 5	4, 4

其中行标注 1

图 10.16　战略式博弈　　　　　　　　图 10.17　扩展式博弈

首先考虑之前出现的都是合作情形的子博弈。假设参与人 1 不合作选择了 U，该阶段得到 5 单位收益，但会触发参与人 2 永远偏离 (D, R) 今后一直选择 L 进行惩罚，因此参与人 1 在此后的每个阶段上的收益为 1，总收益为 $5 + \delta + \delta^2 + \cdots = 5 + \delta/(1 + \delta)$；如果参与人 1 在博弈中不偏离 (D, R)，一直选择 D，则每个阶段的收益为 4，总收益为 $4 + 4\delta + 4\delta^2 + \cdots = 4/(1 - \delta)$。

如果满足 $4/(1 - \delta) \geq 5 + \delta/(1 - \delta)$，即 $\delta \geq 1/4$，参与人 1 选择 D 是最优的。

由此可得初始博弈 $\Gamma(x_1)$ 以及从 $\Gamma(x_5)$ 开始的子博弈是纳什均衡。

下面考虑之前出现了非合作情形的子博弈。如果参与人 1 选择了 U，根据冷酷战略，参与人 2 会坚持选择 L，这时每个阶段都是纳什均衡，在这个子博弈中，参与人 1 都没有单独改变行动的动机。

综上，在任何子博弈中，参与人 1 都不能通过单独偏离均衡战略而增加收益，由于对称性，这个结论对参与人 2 也是适用的。当 $\delta \geq 1/4$，(s_1, s_2) 构成了无限重复博弈的子博弈精炼纳什均衡。

通过上面分析，在一次性博弈和有限重复博弈中都无法实现的潜在合作，在无限次重复博弈的情况下可能实现，当然这种合作是有条件的，即贴现率 δ 足够大。贴现率可以理解为参与人对未来收益的重视程度，也就是说，只有当参与人对未来有足够的重视或者一定程度的看重时，合作才能够形成。

除了触发战略可以构成博弈的子博弈精炼纳什均衡外，还存在许多子博弈精炼纳什均衡，最典型的就是下面的胡萝卜加大棒战略。

（2）胡萝卜加大棒战略（两期战略）。

胡萝卜加大棒战略 (s_1, s_2)：

参与人 1 的战略 s_1：第一阶段选择 D；在第 $i(i > 1)$ 阶段，如果上一阶段结果为 (D, R) 或 (U, L)，则选择 D，其他情况下选择 U。

参与人 2 的战略 s_2：第一阶段选择 R；在第 $i(i > 1)$ 阶段，如果上一阶段结果为 (D, R) 或 (U, L)，则选择 R，其他情况下选择 L。

两期战略为参与人提供了两种手段：其一是（单期的）惩罚，这时参与人选择均衡行动 U 或 L；其二是（潜在无限期的）合作，这时参与人选择合作的行动 D 或 R。如果任何一个人偏离了合作，则惩罚开始，如果任何一个参与人背离了惩罚，则博弈进入下一轮惩罚。如果两个参与人都不背离惩罚，则在下一轮又回到合作。下面证明：只要参与人的贴现率 δ 足够接近 1，两期战略 (s_1, s_2) 构成 $G(\infty)$ 的子博弈精炼纳什均衡。

在战略组合 (s_1, s_2) 下，博弈存在两类子博弈：一类是合作的子博弈，其上一阶段结果为 (D, R) 或 (U, L)，如图 10.17 中子博弈 $\Gamma(x_2)$ 和 $\Gamma(x_5)$；另一类是惩罚子博弈，其上一阶段结果不是 (D, R) 和 (U, L)，如图 10.17 中 $\Gamma(x_3)$ 和 $\Gamma(x_4)$ 子博弈。

当参与人采取两期战略时，如果能证明 (s_1, s_2) 对初始博弈 $\Gamma(x_1)$ 构成纳什均衡，也就证明了对合作子博弈构成了纳什均衡；同时，如果 (s_1, s_2) 对子博弈 $\Gamma(x_3)$ 构成纳什均衡，也就意味着 (s_1, s_2) 对惩罚子博弈构成了纳什均衡。

在图 10.17 中，用 u_M^1、u_M^2 分别表示当参与人 2 保持两期战略不变时，参与人 1 在初始博弈 $\Gamma(x_1)$ 和子博弈 $\Gamma(x_3)$ 上所能得到的最大收益。在初始博弈 $\Gamma(x_1)$ 上，给定参与人 2 保持两期战略不变，当参与人 1 偏离 D，选择 U 时，博弈进入惩罚子博弈 $\Gamma(x_3)$，因此参与人 1 选择 U 所得到的最大收益为 $5 + \delta u_M^2$；当参与人在决策节 x_1 上不偏离，保持两期战略不变时博弈进入子博弈 $\Gamma(x_5)$（即合作子博弈），因此参与人 1 选择 D 所能得到的收益为 $4 + \delta u_M^1$，所以：

$$u_M^1 = \text{Max}\{5 + \delta \cdot u_M^2,\ 4 + \delta \cdot u_M^1\} \tag{10.1}$$

在子博弈 $\Gamma(x_3)$ 上给定参与人 2 保持两期战略不变，由于参与人 2 在信息集 $I_2(\{X_6, X_7\})$ 上采用阶段博弈的均衡行动 L，因此参与人 1 在决策节 x_3 上的最优选择为 U，并使博弈进入合作子博弈 $\Gamma(x_8)$，因此参与人 1 在子博弈 $\Gamma(x_3)$ 上所得到的最大收益为 $1 + u_M^1 \cdot \delta$，所以：

$$u_M^2 = 1 + \delta \cdot u_M^1 \tag{10.2}$$

这是因为，参与人 1 偏离 U 而选择 D，在参与人 2 保持两期战略不变时，这个阶段的收益为 0，小于选择 U 的收益 1，由于这个阶段参与人 1 该惩罚的时候没有惩罚，下个阶段仍然要遭受惩罚，再下一个阶段才会迎来合作，所以参与人 1 选择 U 是最优的。

在初始博弈 $\Gamma(x_1)$ 上，给定参与人 2 保持两期战略不变，由 (10.1) 式可知，如果满足下列条件，则参与人 1 不会偏离两期战略：

$$\begin{cases} u_M^1 = 4 + \delta \cdot u_M^1 \\ 4 + \delta \cdot u_M^1 \geqslant 5 + \delta \cdot u_M^2 \end{cases} \tag{10.3}$$

联立求解 (10.2) 式和 (10.3) 式，可得 $\delta \geqslant 1/3$，当 $\delta \geqslant 1/3$ 时，由 (10.2) 式和 (10.3) 式可知：

$$u_M^2 = 1 + \frac{4\delta}{1 - \delta} \tag{10.4}$$

在子博弈 $\Gamma(x_3)$ 上，给定参与人 2 保持两期战略不变，由于参与人 1 选择两期战略所得支付为 $1 + \dfrac{4\delta}{1 - \delta}$，因此由 (10.4) 式可知：当 $\delta \geqslant 1/3$ 时，参与人 1 不会偏离两期战略。由参与人 1 与参与人 2 的对称性，当 $\delta \geqslant 1/3$ 时，两期战略组合 (s_1, s_2) 构成子博弈精炼纳什均衡。

从上述的讨论可知，虽然冷酷战略和两期战略在无限次重复博弈中都能构成子博弈精炼纳什均衡，但它们对贴现率 δ 的要求不同。进一步地，在无限次重复博弈中，是否每一个得益都可以由一个子博弈精炼纳什均衡得到呢？无名氏定理为我们揭示了这一点。

定义 10.3(可行支付) 参与人 i 的可行支付是他的阶段博弈 G 的纯战略支付的凸组合（即加权平均值）。

定理 10.3(无名氏定理) 给定 $G = <\ \Gamma;\ S_1,\ \cdots,\ S_n;\ u_1,\ \cdots,\ u_n\ >$，用 $(e_1, e_2,\ \cdots,\ e_n)$ 表示 G 的一个纳什均衡下的收益，$(x_1,\ x_2,\ \cdots,\ x_n)$ 表示 G 的其他任何可行支付。若 $\forall i \in \Gamma$，有 $x_i > e_i$，则存在足够接近于 1 的贴现率 δ，使无限重复博弈 $G(\infty,\ \delta)$ 存在一个子博弈精炼纳什均衡，平均收益可达到 $(x_1,\ x_2,\ \cdots,\ x_n)$。

无名氏定理告诉我们：任何一个帕累托有效的可行支付都可以通过一个特定的子博弈精炼纳什均衡得到，条件是 δ 足够接近于 1，否则 δ 太小使得下一阶段开始的惩罚不足以阻止参与人在现阶段的机会主义行为。

在图 10.16 所示的阶段博弈的无限次重复博弈中，子博弈精炼纳什均衡能够达到的平均收益区间为图 10.18 阴影部分的收益。

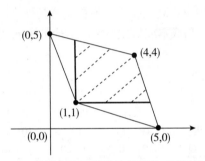

图 10.18 子博弈精炼纳什均衡所达到的可行支付

第 11 章　不完全信息的静态博弈

不完全信息的静态博弈，是指在博弈开始时就存在不确定性，且各参与人具有同时一次性选择行为的博弈。在许多博弈中，参与人并不知道其他参与人的一些信息，比如：在拍卖市场中，一个投标人不知道其他投标人对拍卖品的评价；当你在古玩市场上看中一件古董，但你并不清楚卖家愿意出手的最低价；在工作、生活中，与你博弈的人的性格你并不完全清楚等。

下面我们通过一个例子来分析不完全信息静态博弈时会出现的一些问题。

例 11.1（市场进入阻挠博弈） 潜在进入企业（参与人 1）决定是否进入一个新的产业，但不知道在位者（参与人 2）的成本高低，不知道在位者是默许还是抵制。假设在位者只有高成本和低成本两种成本函数，高成本或低成本情况对应的不同战略组合如图 11.1 所示。

		高成本		低成本	
		默许	抵制	默许	抵制
进入者	进入	10, 10	-10, 8	10, 15	-10, 16
	不进入	0, 20	0, 20	0, 40	0, 40

在位者

图 11.1　市场进入博弈：不完全信息

在这个博弈中，进入者对在位者的成本信息是不完全的，但在位者知道进入者的成本函数。从图 11.1 可知，如果进入者选择"进入"，在位者是高成本时的最优选择是"默许"，在位者是低成本时的最优选择是"抵制"。如果在完全信息情况下，进入者知道在位者是高成本还是低成本，因此在位者是高成本，进入者的最优选择是"进入"，在位者是低成本，进入者的选择是"不进入"。由于进入者并不知道在位者是高成本还是低成本，因而进入者的最优选择依赖于自己认为在位者是高成本还是低成本的概率分布。

假定进入者认为在位者是高成本的概率是 P，低成本的概率是 $(1-P)$，那么进入者"进入"的期望利润为 $P \times 10 + (1-P) \times (-10) = 20P - 10$，"不进入"的期望利润为 0。

当 $P \geq 1/2$ 时，进入者的最优选择是"进入"；当 $P \leq 1/2$ 时进入者的最优选择是"不进入"；当 $P = 1/2$ 时，进入者选择"进入"与"不进入"无差异。

11.1　海萨尼转换

在例 11.1 中，进入者似乎在与两个不同的在位者博弈，一个是高成本的在位者，另一个是低成本的在位者。一般地，如果在位者有 T 种可能的不同成本函数，进入者就好像

在与 T 个不同的在位者博弈。在 1967 年之前，专家们认为这种博弈没法分析，因为一个参与人并不知道在与谁博弈，博弈的规制没法定义。海萨尼(Harsanyi，1967—1968)提出了处理这类不完全信息博弈的基本方法，即海萨尼转换。这种方法引入一个虚拟参与人"自然"(nature)，自然首先行动决定参与人的特征，参与人的特征只让自己知道而不让其他参与人知道，然后参与人之间开始博弈。通过这种方法，将一个不完全信息的静态博弈转化为一个完全但不完美信息的动态博弈。

海萨尼转换的具体方法：

(1) 引入一个概念——类型(T)。

参与人的类型指的是一个参与人所拥有的所有个人信息或私人信息。每个参与人的类型只有自己才能观测到，其他人观测不到，并且参与人的类型是其个人特征的一个完备描述。博弈中一切不是共同信息的东西(包括博弈的三个基本要素——参与人、参与人的战略、参与人的支付以及参与人对博弈基本要素的了解程度等)都可以作为参与人类型划分的标准或依据。但在讨论的绝大多数博弈中，参与人的类型都由其支付函数决定，因此有时候将参与人的支付函数等同于他的类型。

(2) 引入虚拟的参与人"自然"(N)。

自然 N 的行动空间 A_0 是所有参与人 $i(i=1，2，\cdots，n)$ 的类型集合 T_i 的笛卡尔积，即自然的行动 $A_0 = \prod_{i=1}^{n} T_i$ ， $t_i \in T_i$ ， $t=(t_1，t_2，\cdots，t_n)$ 表示所有参与人的一个类型组合(也是自然的一个行动)， $t \in A_0$ 。

(3) 参与人对"自然"选择的推断。

用 $p(t_1，t_2，\cdots，t_n)$ 表示定义在参与人类型组合空间上的一个联合分布密度函数，Harsanyi 转换假定：对于一个给定的不完全信息博弈问题，存在一个参与人关于"自然"选择的推断 $p(t_1，t_2，\cdots，t_n)$ ，且 $p(t_1，t_2，\cdots，t_n)$ 为共同信息。也就是说，Harsanyi 转换假定所有参与人关于"自然"行动的信念(belief)是相同的，并且为共同信息。

用 $p_i(t_{-i}/t_i)$ 表示参与人 i 在知道自己类型为 t_i 的情况下，关于其他参与人类型的推断(即条件概率)，则 $p_i(t_{-i}/t_i) = \dfrac{p(t_{-i}，t_i)}{p(t_i)}$ ，其中， $p(t_i)$ 为边缘密度函数。

在例 11.1 中，参与人 1 只有一种类型，参与人 2 有"高成本"和"低成本"两种类型，经过海萨尼转换得到一个完全但不完美信息的动态博弈，如图 11.2 所示。

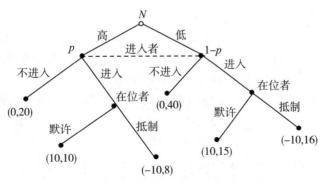

图 11.2 海萨尼转换后的市场

例 **11.2**　设有两个参与人：市场潜在进入者和在位者，支付矩阵如图 11.3 所示。他们的生产成本可能是高成本 H，也可能是低成本 L，但都不为对方所了解；参与人 1 的类型空间 $T_1 = \{$高成本，低成本$\}$，参与人 2 的类型空间 $T_2 = \{$高成本，低成本$\}$。

<table>
<tr><td colspan="2" rowspan="3"></td><td colspan="4" align="center">在位者</td></tr>
<tr><td colspan="2" align="center">H</td><td colspan="2" align="center">L</td></tr>
<tr><td align="center">默许</td><td align="center">抵制</td><td align="center">默许</td><td align="center">抵制</td></tr>
<tr><td rowspan="4">潜在进入者</td><td rowspan="2">H</td><td align="center">进入</td><td align="center">10, 10</td><td align="center">− 10, 8</td><td align="center">10, 15</td><td align="center">− 10, 16</td></tr>
<tr><td align="center">不进入</td><td align="center">0, 20</td><td align="center">0, 20</td><td align="center">0, 40</td><td align="center">0, 40</td></tr>
<tr><td rowspan="2">L</td><td align="center">进入</td><td align="center">15, 10</td><td align="center">− 2, 8</td><td align="center">20, 20</td><td align="center">− 2, 16</td></tr>
<tr><td align="center">不进入</td><td align="center">0, 20</td><td align="center">0, 20</td><td align="center">0, 40</td><td align="center">0, 40</td></tr>
</table>

图 11.3　参与人都有两种类型的市场进入博弈

"自然"首先为每一个参与人选择一个类型，然后参与人之间再展开博弈。自然的行动空间 $A_0 = \{(H, H), (H, L), (L, H), (L, L)\}$，假定"自然"选择的概率分布为 $P_{HH} = 0.2$，$P_{HL} = 0.3$，$P_{LH} = 0.25$，$P_{LL} = 0.25$，且是共同信息，经过海萨尼转换后得到图 11.4 的完全但不完美信息的动态博弈。

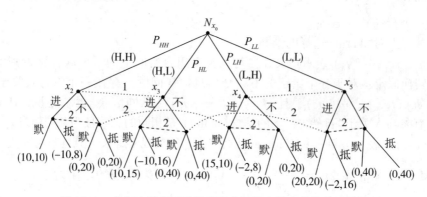

图 11.4　参与人都有两种类型的市场进入博弈的海萨尼转换

虽然潜在进入者不知道在位者的类型，但由于知道自己的类型，因此可以根据贝叶斯法则推知在位者的类型分布。

潜在进入者是高成本"H"时，可以推知在位者是高成本"H"的概率为 $P_1(H/H) = P_{HH}/(P_{HH} + P_{HL}) = 0.2/(0.2 + 0.3) = 0.4$，可以推知在位者是低成本"$L$"的概率为 $P_1(L/H) = P_{HL}/(P_{HH} + P_{HL}) = 0.3/(0.2 + 0.3) = 0.6$。

潜在进入者是低成本"L"时，可以推知在位者是高成本"H"的概率为 $P_1(H/L) = P_{LH}/(P_{LH} + P_{LL}) = 0.25/(0.25 + 0.25) = 0.5$，可以推知在位者是低成本"$L$"的概率为 $P_1(L/L) = P_{LL}/(P_{LH} + P_{LL}) = 0.3/(0.25 + 0.25) = 0.5$。

潜在进入者的不同类型所形成的关于"自然"的推断并不相同，因为参与人各自掌握的私人信息不同，因而对其他参与人类型的概率分布 $P_i(t_{-i}/t_i)$ 的推断也就不同。

11.2　贝叶斯博弈

贝叶斯博弈(the static Bayesian game)是关于不完全信息静态博弈的一种建模方式，也是不完全信息静态博弈的标准式描述。贝叶斯博弈包含以下5个要素：

(1) 参与人的集合 $\Gamma = \{1, 2, \cdots, n\}$；

(2) 参与人的类型集 $T_1, \cdots, T_n$；

(3) 参与人关于其他参与人类型的推断 $p(t_{-1}/t_1), \cdots, p(t_{-n}/t_n)$；

(4) 参与人类型相依的行动集 $A(t_1), \cdots, A(t_n)$；

(5) 参与人类型相依的支付函数 $u_1(a(t_1), \cdots, a(t_n); t_1, \cdots, t_n)$。

对于一个贝叶斯博弈，如果 $|\Gamma| < \infty$ 且对于 $\forall i \in \Gamma$，$|T_i| < \infty$，$|A_i(t_i|) < \infty$，则该博弈为有限贝叶斯博弈，通常用 $G = < \Gamma; (T_i); (p_i); (A_i(t_i)); (u_i(a(t)); t_i)) >$ 表示。

11.3　贝叶斯博弈的战略

在贝叶斯博弈 $G = < \Gamma; (T_i); (p_i); A_i(t_i); u_i(a(t)); t_i >$ 中，参与人 i 的一个战略是参与人 i 的类型集 T_i 到其行动集的一个映射 $s_i(t_i)$，它包含了当自然赋予 i 的类型为 t_i 时，i 将从可行的行动集 $A_i(t_i)$ 中选择的行动，即：

$$s_i: T_i \to A_i$$

$$s_i(t_i) = a_i, \ t_i \in T_i, \ a_i \in A_i$$

在静态贝叶斯博弈中，实际博弈方的一个战略，就是他们针对自己各种可能类型如何作相应选择的一个完整行动计划。

在例 11.2 中，潜在的进入者参与人 1 的战略有 4 个：

s_1^1："高成本"时选择"进入"，"低成本"时选择"进入"，即 $s_1^1 = ($ 进入，进入 $)$；

s_1^2："高成本"时选择"进入"，"低成本"时选择"不进入"，即 $s_1^2 = ($ 进入，不进入 $)$；

s_1^3："高成本"时选择"不进入"，"低成本"时选择"进入"，即 $s_1^3 = ($ 不进入，进入 $)$；

s_1^4："高成本"时选择"不进入"，"低成本"时选择"不进入"，即 $s_1^4 = ($ 不进入，不进入 $)$。

同理可得在位者的战略集合为：$\{($ 默许，默许 $)$，$($ 默许，抵制 $)$，$($ 抵制，默许 $)$，$($ 抵制，抵制 $)\}$。

11.4　参与人的支付函数

由于参与人 i 的支付函数 $u_i = u_i(a_1, a_2, \cdots, a_n; t_1, t_2,, \cdots, t_n)$ 是随机的，因而常用期望支付作为决策依据。用 $v_i(a_i, s_{-i}, t_i)$ 表示给定其余参与人的战略组合 $s_{-i}(t_{-i}) =$

$(s_1(t_1)$，$\cdots$，$s_{i-1}(t_{i-1})$，$s_{i+1}(t_{i+1})$，$\cdots$，$s_n(t_n))$，类型为 t_i 的参与人选择行动 a_i 时的期望支付为：$v_i(a_i, s_{-i}, t_i) = \sum\limits_{t_{-i} \in T_{-i}} p_i(t_{-i}/t_i) u_i(a_i, a_{-i}(t_{-i}); t_i)$，其中，对 $\forall t_{-i} \in T_{-i}$，$a_{-i}(t_{-i})$ 为给定 t_{-i} 时由 s_{-i} 所确定的其他参与人的行动组合 $s_{-i}(t_{-i}) = (s_1(t_1)$，$\cdots$，$s_{i-1}(t_{i-1})$，$s_{i+1}(t_{i+1})$，$\cdots$，$s_n(t_n))$。

11.5　贝叶斯纳什均衡

定义 11.1　贝叶斯纳什均衡

在静态贝叶斯博弈 $G = <\Gamma; (T_i); (p_i); A_i(t_i); u_i(a(t)); t_i>$ 中，战略组合 $(s_1^*(\cdot), s_2^*(\cdot), \cdots, s_n^*(\cdot))$ 为一个纯战略贝叶斯纳什均衡，如果对 $\forall i \in \Gamma$，固定 $s_{-i}^*(\cdot)$，如果对 $\forall t_i \in T_i$，$s_i^*(t_i) = a_i^*$，最大化参与人 i 的条件期望支付，即 $s_i^*(t_i) \in \arg \underset{a_i \in A_i(t_i)}{\text{Max}} \sum\limits_{t_{-i} \in T_{-i}} p_i(t_{-i}/t_i) u_i(a_i, s_{-i}^*(t_{-i}); t_i)$。

同纳什均衡一样，贝叶斯纳什均衡在本质上也是一个一致性预测，即每个参与人 i 都能准确预测到具有类型 t_j 的参与人 j 将会选择 $a_j^*(t_j)$。这里虽然参与人 i 不知道参与人 j 的类型，但他能够预测到具有类型 t_j 的参与人 j 的行动。

定理 11.1　一个有限的贝叶斯博弈一定存在贝叶斯纳什均衡，这个贝叶斯纳什均衡包括混合战略的贝叶斯纳什均衡。（证明略）

例 11.3　求图 11.1 市场进入博弈的贝叶斯纳什均衡。

参与人 1 的战略空间为{进入，不进入}，参与人 2 的战略空间为{(默许，默许)，(默许，抵制)，(抵制，默许)，(抵制，抵制)}；设参与人 1(进入者)关于参与人 2(在位者)是高成本的推断为 p。

首先，固定参与人 1 的战略"进入"，求使参与人 2 支付 $u_2(\text{进入}, a_2; t)$ 最大化的策略。

当参与人 2 的类型 $t_2 = H$ 时，$\underset{a_2}{\max} u_2(\text{进入}, a_2; H) = \max\{u_2(\text{进入, 默许}; H), u_2(\text{进入, 抵制}; H)\} = \max\{10, 8\} = 10$ 的 $s_2(H) = $ 默许；

当参与人 2 的类型 $t_2 = L$ 时，$\underset{a_2}{\max} u_2(\text{进入}, a_2; L) = \max\{u_2(\text{进入, 默许}; L), u_2(\text{进入, 抵制}; L)\} = \max\{15, 16\} = 16$ 的 $s_2(L) = $ 抵制。

因此，参与人 2 对参与人 1 的战略 $s_1 = $ "进入"的最优反映为(默许，抵制)。

同理可得，当参与人 1 的战略为"不进入"时，参与人 2 的最优反应是{(默许，默许)，(默许，抵制)，(抵制，默许)，(抵制，抵制)}。

我们将得到的结果总结在表 11.1 中，面对参与人 1 的战略"进入"，参与人 2 的最优反应是(默许，抵制)；面对参与人 1 的战略"不进入"，参与人 2 的最优反应是(默许，默许)，(默许，抵制)，(抵制，默许)，(抵制，抵制)。

表 11.1   参与人 2 对参与人 1 的最优反应

固定参与人 1 的战略 s_1	进入	不进入
参与人 2 的最优反应 $(s_2(H), s_2(L))$	（默许，抵制）	（默许，默许），（默许，抵制），（抵制，默许），（抵制，抵制）

然后，求参与人 1 关于参与人 2 的最优反应战略。

分别固定参与人 2 的战略 $s_2(t)$，求使参与人 1 的支付函数最大化的战略 $s_1 = a_1$。支付函数即期望支付为：$\sum_t u_1(a_1, s_2(t); t)p_1(t) = pu_1(a_1, s_2(H), H) + (1-p)u_1(a_1, s_2(L), L)$。

求解最大化问题：

$$\max_{a_1}\{pu_1(a_1, s_2(H), H) + (1-p)u_1(a_1, s_2(L), L)\}$$

$= \max\{pu_1(\text{进入}, s_2(H); H) + (1-p)u_1(\text{进入}, s_2(L); L), pu_1(\text{不进入}, s_2(H); H) + (1-p)u_1(\text{不进入}, s_2(L); L)\}$

当 $(s_2(H), s_2(L)) =$（默许，默许）时，$v_1(\text{进入}, (\text{默许，默许})) = pu_1(\text{进入，默许}; H) + (1-p)u_1(\text{进入，默许}; L) = p \times 10 + (1-p) \times 10 = 10$；$v_1(\text{不进入}, (\text{默许，默许})) = pu_1(\text{不进入，默许}; H) + (1-p)u_1(\text{不进入，默许}; L) = p \times 0 + (1-p) \times 0 = 0$。

显然，参与人 1 的最优反应是"进入"。

同理可求 $(s_2(H), s_2(L)) =$（默许，抵制）、（抵制，默许）和（抵制，抵制）时，参与人 1 的最优反应。把结果总结在表 11.2 中。

表 11.2   参与人 1 对参与人 2 的战略的最优反应

固定参与人 2 的战略 $(s_2(t_1), s_2(t_2))$	（默许，默许）	（默许，抵制）	（抵制，默许）	（抵制，抵制）
$s_1 =$ 进入	10	$20p - 10$	$10 - 20p$	-10
不进入	0	0	0	0

由表 11.1 和表 11.2 可知，面对参与人 1 的战略"进入"，参与人 2 的最优反应是（默许，抵制）；面对参与人 2 的战略（默许，抵制），参与人 1 在 $p \geq \dfrac{1}{2}$ 时，最优反应是进入，所以当 $p \geq \dfrac{1}{2}$ 时，（进入，（默许，抵制））是贝叶斯纳什均衡。同理可得：（不进入，（抵制，抵制））；$p \leq \dfrac{1}{2}$，（不进入，（默许，抵制））；$p \geq \dfrac{1}{2}$，（不进入，（抵制，默许））是贝叶斯纳什均衡。

例 11.4 求图 11.3 参与人都有两种类型的市场进入博弈的贝叶斯纳什均衡。

假设"自然"选择的概率分布为 $P_{HH} = 0.2$，$P_{HL} = 0.3$，$P_{LH} = 0.2$，$P_{LL} = 0.3$。

首先，求参与人 1 分别为"高成本"和"低成本"时对参与人 2 的类型的推断：

$$p_1(H/H) = \frac{p_{HH}}{p_{HH} + p_{HL}} = \frac{0.2}{0.2 + 0.3} = 0.4 \quad p_1(L/H) = \frac{p_{HL}}{p_{HH} + p_{HL}} = \frac{0.2}{0.2 + 0.3} = 0.6$$

$$p_1(H/L) = \frac{p_{LH}}{p_{LH} + p_{LL}} = \frac{0.2}{0.2 + 0.3} = 0.4 \quad p_1(L/L) = \frac{p_{LL}}{p_{LH} + p_{LL}} = \frac{0.3}{0.2 + 0.3} = 0.6$$

第二，求参与人 2 分别为"高成本"和"低成本"时对参与人 1 的类型的推断：

$$p_2(H/H) = \frac{p_{HH}}{p_{HH} + p_{LH}} = \frac{0.2}{0.2 + 0.2} = 0.5 \quad p_2(L/H) = \frac{p_{LH}}{p_{HH} + p_{LH}} = \frac{0.2}{0.2 + 0.2} = 0.5$$

$$p_2(H/L) = \frac{p_{HL}}{p_{HL} + p_{LL}} = \frac{0.3}{0.3 + 0.3} = 0.5 \quad p_2(L/L) = \frac{p_{LL}}{p_{HL} + p_{LL}} = \frac{0.3}{0.3 + 0.3} = 0.5$$

第三，分别求参与人在给定对方战略，自己在某一类型下的行动支付。

当参与人 2 的战略为(默许，默许)时，

参与人 1 在"高成本"类型下采取"进入"的支付：

$$u_1(进入，（默许，默许）；H) = p(H/H) \times 10 + p(L/H) \times 10 = 0.4 \times 10 + 0.6 \times 10 = 10$$

参与人 1 在"低成本"类型下采取"进入"的支付：

$$u_1(进入，（默许，默许）；L) = p(H/L) \times 15 + p(L/L) \times 20 = 0.4 \times 15 + 0.6 \times 20 = 18$$

此时，参与人 1 在战略(进入，进入)时的收益为(10，18)。

当参与人 1 的战略为(进入，进入)时，

参与人 2 在"高成本"类型下采取"默许"的支付：

$$u_2((进入，进入)，默许；H) = p(H/H) \times 10 + p(L/H) \times 10 = 0.5 \times 10 + 0.5 \times 10 = 10$$

参与人 2 在"低成本"类型下采取"默许"的支付：

$$u_2((进入，进入)，默许；L) = p(H/H) \times 15 + p(L/H) \times 20 = 0.5 \times 15 + 0.5 \times 20 = 17.5$$

此时，参与人 2 在战略(默许，默许)时的收益为(10，17.5)。

同理可以计算出参与人 1 和参与人 2 在各种战略组合下，各自采取某种类型下的行动时的收益，如图 11.5 所示。

		参与人 2			
		(默许,默许)	(默许,抵制)	(抵制,默许)	(抵制,抵制)
参与人 1	(进入，进入)	(10,18),(10,17.5)	(− 2,4.8),(10,16)	(2,11.2)(8,17.5)	(− 10, − 2),(8,16)
	(进入，不进入)	(10,0),(15,27.5)	(− 2,0),(15,28)	(2,0),(14,27.5)	(− 10,0),(14,28)
	(不进入，进入)	(0,18),(15,30)	(0,4.8),(15,28)	(0,11.2),(14,30)	(0, − 2),(14,28)
	(不进入，不进入)	(0,0),(20,40)	(0,0),(20,40)	(0,0),(20,40)	(0,0),(20,40)

图 11.5　贝叶斯纳什均衡求解示意图

可用划线法求出贝叶斯纳什均衡。给定对方的战略，在自己"高成本"类型下找到使自己收益最大的行动并画线，在自己"低成本"类型下找到使自己收益最大的行动并画线，最后在所有得益数组下面都有线的战略组合就是贝叶斯纳什均衡。本例的贝叶斯纳什均衡为：((进入，进入)，(默许，默许))，((不进入，不进入)，(抵制，抵制))。

11.6 混合战略纳什均衡的一个解释

人们有时很难理解混合战略，但贝叶斯博弈可以为混合战略提供一个合理的解释。在完全信息静态博弈中，混合战略纳什均衡的本质不在于参与人 i 随机选择行动，而在于其对手不能确定他将选择什么行动，这种不确定性可能来自对于参与人 i 的类型不了解，随着不完全信息的消失，参与人在不完全信息博弈中的纯战略贝叶斯均衡下的行动将趋于其在完全信息博弈中的混合战略均衡下的行动。下面我们通过一个例子来加以解释。

例 11.5(不完全信息的性别博弈)

一对夫妻得到了两张时装表演票和同一时间的两张足球比赛票，妻子更想去看时装表演而丈夫更想去看足球，图 11.6 是完全信息情形下的性别博弈的支付矩阵，图 11.7 是不完全信息情形下的性别博弈。

		丈夫 时装(B)	丈夫 足球(F)
妻子	时装(B)	2, 1	0, 0
	足球(F)	0, 0	1, 2

图 11.6　完全信息的性别博弈

		丈夫 时装(B)	丈夫 足球(F)
妻子	时装(B)	$2 + t_i$, 1	0, 0
	足球(F)	0, 0	1, $2 + t_2$

图 11.7　不完全信息的性别博弈

在完全信息下，性别博弈有两个纯战略纳什均衡和一个混合战略纳什均衡，分别为(时装，时装)、(足球，足球)和$((2/3, 1/3), (1/3, 2/3))$。

将完全信息的性别博弈稍作改变，变为不完全信息博弈：t_1 为女方的私人信息，t_2 为男方的私人信息；设类型 t_1，t_2 相互独立，服从$[0, x]$区间上的均匀分布，分布函数为共同信息。

构造如下的参与人的纯战略 $s_1(t_1)$ 和 $s_2(t_2)$。

妻子的纯战略 $s_1(t_1)$：如果 $t_1 \geq t_1^*$ 妻子就会选择"时装"即 $s_1(t_1) = B$；如果 $t_1 < t_1^*$，妻子将选择"足球"即 $s_1(t_1) = F$，这里 $t_1^* \in [0, x]$。

丈夫的纯战略 $s_2(t_2)$：如果 $t_2 \geq t_2^*$ 丈夫就会选择"足球"即 $s_2(t_2) = F$；如果 $t_2 < t_2^*$，丈夫将选择"时装"即 $s_2(t_2) = B$，这里 $t_2^* \in [0, x]$。

妻子看时装表演的期望支付是：$\frac{t_2^*}{x}(2 + t_1) + \frac{x - t_2^*}{x} \cdot 0 = \frac{t_2^*}{x}(2 + t_1)$。

妻子看足球的期望支付是：$\frac{t_2^*}{x} \cdot 0 + \frac{x - t_2^*}{x} \cdot 1 = 1 - \frac{t_2^*}{x}$。

当且仅当 $\frac{t_2^*}{x}(2 + t_1) > 1 - \frac{t_2^*}{x}$ 时，妻子选择看时装表演，即 $t_1 \geq \frac{x}{t_2^*} - 3 = t_1^*$ 时，妻子看时装表演是关于丈夫战略的最佳反应。

类似地，当且仅当 $t_2 \geq \frac{x}{t_1^*} - 3 = t_2^*$ 时，丈夫看足球是妻子战略的最佳反应。

将上面两式联立并取其合理解得：$t_1^* = t_2^* = \dfrac{-3 + \sqrt{9 + 4x}}{2}$，此时妻子看时装表演和

丈夫看足球的概率均为：$1 + \dfrac{3 - \sqrt{9 + 4x}}{2x}$。

当 $x \to 0$ 时，上式 $\to 2/3$，这表明当不完全信息消失时，参与人在不完全信息"性别博弈"中的纯战略贝叶斯纳什均衡下的行动，趋于其在完全信息"性别博弈"中的混合战略纳什均衡下的行动。

第12章　不完全信息的动态博弈

不完全信息的动态博弈，是指在博弈开始时就存在不确定性，且各个参与人的行动存在先后顺序的博弈。这种类型的博弈既有动态因素又有不完全信息因素，参与人之间的互动受到更多因素的影响，其中之一就是信念，如果依然采用原有的均衡概念已经不足以用来分析博弈问题。

例 12.1　在图 12.1 所示的不完美信息的动态博弈中，参与人 1 有 L、M 和 R 三个行动选择；如果参与人 1 选择 R，则博弈结束；如果参与人 1 选择了 L 和 M，参与人 2 会知道参与人 1 没有选择 R，并在 U 和 D 两个行动中选择，博弈随之结束。图 12.2 给出了图 12.1 的战略式描述，从中可以看到，博弈存在两个纳什均衡 (R, D) 和 (L, U)。由于图 12.1 所示的博弈中只存在一个由初始节构成的单节信息集，该博弈的子博弈就是原博弈，所以原博弈的两个纯战略纳什均衡 (R, D) 和 (L, U) 也是子博弈精炼纳什均衡。

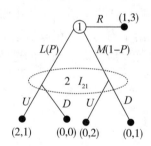

	U	D
R	1, 3	1, 3
L	2, 1	0, 0
M	0, 2	0, 1

图 12.1　完全但不完美信息的动态博弈　　　图 12.2　完全但不完美信息的动态博弈(战略式描述)

然而，在两个子博弈精炼纳什均衡中，(R, D) 包含着不可信的威胁，也就是说，如果博弈进行到参与人 2 的信息集 I_{21} 时，参与人 2 不会选择 D，因为 D 是相对于 U 的劣战略，所以图 12.1 中的博弈只有一个合理的纯战略子博弈精炼纳什均衡 (L, U)。

如何将不合理的子博弈精炼纳什均衡 (R, D) 排除掉？如果将子博弈精炼纳什均衡的思想推广到多决策节信息集，并在每个信息集上给出一个参与人关于自己位于信息集中哪个决策节的信念或推断，则可以将不合理的均衡剔除掉。比如，在图 12.1 所示的博弈中，给定参与人 2 的一个推断 P，参与人 2 位于左边决策节的概率为 P，位于右边决策节的概率为 $(1-P)$，参与人 2 选择 U 的期望支付为 $E(U) = P \times 1 + (1-P) \times 2 = 2 - P$，而参与人 2 选择 D 的期望支付为 $E(D) = P \times 0 + (1-P) \times 1 = 1 - P$，对于任意的 P，都有 $2 - P > 1 - P$，这就排除了参与人 2 选择 D 的可能性。在这个博弈中，简单要求参与人 2 有个信念或推断，并且在此推断下选择最优行动就足以排除不合理的均衡 (R, D)。

具有上述均衡的博弈也许比较少，一个更一般的博弈问题如图 12.3 所示。

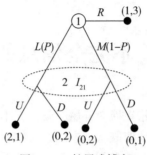

图 12.3 扩展式博弈

在该博弈中，战略组合$(R，D)$是参与人 2 的信息集未能达到的一个子博弈精炼纳什均衡。如果博弈能够进行到参与人 2 的信息集，参与人 2 的最优选择就依赖于他关于已发生历史的信念，即参与人 2 对自己位于哪一个决策节的推断。在图 12.3 中，参与人 2 选择U和D的期望支付分别为$2-P$和$1+P$。因此，当$P \leqslant \dfrac{1}{2}$，最优战略是U；如果$P \geqslant \dfrac{1}{2}$，最优战略是D。

从上面的分析可知，要将子博弈精炼纳什均衡思想运用到不完全信息的扩展式博弈中，就必须做到：(1) 对每个参与人i在其信息集上给出关于自己位于该信息集中哪一个决策节的信念(推断)；(2) 对参与人i的每一个信息集，在给定参与人i在该信息集上的信念的情况下，参与人的战略是对其他参与人战略的一个最优反应，即参与人的选择必须满足序贯理性。

12.1 精炼贝叶斯均衡

精炼贝叶斯纳什均衡是塞尔腾(Selten) 子博弈精炼纳什均衡的"均衡精炼"思想在不完全信息扩展式博弈中的自然推广。引入精炼贝叶斯纳什均衡的目的是为了进一步强化贝叶斯纳什均衡，这与子博弈精炼纳什均衡强化了纳什均衡是相同的。正如在完全信息动态博弈中加上了子博弈精炼的条件，是因为纳什均衡中无法剔除包含不可信的威胁和承诺的战略；在对不完全信息动态博弈的分析中将集中于精炼贝叶斯纳什均衡，这是因为贝叶斯纳什均衡也存在同样的不足。

定义 12.1 一个精炼贝叶斯纳什均衡由满足以下条件的战略与信念构成。

(1) 对于每一个信息集，在该信息集采取行动的参与人关于博弈到达信息集中哪个决策节必须有一个信念。对于多决策节构成的信息集，信念是信息集中各个决策节上的概率分布，对于单决策节信息集，信念则置概率 1 于单决策节上。

(2) 在给定的信念下，参与人的战略必须是序贯理性的。也就是说，在每一个信息集，要做出决策的参与人所采取的行动(及参与人以后的行动)，在给定该参与人在该信息集上的信念与其他参与人以后战略的情况下必须是最优的。

(3) 参与人在均衡路径上的信息集上的信念设定由参与人的均衡战略和贝叶斯法则来确定。

(4) 参与人在非均衡路径上的信息集上的信念设定由贝叶斯法则和参与人可能的均衡战略来确定。

对精炼贝叶斯纳什均衡的几点解释：

(1) 均衡路径上的信息集与非均衡路径上的信息集。

定义 12.2 对于一个给定的不完全信息扩展式博弈中的均衡，如果博弈根据均衡战略进行时，将以正的概率达到某信息集，则称此信息集在均衡路径上，简称均衡路径上的信息集。

如果博弈根据均衡战略进行时，肯定不会达到的信息集，称之为处于非均衡路径上的信息集，简称非均衡路径上的信息集。

例如在图 12.4 的不完全信息动态博弈中，参与人 2 有三个多节信息集：$I_2(\{x_1, x_4\})$，$I_2(\{x_2, x_5\})$，$I_2(\{x_3, x_6\})$。给定参与人 1 的均衡战略$(L, M))$，参与人 2 的信息集 $I_2(\{x_1, x_4\})$、$I_2(\{x_2, x_5\})$ 位于均衡路径上，而 $I_2(\{x_3, x_6\})$ 位于非均衡路径上。

(2) 均衡路径上的信息集上的信念设定由参与人的均衡战略和贝叶斯法则决定。

在图 12.4 中，给定参与人 1 的均衡战略(L, M)，有 $p(L/t_1) = p(M/t_2) = 1$，所以 $p(M/t_1) = p(L/t_2) = 0$。贝叶斯法则 $p(t_i/L) = \dfrac{p(L/t_i)p(t_i)}{p(L)}$，$p(t_i)$ 为参与人 1 的类型的先验概率，$p(L)$ 是参与人 1 选择行动 L 的概率，也就是博弈到达信息集 $I_2(\{x_1, x_4\})$ 的概率，由全概公式可得 $p(L) = \sum\limits_{t_i \in T} P(L/t_i)p(t_i)$，$T = \{t_1, t_2\}$ 是参与人 1 的类型。参与人 2 在均衡路径信息集 $I_2(\{x_1, x_4\})$ 上的信念满足贝叶斯法则：$x = \dfrac{p(t_1)p(L/t_1)}{p(t_1)p(L/t_1) + p(t_2)p(L/t_2)} = \dfrac{p(t_1) \times 1}{p(t_1) \times 1 + p(t_2) \times 0} = 1$，$1 - x = p(t_2/L) = 0$。参与人 2 在均衡路径信息集 $I_2(\{x_2, x_5\})$ 上的信念为：$y = p(t_1/M) = \dfrac{P(t_1)p(M/t_1)}{P(t_1)p(M/t_1) + P(t_2)p(M/t_2)} = \dfrac{P(t_1) \times 0}{P(t_1) \times 0 + P(t_2) \times 1} = 0$，$1 - y = p(t_2/M) = 1$。

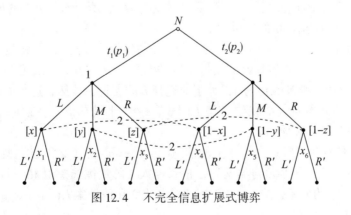

图 12.4 不完全信息扩展式博弈

（3）非均衡路径上的信息集上的信念设定由贝叶斯法则和参与人的可能均衡战略决定。

在图 12.4 中，给定参与人 1 的均衡战略 (L, M) 时，参与人 2 的信息集 $I_2(\{x_3, x_6\})$ 就在非均衡路径上，在 $I_2(\{x_3, x_6\})$ 上的信念设定，需要考虑参与人的均衡战略以及参与人 2 在非均衡路径信息集上可能选择的均衡战略。为了分析非均衡路径信息集上的信念与均衡战略之间的关系，给出图 12.4 博弈的部分支付，如图 12.5 所示。

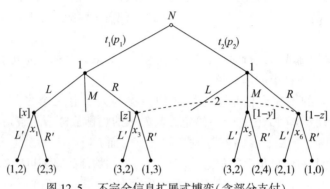

图 12.5　不完全信息扩展式博弈（含部分支付）

设参与人 2 在信息集 $I_2(\{x_3, x_6\})$ 上的信念为 $[z, 1-z]$。

参与人 2 选择 L' 的收益为 $2 \times z + 1 \times (1-z) = z+1$；选择 R' 的收益为 $3 \times z + 0 \times (1-z) = 3z$。

① 当 $z+1 > 3z$，即 $z < 1/2$ 时，参与人 2 选择 L'，这时参与人 1 类型为 t_1，选择为 R 的支付为 3，参与人 1 类型为 t_2，选择 R 的支付为 2。

② 当 $z > 1/2$ 时，参与人 2 选择 R'，这时参与人 1 类型为 t_1，选择 R 的支付为 1，参与人 1 类型为 t_2，选择 R 的支付为 1。

③ 当参与人 1 的均衡战略为 (L, M) 时，$x = p(t_1/L) = 1$，$1-x = p(t_2/L) = 0$，参与人 2 在信息集 $I_2(\{x_1, x_4\})$ 上选择 R' 的支付为 3，选择 L' 的支付为 2，所以参与人 2 的最优选择是 R'，类型为 t_1 的参与人 1 选择 L 的支付为 2。

④ 当参与人的均衡战略为 (L, M) 时，$1-y = p(t_2/M) = 1$，参与人 2 在信息集 $I_2(\{x_2, x_5\})$ 上选择 R' 的支付为 4，选择 L' 的支付为 2，所以参与人 2 的最优选择是 R'，类型为 t_2 的参与人 1 选择 M 的支付为 2。

按照均衡战略 (L, M)，类型为 t_1 的参与人 1 的最优选择是 L，也就是说，类型为 t_1 的参与人 1 选择 L 的支付大于选择 R 的支付。但是根据①③可知，当类型为 t_1 的参与人 1 选择 R 时，若 $z < 1/2$，则其支付为 3，大于他选择 L 的支付，显然，这与 L 为参与人 1 的最优选择相矛盾。因此参与人 2 在信息集 $I_2(\{x_3, x_6\})$ 上的信念 $[z, 1-z]$ 必须满足 $z > 1/2$，这与②③的分析相吻合。

参与人 2 在信息集 $I_2(\{x_3, x_6\})$ 上的信念 $[z, 1-z]$，除了必须与类型 t_1 的参与人 1 的最优选择 L 相一致外，还必须与类型为 t_2 的参与人 1 的最优选择 M 相一致。

根据前面②④的分析，当 $z > 1/2$ 时，参与人 2 在信息集 $I_2(\{x_3, x_6\})$ 上的信念 $[z,$

$1 - z$]，与类型为 t_2 的参与人 1 的最优选择 M 是一致的。

由以上的分析可知，参与人在非均衡路径信息集上信念的设定，除了要与自己的最优选择一致外，更多的是必须与其他参与人的均衡战略相吻合。

如果将图 12.5 中，类型为 t_2 的参与人 1 选择 R，参与人 2 选择 R' 时参与人 1 的支付由 1 改为 3，那么考察非均衡路径信息集 $I_2(\{x_3, x_6\})$ 上的信念设定。

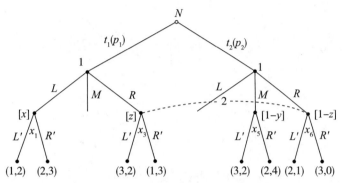

图 12.6　不完全信息扩展式博弈（含部分支付）

设参与人 2 在信息集 $I_2(\{x_3, x_6\})$ 上的信念为 $[z, 1 - z]$，由前面的分析可知：只有当 $z > 1/2$ 时，参与人 2 在信息集 $I_2(\{x_3, x_6\})$ 上的信念 $[z, 1 - z]$ 才能与类型为 t_1 的参与人的最优选择 L 相一致。同时，由前面的计算还表明，当 $z > 1/2$ 时，参与人 2 在信息集 $I_2(\{x_3, x_6\})$ 上的最优选择为 R'，类型为 t_2 的参与人 1 所得的支付为 3，大于其选择均衡战略 M 时的支付 2。因此，当 $z > 1/2$ 时，参与人 2 在信息集 $I_2(\{x_3, x_6\})$ 上的信念 $[z, 1 - z]$ 与类型 t_2 的参与人 1 的均衡战略 M 相矛盾。所以对于图 12.6 中的博弈，不存在参与人 2 的信息集 $I_2(\{x_3, x_6\})$ 上的信念 $[z, 1 - z]$ 与参与人 1 的均衡战略 (L, M) 相吻合。

上述信念无法设定是因为前面假设 (L, M) 为参与人 1 的均衡战略。在一般情形下，在图 12.7 中，博弈的支付与图 12.5 的不同在于：当类型为 t_1 的参与人 1 选择 R，而参与人 2 选择 R' 时，参与人 2 的支付由 3 变为 1。

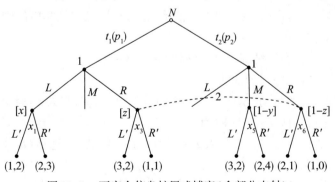

图 12.7　不完全信息扩展式博弈（含部分支付）

在图 12.7 中，对于位于信息集 $I_2(\{x_3, x_6\})$ 上的参与人 2，其战略 R' 严格劣于战略 L'，因此无论参与人 2 在信息集 $I_2(\{x_3, x_6\})$ 上的信念如何设定，参与人 2 的最优战略都是 L'。所以，当类型为 t_1 的参与人 1 选择 R 时，其支付为 3，大于其选择 L 所得的任何支付，这意味着 (L, M) 不可能是参与人 1 的均衡战略。

例 12. 2 在图 12.8 不完全信息的扩展式博弈中，验证 $((D, L, R'), p = 1)$ 构成一个精炼贝叶斯纳什均衡。

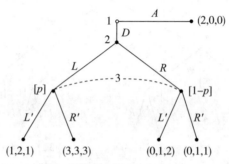

图 12.8 不完全信息的扩展式描述

(1) 这一组战略和参与人 3 的推断 $p = 1$ 满足精炼贝叶斯均衡定义的条件(1)。

(2) 在信念 $p = 1$ 下，参与人的战略是序贯理性的。

因为给定参与人 2 的行动"L"、参与人 3 的行动"R'"以及信念 $p = 1$，参与人 1 选择"A"的支付是 2，选择"D"的支付为 3，所以参与人 1 应该选"D"；

给定参与人 3 的行动"R'"以及信念 $p = 1$，参与人 2 选择"L"的支付是 3，选择"R"的支付是 1，所以参与人 2 应该选"L"

在信念 $p = 1$ 下，参与人 3 的最优选择是"R'"。

(3) 判断 $p = 1$ 与参与人 2 选择"L"和参与人 3 选择"R'"一致，并且判断 $p = 1$ 满足贝叶斯法则。

(4) 没有非均衡路径上的信息集需要判断。

因此，$((D, L, R'), p = 1)$ 构成一个精炼贝叶斯纳什均衡。

例 12. 3 在图 12.8 所示的博弈中，战略组合 (A, L, L') 及相应的判断 $p = 0$ 是否构成一个精炼贝叶斯纳什均衡。

(1) 有推断 $p = 0$，满足精炼贝叶斯纳什均衡条件(1)。

(2) 验证战略组合是序贯理性的。

因为给定参与人 2 的行动"L"，参与人 3 的行动"L'"，参与人 1 选择"A"的支付是 2，选择"D"的支付是 1，所以参与人 1 应该选"A"。

给定参与人 3 的行动"L'"，参与人 2 选择"L"的支付是 2，选择"R"的支付是 1，所以参与人 2 的最优选择为"L"。

在信念 $p = 0$ 时，参与人 3 选择"L'"的支付为 $2(0 \times 1 + 1 \times 2 = 2)$，选择"$R'$"的支付为 $1(0 \times 3 + 1 \times 1)$，所以参与人 3 的最优选择是"$L'$"。

（3）没有均衡路径上的信息集需要判断，条件（3）自动满足。

（4）在非均衡路径上的信息集处，判断 $p = 0$ 与可能的战略不一致。

因此，战略组合 (A, L, L') 及相应的判断 $p = 0$ 不构成精炼贝叶斯纳什均衡。

12.2 信 号 博 弈

信号博弈（singnaling games）是一种比较简单而应用相当广泛的不完全信息的动态博弈。信号博弈的基本特征是博弈方分为信号发出方和信号接受方两类，先行动的信号发出方的行为具有传递信息的作用。比如，在劳动力市场上，文凭并不能代表拥有文凭的人的劳动生产率，但作为雇主，最简单、方便或者成本最低的判断个人生产率高低的办法，就是依据受教育年限和文凭。早在 1973 年，Spenc 在讨论教育的价值时，就提出过文凭在劳动力市场上的传递信号作用。

12.2.1 信号博弈的概念

信号博弈的参与人分为信号发送者（sender，用 S 表示）和信号接收者（receiver，用 R 表示）两类。信号发送者先行动，发送一个关于自己类型的信号，信号接收者根据接收到的信号选择自己的行动。

其具体的博弈时序是：

① 自然根据特定的概率分布 $p(t_i)$，从可行的类型集 $T = \{t_1, \cdots, t_n\}$ 中选择发送者类型 t_i，这里对 $\forall i \in \{1, 2, \cdots, n\}$，$p(t_i) > 0$，$p(t_i) + \cdots + p(t_n) = 1$。

② 发送者观测到 t_i，然后从可行的信号集 $M = \{m_1, \cdots, m_j\}$ 中选择发送信号 m_j。

③ 接受者不能观测到 t_i，但能观测到 m_j，他从可行的行动集 $A = \{a_1, \cdots, a_k\}$ 中选择一个行动 a_k。

④ 双方分别得到收益 $u_S(t_i, m_j, a_k)$ 和 $u_R(t_i, m_j, a_k)$。

在许多应用中，发送者的类型集 T、信号集及接受者的行动集 A 可以是无限集，如实数轴上的某个区间，而不仅仅是有限集。在信号博弈中，发送者发出的信号依赖于自然赋予的类型，因此先行动的信号发送者的行动，对后行动的信号接收者来说，具有传递信息的作用。同时这又使得接受者的行动依赖于发送者选择的信号。

例 12.4 图 12.9 给出了信号博弈的一种简单情况的扩展式描述（暂时不考虑支付）。其中 $T = \{t_1, t_2\}$，$M = \{m_1, m_2\}$，$A = \{a_1, a_2\}$，自然选择发送者的类型 t_1 的概率为 p，类型为 t_2 的概率为 $1 - p$。

图 12.10 给出的是图 12.9 中的博弈的扩展式描述（不考虑支付），也是我们所熟悉的形式。

在信号博弈中，发送者的信息集的集合为 $H_S = \{I_S(\{x_1\}), I_S(\{x_2\})\}$，因此发送者的战略为：

$$s: H_S \to M$$

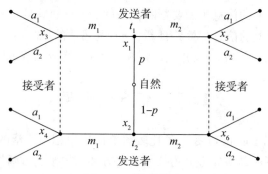

图 12.9   信号博弈

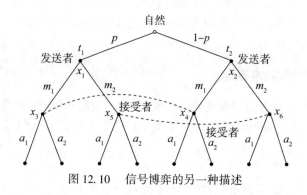

图 12.10   信号博弈的另一种描述

发送者有四种纯战略:

① 战略(m_1, m_1)——如果自然赋予t_1则发送者选择m_1,即$s(t_1)=m_1$;如果自然赋予t_2则发送者选择m_1,即$s(t_2)=m_1$。

② 战略(m_1, m_2)——如果自然赋予t_1则发送者选择m_1,即$s(t_1)=m_1$;如果自然赋予t_2则发送者选择m_2,即$s(t_2)=m_2$。

③ 战略(m_2, m_1)——如果自然赋予t_1则发送者选择m_2,即$s(t_1)=m_2$;如果自然赋予t_2则发送者选择m_1,即$s(t_2)=m_1$。

④ 战略(m_2, m_2)——如果自然赋予t_1则发送者选择m_2,即$s(t_1)=m_2$;如果自然赋予t_2则发送者选择m_2,即$s(t_2)=m_2$。

对于接受者,其信息集的集合$H_R = \{I_R(\{x_3, x_4\}), I_R(\{x_5, x_6\})\}$,分别对应于观测到的信号$m_1$和$m_2$,行动为$a_1$和$a_2$,因此接受者的战略为:

$$s: H_R \rightarrow A$$

接受者有以下四种战略:

① 战略(a_1, a_1)——如果发送者选择m_1,则接受者选择a_1,即$s(m_1)=a_1$;如果发送者选择m_2,则接受者选择a_1,即$s(m_2)=a_1$。

② 战略(a_1, a_2)——如果发送者选择m_1,则接受者选择a_1,即$s(m_1)=a_1$;如果发送者选择m_2,则接受者选择a_2,即$s(m_2)=a_2$。

③ 战略(a_2, a_1)——如果发送者选择m_1,则接受者选择a_2,即$s(m_1)=a_2$;如果发送者

选择 m_2，则接受者选择 a_1，即 $s(m_2)=a_1$。

④ 战略 (a_2,a_2)——如果发送者选择 m_1，则接受者选择 a_2，即 $s(m_1)=a_2$；如果发送者选择 m_2，则接受者选择 a_2，即 $s(m_2)=a_2$。

根据发送者的类型与发送信息间的相互关系，可以将发送者的战略分为两类——混同战略（pooling）与分离战略。

（1）混同战略：不同类型的发送者都发出了相同的信号。在发送者的 4 个战略中，第 ① 和第 ④ 战略属于混同战略。

在多于两种类型的模型中，还存在部分混同战略，其中所有属于给定类型集的类型都发送同样的信号，但不同的类型集发送不同的信号。例如 $T=\{t_1,t_2,t_3,t_4\}$，如果自然赋予发送者类型 t_1,t_2，发送者选择 m_1；而如果自然赋予发送者类型 t_3 和 t_4，发送者选择 m_2，此时发送者的战略就是所谓部分混同战略。

（2）分离战略，不同类型的发送者发送不同的信号。在发送者的 4 个战略中，第 ② 和第 ③ 是分离战略。在多于两种类型的模型中，还存在准分离均衡，其定义与部分混同战略相同。

此外，在信号博弈中还存在与混同战略相类似的战略，称为杂合战略（hybrid strategy）。例如在图 12.9 中，类型 t_1 选择 m_1，但类型 t_2 却随机选择 m_1 和 m_2。

12.2.2　信号博弈的精炼贝叶斯纳什均衡

求解信号博弈的精炼贝叶斯纳什均衡，要求一个战略组合与推断要满足精炼贝叶斯纳什均衡的四个条件。在信号博弈中，由于发送者知道自己的类型，其类型发生于单节信息集，而对于接受者，在不知道发送者类型的条件下观测到发送者的信号，接受者只有推断出信号来自哪一个类型时，才能做出自己的最优选择。求解精炼贝叶斯纳什均衡的具体条件如下：

（1）在观测到发送者发送的 M 中的任何信号 m_j 之后，接受者必须对哪些类型可能会发送 m_j 持有一个判断 $p(t_i/m_j)$ 表示，其中对 $\forall t_i\in T$，$p(t_i/m_j)\geqslant 0$ 且 $\sum\limits_{t_i\in T}p(t_i/m_j)=1$。

（2）给定发送者的信号和接受者的推断，要求接受者的选择是最优的，即对 M 中的每一 m_j，并在给定对 $p(t_i/m_j)$ 的推断的条件下，接受者的行动 $a^*(m_j)$ 必须使接受者的期望效用最大化，即 $a^*(m_j)\in\arg\underset{a_k\in A}{\operatorname{Max}}U_R(m_j,a_k)$，其中 $U_R(m_j,a_k)$ 表示在给定接受者对 $p(t_i/m_j)$ 推断的情况下，接受者选择行动所得的期望效用，即 $U_R(m_j,a_k)=\sum\limits_{t_i\in T}p(t_i/m_j)u_R(t_i,m_j,a_k)$。

根据序列理性的要求，发送者的选择也必须是最优的。对于 T 中的每一 t_i，在给定接受者战略 $a^*(m_j)$ 的条件下，发送者选择的信号 $m^*(t_i)$ 必须使发送者的效用最大化，即 $m^*(t_i)\in\arg\underset{m_j\in M}{\operatorname{Max}}u_s(t_i,m_j,a^*(m_j))$。

给定发送者的战略 $m^*(t_i)$，用 T_j 表示选择发送信号 m_j 的类型 t_i 的集合，即 $T_j=\{t_i/m^*(t_i)=m_j\}$。如果 T_j 不是空集，则其对应于信号集就处于均衡路径之上；否则，若任何类型都不选择 m_j，则其对应的信息集处于非均衡路径上。

（3）对于 M 中的任一 m_j，如果在 T 中存在 t_i，使得 $m^*(t_i) = m_j$，则接受者在对应于 m_j 的信息集中所持有的推断必须由贝叶斯法则和发送者的战略决定，即 $p(t_i/m_j) = $

$$\frac{p(m_j/t_i) \cdot p(t_i)}{\sum\limits_{t_k \in T_j} p(m_j/t_k) \cdot p(t_k)}$$，由于对于 $\forall t_i \in T_j$，$p(m_j/t_i) = 1$，则上式 $p(t_i/m_j) = \dfrac{p(t_i)}{\sum\limits_{t_k \in T_j} p(t_k)}$。

（4）对于 M 中的某一 m_j，如果在 T 中不存在 t_i 使得 $m^*(t_i) = m_j$，即 $T_j = \phi$，则接受者在对应于 m_j 的信息集中所持有的推断必须决定于贝叶斯法则和可能情况下发送者的均衡战略。

信号博弈中，一个纯战略精炼贝叶斯纳什均衡满足上述 4 个条件的战略组合是 $(m^*(t_i), a^*(m_j))$ 及推断 $p(t_i/m_j)$。如果发送者的战略是混同的或分离的，那么均衡结果就是混同的精炼贝叶斯纳什均衡和分离的精炼贝叶斯纳什均衡。

例 12.5　在图 12.11 的两类型、两信号的信号博弈中，发送者有 4 个纯战略，可能存在的纯战略精炼贝叶斯纳什均衡有：

（1）混同于行动 L 的精炼贝叶斯纳什均衡——无论发送者的类型为 t_1 还是 t_2，发送者都选择行动 L，即发送的行动是 (L, L)；

（2）混同于行动 R 的精炼贝叶斯纳什均衡——无论发送者的类型为 t_1 还是 t_2，发送者都选择行动 R，即发送的行动是 (R, R)；

（3）分离均衡——类型为 t_1 的发送者选择 L，类型为 t_2 的发送者选择 R，即发送者的战略是 (L, R)；

（4）分离均衡——类型为 t_1 的发送者选择 R，类型为 t_2 的发送者选择 L，即发送者的战略是 (R, L)。

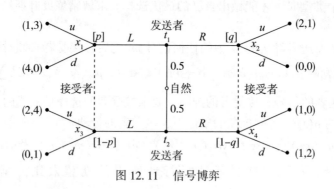

图 12.11　信号博弈

下面依次分析 4 种均衡的可能性。

（1）假设存在一个混同于行动 L 的精炼贝叶斯纳什均衡，发送者的战略为 (L, L)，则接受者对应于 L 的信息集 $I_R(\{x_1, x_3\})$ 处在均衡路径上，于是接受者在这一信息集上的推断 $[p, 1-p]$ 决定于贝叶斯法则和发送者的战略，即：

$$p = p(t_1/L) = \frac{p(L/t_1) \cdot p(t_1)}{\sum\limits_{i=1}^{2} p(L/t_i) \cdot p(t_i)}$$

由于 $p(L/t_1) = p(L/t_2) = 1$，$p(t_1) = p(t_2) = 0.5$，因此 $p = 1 - p = 0.5$，与先验分布相同。

接受者在这样的推断下，根据行动 u 和 d 的期望支付决定自己的选择。

选择 u 的期望支付 $E(u) = p \cdot 3 + (1 - p) \cdot 4 = 4 - p = 3.5$

选择 d 的期望支付 $E(d) = p \cdot 0 + (1 - p) \cdot 1 = 1 - p = 0.5$

接受者观测到 L 后的最优选择是 u，此时类型为 t_1 和 t_2 的发送者分别得到的支付为 1 和 2。

为了使两种类型的发送者都愿意选择 L，即发送者的最优选择是 (L, L)，需要确保发送者选择信号 R 时，接受者的选择给两种类型的发送者所带来的收益小于他们选择信号 L 时的收益。

如果接受者对 R 的反应为 u，则类型为 t_1 的发送者选择 R 的收益为 2，高于自己选择 L 的收益 1，这时类型为 t_1 的发送者就不会选择 L。

如果接受者对 R 的反应为 d，则类型为 t_1 和 t_2 的发送者的收益将分别为 0 和 1，而他们选择 L 却可分别获得 1 和 2，显然类型为 t_1 和 t_2 的发送者会选择 L。

因此存在一个假设的混同均衡，其中发送者的战略为 (L, L)，则接受者对 R 的反应必须是 d，于是接受者的战略必须是 (u, d)。

还需要考虑接受者在对应于 R 的信息集 $I_R(\{x_2, x_4\})$ 中的推断 $[q, 1-q]$，以及给定这一推断时选择 d 是否最优。在信息集 $I_R(\{x_2, x_4\})$ 上，接受者选择 u 的期望得益为：

$$E(u) = q \cdot 1 + (1 - q) \cdot 0 = q$$

而接受者选择 d 的期望收益为：

$$E(d) = q \cdot 0 + (1 - q) \cdot 2 = 2 - 2q$$

由于接受者在信息集 $I_R(\{x_2, x_4\})$ 上的最优反应为 d，因此 $E(d) \geqslant E(u)$，所以 $q \leqslant 2/3$。

此时，得到混同精炼的贝叶斯纳什均衡为 $(((L, L), (u, d)), p = 0.5, q \leqslant 2/3)$。

(2) 假设存在一个混同于行动 R 的精炼贝叶斯纳什均衡，发送者的战略为 (R, R)，则 $q = 0.5$。此时，接受者选择行动 u 和 d 的期望收益分别为 0.5 和 1，所以接受者对 R 的最优反应是 d。同时类型为 t_1 和 t_2 的发送者分别得到的收益为 0 和 1。但是，如果类型为 t_1 的发送者选择 L，则由上面的分析可知，无论接受者在信息集 $I_R(\{x_1, x_3\})$ 上的推断如何，接受者对 L 的最优反应都是 u，则意味着类型为 t_1 的发送者只要选择 L，就可以确保得到收益 1，大于选择 R 的收益 0。因此不存在发送者战略为 (R, R) 的混同精炼贝叶斯纳什均衡。

(3) 假设存在发送者的战略为 (L, R) 的分离均衡，则接受者的两个信息集 $I_R(\{x_1, x_3\})$ 和 $I_R(\{x_2, x_4\})$ 都处于均衡路径上，两个推断都取决于贝叶斯法则和发送者的战略。

在信息集 $I_R(\{x_1, x_3\})$ 上的判断为 $[p, 1-p]$，在信息集 $I_R(\{x_2, x_4\})$ 上的判断为 $[q, 1-q]$，

$$p = p(t_1/L) = \frac{p(L/t_1) \cdot p(t_1)}{\sum_{i=1}^{2} p(L/t_i) \cdot p(t_i)}, \quad q = p(t_1/R) = \frac{p(R/t_1) \cdot p(t_1)}{\sum_{i=1}^{2} p(R/t_i) \cdot p(t_i)},$$

由于 $p(L/t_1)=1$，$p(R/t_2)=1$，$p(R/t_1)=0$，$p(L/t_2)=0$，$p(t_1)=p(t_2)=0.5$，因此 $p=1$，$q=0$。

接受者在信息集 $I_R(\{x_1,x_3\})$ 上选择 u 的收益为 3，选择 d 的收益为 0，显然选择 u，此时发送者的收益为 1；接受者在信息集 $I_R(\{x_2,x_4\})$ 上选择 u 的收益为 0，选择 d 的收益为 2，显然选择 d，此时发送者的收益为 1。

检验对于给定的接受者的战略 (u,d) 及 $p=1$，$q=0$，发送者的战略 (L,R) 是否最优。从图 12.11 中可知，类型为 t_2 的发送者选择 L 收益为 2，选择 R 收益为 1，显然应该选 L 而不是 R。因此，不存在发送者战略为 (L,R) 的分离精炼贝叶斯纳什均衡。

(4) 假设存在发送者的战略为 (R,L) 的分离均衡，则接受者的两个信息集 $I_R(\{x_1,x_3\})$ 和 $I_R(\{x_2,x_4\})$ 都处于均衡路径上，两个推断都取决于贝叶斯法则和发送者的战略。

在信息集 $I_R(\{x_1,x_3\})$ 上的判断为 $[p,1-p]$，在信息集 $I_R(\{x_2,x_4\})$ 上的判断为 $[q,1-q]$，

$$p=p(t_1/L)=\frac{p(L/t_1)\cdot p(t_1)}{\sum_{i=1}^{2}p(L/t_i)\cdot p(t_i)},\quad q=p(t_1/R)=\frac{p(R/t_1)\cdot p(t_1)}{\sum_{i=1}^{2}p(R/t_i)\cdot p(t_i)},$$

由于 $p(R/t_1)=1$，$p(L/t_2)=1$，$p(L/t_1)=0$，$p(R/t_2)=0$，$p(t_1)=p(t_2)=0.5$，因此 $p=0$，$q=1$。

接受者在信息集 $I_R(\{x_1,x_3\})$ 上选择 u 的收益为 4，选择 d 的收益为 1，显然选择 u，此时发送者的收益为 2；接受者在信息集 $I_R(\{x_2,x_4\})$ 上选择 u 的收益为 1，选择 d 的收益为 0，显然选择 u，此时发送者的收益为 2。

检验对于给定的接受者的战略 (u,u) 及 $p=0$，$q=1$，发送者的战略 (R,L) 是否最优。从图 12.11 中可知，类型为 t_1 的发送者选择 R 的收益为 2，选择 L 的收益为 1，显然应该选择 R；类型为 t_2 的发送者选择 L 收益为 2，选择 R 收益为 1，显然应该选 L 而不是 R。所以，$(((R,L),(u,u)),p=0,q=1)$ 为精炼贝叶斯纳什均衡。

12.3　克瑞普斯-威尔逊序贯均衡

精炼贝叶斯纳什均衡要求在非均衡路径上也要满足贝叶斯法则，但在均衡路径之外的信息集达到的概率为 0，因此又无法应用贝叶斯法则来界定信念，克瑞普斯-威尔逊(Kreps-Wilson)提出"序贯均衡"概念来解决均衡路径之外的信念确定问题。序贯均衡通过使用了一个全混合战略的方法，使任何信息集到达的概率都大于 0，这样任何信息集的信念都可以进行贝叶斯法则设定。

给定一个扩展式博弈，用 X 表示决策节的集合，$x\in X$ 表示一个特定的决策节，$I_i(x)$ 表示参与人 i 的包含决策节 x 的信息集；$\sigma_i(\cdot/x)$ 表示参与人 i 在 x 或 $I_i(x)$ 上的混合战略，ΔS 表示所有战略组合 $\sigma=(\sigma_1,\cdots,\sigma_n)$ 的集合。给定 σ，$P^\sigma(x)$ 和 $P^\sigma(I_i(x))$ 分别表示博弈到达决策节 x 和信息集 $I_i(x)$ 的概率。$\mu(x)$ 表示给定博弈到达信息集 $I_i(x)$ 的情况下参与人 i 在 $I_i(x)$ 上的信念(即概率分布)，μ 表示所有 $\mu(x)$ 的集合(即信念系统)。

$v_i(\sigma/I_i(x), \mu(x))$ 表示参与人 i 在 $I_i(x)$ 上的期望支付。

给定一个混合战略 σ，如果对所有信息集 I 和 $a_i \in A(I)$，$\sigma_i(a_i/I) > 0$，即参与人 i 选择每一个行动的概率严格为正，则 σ 为一个严格混合战略。令 ΔS^0 表示所有严格混合战略组合的集合，若 $\sigma \in \Delta S^0$，则对所有的决策节 x，$P^\sigma(x) > 0$（即博弈到达每个决策节的概率为正）。因此，贝叶斯法则在每一个信息集上都有定义：$\mu(x) = P^\sigma(x)/P^\sigma(I_i(x))$。

定义 12.3（序贯均衡） 一个战略组合和信念系统 (σ, μ) 构成扩展式博弈的序贯均衡，满足下列条件：

（1）该战略组合 σ 与相应的信念系统 μ 是序列理性的，即对所有的信息集 $I_i(x)$ 和任何可选择的战略 σ_i'，$v_i(\sigma/I_i(x), \mu(x)) \geqslant v_i(\sigma_i', \sigma_{-i}/I_i(x), \mu(x))$；

（2）存在一个严格混合的战略序列 $\{\sigma^m\}$ 和贝叶斯法则决定的概率序列 μ^m，使得 (σ, μ) 是 (σ^m, μ^m) 的极限，即 $(\sigma, \mu) = \lim_{m \to +\infty} (\sigma^m, \mu^m)$。

例 12.6 设战略组合 (z_1, y_2, y_3) 受到扰动变成一个全混合战略，参与人 1 选择 z_1 的战略为 $1 - \varepsilon_0 - \varepsilon_1$，选择 y_1 的战略为 ε_1，选择 x_1 的战略为 ε_0，当 $\varepsilon_0 \to 0$，$\varepsilon_1 \to 0$，参与人 1 的战略收敛到 z_1；同样，参与人 2 选择 y_2 战略为 $1 - \varepsilon_2$，选择 x_2 的战略为 ε_2；参与人 3 选择 y_3 的战略为 $1 - \varepsilon_3$，选择 x_3 的战略为 ε_3。

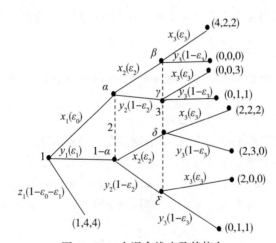

图 12.12 全混合战略及其信念

在这个全混合战略组合下，参与人的系统信念如下：

参与人 1 只有一个单节信息集，该决策节的信念概率为 1；

参与人 2 有一信息集，信息集中有两个决策节，其中一个决策节的信念概率 $\alpha = \varepsilon_0/(\varepsilon_0 + \varepsilon_1)$，另一个决策节的信念概率 $1 - \alpha = 1 - \varepsilon_0/(\varepsilon_0 + \varepsilon_1) = \varepsilon_1/(\varepsilon_0 + \varepsilon_1)$。

参与人 3 有一个信息集，信息集中有 4 个决策节，其中一个决策节的信念概率 $\beta = \alpha\varepsilon_2$，$\gamma = \alpha(1 - \varepsilon_2)$，$\delta = (1 - \alpha)\varepsilon_2$，$\mathcal{E} = (1 - \alpha)(1 - \varepsilon_2)$。当 ε_0，ε_1，ε_2，ε_3 都趋于 0，$\gamma \to \alpha$，$\mathcal{E} \to (1 - \alpha)$。

可以证明，战略组合 (z_1, y_2, y_3) 和参与人 2 的信念 $\alpha \in (0, 1)$，参与人 3 的信念 $\gamma = \alpha$，$\mathcal{E} = 1 - \alpha$，$\beta = 0$，$\delta = 0$，不构成序贯均衡。

如果能够构成序贯均衡，当 ε_0，ε_1，ε_2，ε_3 都趋于 0，参与人的全部混合战略收敛到 $(z_1，y_2，y_3)$ 时，参与人 3 选择 y_3、参与人 2 选择 y_2、参与人 1 选择 z_1 就应该是最优的。但是，参与人 3 选择 y_3 的收益是 $\varepsilon \times 1 + \gamma \times 1 = 1$，选择 x_3 的收益是 $\varepsilon \times 0 + \gamma \times 3 = 3\alpha$，序贯理性要求 $1 > 3\alpha$ 即 $\alpha < \dfrac{1}{3}$；给定参与人 3 的选择，参与人 2 选择 y_2 的收益是 $(1-\alpha) \times 1 + \alpha \times 1 = 1$，选择 x_2 的收益是 $(1-\alpha) \times 3 + \alpha \times 0 = 3(1-\alpha)$，序贯理性要求 $1 > 3(1-\alpha)$ 即 $\alpha > \dfrac{2}{3}$。显然两个不等式不能同时满足，因此战略组合 $(z_1，y_2，y_3)$ 和参与人 2 的信念 $\alpha \in (0，1)$，参与人 3 的信念 $\gamma = \alpha$，$\varepsilon = 1-\alpha$，$\beta = 0$，$\delta = 0$，不是序贯均衡。

下面求解该博弈的序贯均衡：

参与人 3 要满足序贯理性就意味着：

若 $\varepsilon_3 = 0$，则要求参与人 3 选择 y_3 的收益大于选择 x_3，参与人 3 选择 y_3 的收益为 $\varepsilon \times 1 + \delta \times 0 + \gamma \times 1 + \beta \times 0 = \varepsilon + \gamma$，参与人 3 选择 x_3 的收益为 $\varepsilon \times 0 + \delta \times 2 + \gamma \times 3 + \beta \times 2 = 2\delta + 3\gamma + 2\beta$，即 $\varepsilon + \gamma > 2\delta + 3\gamma + 2\beta$，$\varepsilon > 2\delta + 2\gamma + 2\beta$，因为 $\delta + \gamma + \beta + \varepsilon = 1$。

所以 $\varepsilon > 2(1-\varepsilon)$ 即 $\varepsilon > \dfrac{2}{3}$，$(1-\alpha)(1-\varepsilon_2) > \dfrac{2}{3}$

若 $\varepsilon_3 = 1$，则要求参与人 3 选择 y_3 的收益小于选择 x_3 的收益，所以可得 $(1-\alpha)(1-\varepsilon_2) < \dfrac{2}{3}$

若 $\varepsilon_3 \in [0，1]$，则要求参与人 3 选择 y_3 的收益等于选择 x_3 的收益，所以可得 $(1-\alpha)(1-\varepsilon_2) = \dfrac{2}{3}$

参与人 2 要满足序贯理性就意味着：给定参与人 3 的战略，参与人 2 的选择是最优的，即若 $\varepsilon_2 = 0$，则要求参与人 2 选择 y_2 的收益大于选择 x_2，参与人 2 选择 y_2 的收益为 $(1-\alpha)((1-\varepsilon_3) \times 1 + \varepsilon_3 \times 0) + \alpha((1-\varepsilon_3) \times 1 + \varepsilon_3 \times 0) = 1 - \varepsilon_3$，参与人 2 选择 x_2 的收益为 $(1-\alpha)((1-\varepsilon_3) \times 3 + \varepsilon_3 \times 2) + \alpha((1-\varepsilon_3) \times 0 + \varepsilon_3 \times 2) = 2\varepsilon_3 + 3(1-\alpha)(1-\varepsilon_3)$。

$$1 - \varepsilon_3 > 2\varepsilon_3 + 3(1-\alpha)(1-\varepsilon_3)$$

若 $\varepsilon_2 = 1$，则要求参与人 2 选择 y_2 的收益小于选择 x_2 的收益，所以可得：

$$1 - \varepsilon_3 < 2\varepsilon_3 + 3(1-\alpha)(1-\varepsilon_3)$$

若 $\varepsilon_2 \in [0，1]$，则要求参与人 2 选择 y_2 的收益等于选择 x_2 的收益，所以可得：

$$1 - \varepsilon_3 = 2\varepsilon_3 + 3(1-\alpha)(1-\varepsilon_3)$$

① 由于信念需要前后一致。若 $\varepsilon_3 = 0$，要求 $(1-\alpha)(1-\varepsilon_2) > \dfrac{2}{3}$；当 $2\varepsilon_3 + 3(1-\alpha)(1-\varepsilon_3) > 1 - \varepsilon_3$ 时，要求 $\varepsilon_2 = 1$；而当 $\varepsilon_2 = 1$ 时，$(1-\alpha)(1-\varepsilon_2)$ 就不可能大于 $\dfrac{2}{3}$，也就是说，$\varepsilon_2 = 1$ 与 $(1-\alpha)(1-\varepsilon_2) > \dfrac{2}{3}$ 相矛盾。

② 当 $\varepsilon_3 \in [0, 1]$，即序贯均衡中参与人 3 选择严格混合战略，这意味着 $(1 - \alpha)(1 - \varepsilon_2) = \dfrac{2}{3}$，当 $2\varepsilon_3 + 3(1 - \alpha)(1 - \varepsilon_3) > 1 - \varepsilon_3$ 时，要求 $\varepsilon_2 = 1$，这与 $(1 - \alpha)(1 - \varepsilon_2) = 2/3$ 矛盾。

③ 当 $\varepsilon_3 = 1$，意味着 $(1 - \alpha)(1 - \varepsilon_2) < 2/3$，当 $2\varepsilon_3 + 3(1 - \alpha)(1 - \varepsilon_3) > 1 - \varepsilon_3$ 时，要求 $\varepsilon_2 = 1$，此时与 $\varepsilon_3 = 1$ 相容。

给定参与人 3 $\varepsilon_3 = 1$ 与参与人 2 $\varepsilon_2 = 1$ 的行动，参与人 1 的理性选择是 $\varepsilon_0 = 1$。因此，该博弈存在唯一的序贯均衡，即战略组合 (x_1, x_2, x_3)，同时信念系统满足 $\alpha = 1$，$\beta = 1$，$\gamma = \delta = \xi = 0$。

后　　记

　　本教材为湖北大学商学院张伟、刘和旺和高志英三位长期从事相关课程教学的老师根据讲义修改整理完成的，整体框架由三位老师多次讨论定稿，具体分工为：张伟撰写序言、第一部分和第二部分最后一章；刘和旺撰写第二部分的其他章节，高志英撰写第三部分。三位老师最后完成定稿校订等工作。

　　教材能够出版首先要感谢湖北大学商学院历届研究生在上课期间和老师之间的互动，能够让老师们完善自己的思维体系；还要感谢相关项目的资金资助；最后要感谢武汉大学出版社的唐伟编辑付出了大量的心血，尤其是绘图和公式的编辑需要巨大的耐心，还要感谢范编辑的大量联系校勘等工作。